本书为国家社会科学基金项目“冯契与李达创新马克思主义哲学体系的比较研究”（15BZX003）的结项成果。

国家社科基金丛书
GUOJIA SHEKE JIJIN CONGSHU

冯契与李达创新马克思主义哲学体系的比较研究

A Comparative Study of Feng Qi and Li Da's Innovation of Marxist philosophy System

刘明诗 著

人民出版社

目　　录

导　言　比较研究的必要性和可能性

马克思主义哲学中国化是一个历史过程，它凝结着不同时期中国马克思主义哲学家的心血和智慧。开展马克思主义哲学中国化研究，自然也就离不开对不同时期的中国马克思主义哲学家的哲学思想和哲学体系的研究。哲学家的思想往往以体系的方式呈现，而能否进行体系的创新则反映着哲学家哲学成就和哲学贡献之大小。从这个角度而言，对不同的中国马克思主义哲学家的哲学思想和哲学体系进行比较研究，无疑将会极大地促进马克思主义哲学中国化研究的发展。可以说，开展对马克思主义哲学中国化历程不同阶段的代表人物以及同一阶段不同代表人物创新马克思主义哲学体系的比较研究，是大力推进马克思主义哲学中国化研究走向深入必然要经历的一个重要环节。

比较研究要做得好、做得深，首先必须要有具有可比性的对象。我在本书中进行比较的两位“主角”，都是中国马克思主义哲学史上有着重大建树的马克思主义哲学家。李达是中国共产党的创始人之一，是早期马克思主义者中的杰出代表，是我国马克思主义哲学界的老前辈，他的《现代社会学》、《社会学大纲》、《唯物辩证法大纲》等著作都是马克思主义哲学中国化的代表性成果，被学界誉为在20世纪20、30年代无人能出其右，特别是他的《社会学大纲》被毛泽东称赞为“中国人自己写的第一本马列主义哲学教科书”。冯契一直深耕于中国哲学、西方哲学与马克思主义哲学领域，他在改革开放后写作出版的《中国古代哲学的逻辑发展》、《中国近代哲学的革命进程》运用马克思主义哲学考察了中国几千年哲学的发展历程，特别是《认知世界和认识自己》、《逻辑思维的辩证法》、《人的自由和真善美》所构成的智慧说三篇被学术界誉为改革开放后出现的中国马克思主义哲学的新体系。毋庸置疑，这两位“主角”都极具典型性。他们有很多共性之处，例如，都有丰富的代表性哲学著作，都在构建中国马克思主义哲学体系方面取得了丰硕的成就，都在推进马克思主义哲学中国化方面做出了杰出的贡献，都产生了重大的学术影响和社会影响，等等。这表明，本书所选择的典型对象有着较高的可比性。我深信，对于这样的具有较高可比性的典型对象，如果将它们放在整个中国马克思主义哲学的发展长河中来进行对比、审视和观照，无疑会在总结中国马克思主义哲学发展的一般特征和内在规律方面提供具有说服力的结论，并对促进和推动中国马克思主义哲学研究的深入发展起到积极的作用。

纵观学术界的研究可以发现，开展对冯契和李达这两位对马克思主义哲学体系的创新发展做出了突出贡献的哲学家的比较研究不仅是必要的，而且已经具备了可能性。国内外学术界对二人的研究已持续多年，其中对李达的研究已有 40 余年，对冯契哲学思想的研究有 20 余年。近些年来学术界举行的大型的学术研讨会有：2004 年“李达与马克思主义哲学中国化”学术研讨会、2005 年“冯契与 21 世纪中国哲学”国际学术研讨会、2006 年“李达与二十一世纪中国哲学”国际学术研讨会，等等。在 CNKI 知识网络平台上搜索，研究李达的论文 450 余篇，研究冯契的论文 280 余篇。如此丰富的研究成果，为比较研究的开展提供了极为丰富的思想资源和奠定了极为坚实的学术基础。关于冯契和李达创新马克思主义哲学体系的问题，研究者们主要从三大方面进行了探讨。一是对冯契和李达创新马克思主义哲学体系的不同具体层面进行了全面揭示。在冯契研究方面，杨国荣等人对冯契认识论思想进行了详细评价，陈来对冯契德性思想作了深刻剖析，彭漪涟对冯契的逻辑学贡献以及

“两化”理论作了专门阐发,王向清对冯契的自由理论、理想学说进行了解读,等等。在李达研究方面,陶德麟对李达的《社会学大纲》进行了整体性阐发、对李达在唯物辩证法问题上的观点进行了深刻剖析,李维武详细阐述了李达对唯物史观的多向度展开,等等。二是对冯契和李达与毛泽东哲学思想的关系进行了深入阐发。在李达与毛泽东哲学的关系方面,丁晓强等剖析了李达《社会学大纲》对毛泽东哲学创造的重要影响,吴克明等分析了李达与毛泽东《矛盾论》、《实践论》的内在关系,李蓉等研究了李达与毛泽东的多年交往及相互影响,等等。在冯契与毛泽东哲学的关系方面,许全兴等研究了毛泽东哲学思想对冯契的深刻影响、毛泽东对冯契哲学的评价等,王向清等人分析了冯契对毛泽东哲学思想的解读,等等。三是对冯契和李达在创新马克思主义哲学体系方面的贡献进行了深刻解读。研究者们一致认为,冯契和李达结合各自不同的时代条件对马克思主义哲学体系做出了各自的创新。许全兴把冯契“智慧说”哲学体系是改革开放之后出现的第一个中国化马克思主义哲学逻辑体系,是“马克思主义哲学中国化的新突破”,何萍和李维武认为冯契对马克思主义哲学的“重构”作出了可贵探索。陶德麟认为李达的《社会学大纲》作为中国第一本马克思主义哲学教科书克服了苏联教科书的片面性毛病,许全兴剖析了李达如何重视马克思主义哲学的“基础性理论研究”。总体来看,人们深刻地揭示了冯契和李达创新马克思主义哲学体系的独特路径和个性化贡献,但是,冯契和李达在创新马克思主义哲学体系方面有什么异同?他们的哲学创新有何得失?对我们今天有什么启发?对于这些问题,学术界还鲜有讨论。也就是说,对冯契和李达进行系统的比较研究却成为学术界尚未展开研讨的一个领域。近年来也有学者在如何对二者进行比较研究的问题上作过方法论层面的探讨,但实际的比较研究的成果尚未出现。比较研究的这种缺失,不仅使冯契、李达哲学创新的个性化特色难以有效彰显,而且也在某种程度上制约了学术界对马克思主义哲学体系创新发展内在规律进行全面、系统、深入的揭示,从而也在一定程度上束缚了马克思主义哲学研究的进一步发展。

因此,对冯契和李达高度个性化的哲学创造和独创性理论成就进行系统的比较研究,当然就具有了显著的意义。第一,有助于我们加深理解马克思主义哲学的精神实质和丰富内涵。冯契和李达对马克思主义哲学的基本概念、范畴、原理进行了各有侧重、各具特色的丰富和发展,对他们的成就进行比较研究,就会使马克思主义哲学的精神实质更加彰显出来,使马克思主义哲学的丰富内涵更好地体现出来。第二,有助于我们加深理解马克思主义哲学中国化的发展历程和具体表现。冯契和李达运用马克思主义哲学回答的是"中国向何处去"的时代问题,他们都是马克思主义哲学中国化发展历程中不同阶段的代表性人物,对他们的比较研究可以让我们更加深刻地理解马克思主义哲学中国化的丰富内涵和曲折发展。第三,有助于我们揭示出创新中国化马克思主义哲学体系的必要条件和内在规律。在中国马克思主义发展史上,很多人都作出过创新马克思主义哲学体系的努力,但在构建"体系"方面做出重大成就的不是很多,冯契和李达就是其中的重要代表。比较冯契和李达成功创新马克思主义哲学体系的具体方面和内在要素,对我们总结其中的内在规律以及在新的历史条件下继续创新马克思主义哲学体系无疑有着重要意义。

基于这种理解,我将研究的聚焦点放在对冯契和李达创新马克思主义哲学体系的"比较"上。具体地说,我是以马克思主义哲学体系的创新为主线,从近 180 年来马克思主义哲学的历史进程以及 100 多年来中西文化交融背景下的马克思主义哲学中国化的发展历程来理解和阐发冯契和李达的哲学创造,主要对他们在马克思主义哲学重大理论问题上进行创新的异同进行比较研究,重在分析他们创新马克思主义哲学体系的时代背景、具体内容、侧重点、主要特点、主要方法等多个方面的不同之处和共同之处。我这样构思的目的,一方面是力图为研究和评价冯契、李达哲学思想确立一个新的理论参照系,另一方面也力图为加深理解中国马克思主义哲学的历史发展提供鲜活的材料和宽阔的视域。

一旦进入到具体的"比较"视域中,我们首先很容易发现的是,构建中国马克思主义哲学体系构成了冯契和李达的共同哲学追求。马克思主义哲学中国化,就是把马克思主义哲学与中国具体实际相结合,在这个"结合"的过程中必然引起马克思主义哲学体系的创新,李达自1919年起就坚定地走上了在中国传播和研究马克思主义哲学的道路,毕生致力于马克思主义哲学中国化事业,使马克思主义哲学体系带有鲜明的中国特色。冯契自20世纪30年代起选择以实践唯物主义辩证法作为观察中国命运和解决哲学上知识与智慧关系问题的理论工具,终生一以贯之,到晚年终于构建起"智慧说"的马克思主义哲学新体系。可见,冯契和李达正是在这种"结合"各自中实现了学术体系上的创新。冯契和李达的这种创新,又是通过立足中国近代以来的社会发展实际和中国传统文化实际对马克思主义哲学的基本观点和具体内容的时代性推进、创新性发展体现出来的,因而具体表现在对马克思主义的实践观、认识论、辩证法的丰富和发展上。因此,本书进行比较研究的着力点,正是体现在这几个方面。首先,冯契和李达对马克思主义实践观的丰富和发展的比较。马克思主义实践观是马克思主义哲学的理论基石,在马克思主义哲学中国化的过程中,这一理论基石必然要被赋予"中国式"的阐述和理解。李达对马克思主义实践观进行了"实践的唯物论"的解读,他将实践问题置于马克思主义哲学的突出地位,认为实践的观点"使唯物论发生了本质的变化,变成了实践的唯物论",视之为马克思主义哲学产生的关键"契机"和马克思主义哲学整体性的统一基础。冯契对马克思主义实践观进行了"实践唯物主义辩证法"的理解,他把实践问题看成是马克思主义哲学的首要问题,通过中外哲学史的对比,在社会实践的基础上阐明了"感觉能够给予客观实在"这一马克思主义哲学的基本观点,批判了金岳霖"所与是客观的呈现"思想的不足以及中国传统哲学"知行观"的缺陷。其次,冯契和李达对马克思主义认识论的丰富和发展的比较。李达对马克思主义认识论有着独创性理解,他强调研究人类的认识过程应在"与社会历史的实践的统一上去考察",提炼和概括了马克思和列宁的认识论思想,独创性地提出了"实践——直接的具体——抽象的思维——媒介的具体——实践”的公式，把认识发展规律概括为“认识之圆运动的发展”。可以说，李达对认识过程所作的阐述之系统和精密的程度在马克思主义哲学史上是少有的。冯契则提出了广义认识论。冯契把哲学史提出的认识论问题归纳为四大方面，在考察中西哲学史的基础上分别对这四个问题作了马克思主义哲学的阐述，将认识论与逻辑学、价值论、方法论联系起来并将其有机糅合在一起，突破了传统教科书马克思主义哲学的局限。冯契和李达在认识论问题上有所区别。在内容上，李达侧重意识的生成和感觉、概念、判断推理、分析综合、归纳演绎等具体认识环节的阐述，冯契侧重认识发生中的疑问、问题、意见、观点等环节的分析以及认识中逻辑思维的作用；在视角上，李达立足经典作家的分析视角，冯契则注重从中、西哲学的对比中进行阐发。最后，冯契和李达对唯物辩证法的丰富和发展的比较。李达对唯物辩证法进行了全面阐发。李达详细考察了唯物辩证法的“前史”，强调了马克思主义哲学与人类优秀哲学遗产的继承关系，深入系统阐发了辩证法的三大规律和其他规律，贯彻了对立统一规律是唯物辩证法的实质和核心的思想，体现了辩证法诸规律的统一整体性。冯契提出了“逻辑思维辩证法”。冯契强调研究形式逻辑和辩证逻辑的重要性，认为辩证逻辑是马克思主义哲学的生长点，提出对立统一规律是辩证思维的根本规律，建立了“类”、“故”、“理”的逻辑思维体系，突出了方法论基本原理的探讨。冯契和李达在唯物辩证法问题上有异有同。冯契和李达在唯物辩证法研究上都在注重整体性的前提下突出了对立统一规律的根本地位，但二者在阐释的重点、阐释的方式等方面是有所不同的，李达更注重经典作家思想本身的阐发，而冯契更注重结合中国传统哲学的成果进行分析和展开。

在比较研究的过程当中，我们能够更进一步地深刻体会到我们自觉不自觉地一直在承续着、沿袭着的传统。近代以来，中国先进的知识分子在苦苦向西方寻求救亡图存、实现民族复兴真理的过程中不断推进马克思主义哲学的中国化，由此形成了中国马克思主义哲学的传统。这一传统的开创者，就是李大钊等早期马克思主义者。百年来,中国的马克思主义哲学家结合变化着的中国实际不断推进马克思主义哲学中国化向前发展,在这一过程中推进了马克思主义哲学中国化传统的创新。从李达、艾思奇、毛泽东到冯契以及当今的许多著名哲学家,中国的马克思主义哲学家们在创新马克思主义哲学中国化传统方面所作的贡献尽管各不相同,但是他们的努力共同构成了马克思主义哲学中国化传统不断创新的"合力"。在研究中,我主要谈到了李达和冯契,同时也谈到了毛泽东,并通过对他们哲学贡献的阐发揭示出了贯穿其中的马克思主义哲学中国化传统。李达创作出中国人自己写的第一本马克思主义哲学教科书,把对唯物史观的研究拓展到哲学社会科学的各个学科,实现了马克思主义研究的综合理论创新,是构建中国特色哲学社会科学体系的最早开拓者和马克思主义哲学中国化传统的重要创新者。毛泽东创立了中国马克思主义哲学的第一个理论形态,是马克思主义哲学中国化传统的命名者,也是马克思主义哲学中国化传统的定型者,还是马克思主义哲学中国化传统的完善者。冯契创立了专业哲学家构建的第一个中国马克思主义哲学逻辑体系,在注重结合中国传统哲学的基础上实现了马、中、西的有机融合,是改革开放后马克思主义哲学中国化传统的重要创新者。我在对李达和冯契进行比较的过程中,把他们和毛泽东的关系分别进行了比较,或者可以说是把毛泽东哲学作为了对李达和冯契进行比较的重要参照系之一。我所进行的这种比较的目的,是为了尽可能深入地去揭示中国马克思主义哲学中国化传统的内涵及其创新的历程,也力图进一步深化关于马克思主义哲学中国化传统的研究。

马克思主义哲学中国化研究不能仅仅停留在局部的、个别的研究上,而应当提高到总结规律的水平。在本书的最后部分,我提出了若干条马克思主义哲学中国化的一般规律,包括马克思主义哲学与中国实际的有机结合、中西马哲学的内在融通、政治维度与学术维度的内在统一、马克思主义哲学的话语创新、对教科书马克思主义哲学的超越、马克思主义哲学研究主体的独立人格,等等。我所作的这些总结概括,是一种将马克思主义哲学中国化研究提升到总结规律的水平的尝试。我个人自以为,书中提出的话语创新、人格前提等视角,是之前人们在总结马克思主义哲学中国化规律时较少提及的。不过,把马克思主义哲学中国化研究提高到总结规律的水平是一项十分复杂的系统工程。诚如汪信砚教授曾经指出的那样,它除了需要加强马克思主义哲学中国化的比较研究之外,还需要加强马克思主义哲学中国化的微观个案研究,更需要在马克思主义中国化的思想层面、马克思主义哲学与中国实际相结合的层面进行总体性的研究。即使在马克思主义哲学中国化的比较研究内部,除了加强对不同阶段、不同任务的比较研究之外,也还需要加强马克思主义哲学中国化与马克思主义哲学其他形式的民族化之间的比较研究。总之,我们不仅要揭示马克思主义哲学中国化的一般规律,还要揭示马克思主义民族化的普遍规律。就此而言,我在本书中所进行的"总结规律"的工作,也仅仅是一个开始,仍然存在着需要不断予以拓展的巨大空间。

历史在前进,时代在发展。今天,我们行进在以中国式现代化全面推进实现中华民族伟大复兴中国梦的新征程中,必将面临更多的前所未有的新情况和新问题。与此相伴相随,马克思主义哲学体系的创新之路也必将带着新的时代特征继续向前不断推进。一切是"既济",一切也是"未济",中国马克思主义哲学家的学术创新还将继续发展,比较研究还将深入开展,马克思主义哲学中国化研究之路依然任重道远。

第一章　创新中国马克思主义哲学体系：冯契和李达的哲学实践

作为专业的中国马克思主义哲学家的代表性人物，冯契和李达在哲学实践上有一个相同的贡献，就是都实现了中国马克思主义哲学体系的创新。冯契和李达的学术人生有一个共同之处，即都是通过学习马克思主义哲学、运用马克思主义哲学、发展马克思主义哲学而创新马克思主义哲学体系，最终实现作为一名哲学家的最高梦想——在解决和回答中国现实问题的基础上构建一个既带有时代特征又带有自己个性特色的哲学体系。冯契和李达的学术生命熔铸在中国马克思主义哲学体系的创新进程之中，虽然他们的学术实践各有其特点，但都是中国马克思主义哲学体系创新进程的生动体现。

第一节　中国马克思主义哲学体系的创新进程

中国马克思主义哲学体系是中国实践在思想上的反映，是马克思主义哲学与中国实际有机结合的理论产物。中国马克思主义哲学体系的创新是一个历史进程，这一历史进程有其自身的内在逻辑，展现为不同的发展阶段，有着特定的创新主体。弄清楚这个历史进程中的内在逻辑、发展阶段、创新主体，是我们完整、系统地把握这一历史进程的前提条件。

一、中国马克思主义哲学体系创新的内在逻辑

任何一个哲学体系都是时代精神的反映，中国马克思主义哲学体系也是时代精神的反映。中国马克思主义哲学体系的创新逻辑就在于，不同时代的中国实践决定了马克思主义哲学和中国实际相结合的不同主题和不同内容，形成了中国马克思主义哲学体系的不同面貌和不同风格。

1. 哲学体系是时代精神的反映

哲学是时代精神的精华，哲学是思想中的时代。一种体系的创新，最主要的依据就是时代的不断变化和发展。黑格尔把古今中外哲学的发展形容为“厮杀的战场”，虽然是一种比较血腥的表达，但也很形象地说明了哲学的发展表现为一个不同哲学体系的不断否定和创新的过程，这个过程折射出的是古今中外的时代发展，既包括和风细雨般的一般时代演变，也包括暴风骤雨般的重大时代变迁。马克思谈到德国哲学的发展时，也指出哲学体系的变化情况是：“一些原则为另一些原则所取代，一些思想勇士为另一些思想勇士所歼灭”①，并指出了这些变化背后的实质在于那个时代的特殊的具体的发展。这就深刻地表明，一种哲学体系的创新最深厚的土壤就在于它所处的那个时代，是时代发展之伟力推动了哲学的内容和形式的发展，从而促进和推动了哲学体系的不断创新。

既然如此，那么中国马克思主义哲学体系的创新同样也就是中国所处的时代的推动。在不同的历史时代，中国面临着不同的实践主题和实践任务，正是这些不同的实践主题和实践任务决定了那一时期或那个时代中国马克思主义哲学体系的具体内容，使得中国马克思主义哲学体系带有那个时代所独有

① 《马克思恩格斯选集》第1卷，人民出版社2012年版，第142页。

的特点。从这个意义上讲,我们可以说,中国马克思主义哲学体系是思想中的中国时代,是中国时代的思想反映。

2. 何谓中国马克思主义哲学体系

在对中国马克思主义哲学体系的创新这一核心问题展开阐述之前,有必要厘清一下马克思主义哲学体系和中国马克思主义哲学体系这两个重要的概念。

第一个概念是马克思主义哲学体系,这个概念是一个人们经常使用但又不一定经常在同一个意义上使用的概念。究竟包括马克思、恩格斯在内的经典作家是否明确确立了一个哲学体系,学术界能够比较一致地达成共同观点的看法是:马克思、恩格斯虽然经历了从不成熟到逐步成熟的新世界观理论体系的探索,批判地吸取了人类优秀的文化成果,提出的哲学思想具有内在的逻辑联系,但是他们无意从一开始就对自己的哲学思想做一种体系性的安排。至于列宁,他力图论证马克思主义是一个由三个有着内在紧密关联的组成部分构成的严密体系,但是列宁并没有论证马克思主义哲学本身是一个严密的逻辑体系。因此,如果说有一个原初的马克思主义哲学体系存在的话,那么这个体系本身也是由后来的马克思主义者整理出来和叙述出来的,例如,苏联教科书马克思主义哲学体系就是由苏联的马克思主义者整理和叙述出来的。这样一来就不难看出,其实马克思主义哲学体系这一概念是一个比较模糊的概念,既可以将之理解为马克思恩格斯的哲学观点的总称,也可以将之理解为后人对马克思恩格斯哲学思想的整理和叙述。当然,这种区别只是一种考据学上的区别。无论是哪一种理解,其实都没有偏离马克思主义哲学的主要内容和本真精神。

第二个概念是中国马克思主义哲学体系,这个概念是在"马克思主义哲学体系"前面加上了"中国"二字,这就意味着它所指的就是中国人所理解和叙述的马克思主义哲学体系。而在关于中国马克思主义哲学体系的形成这个问题上，又存在两种看法。一种观点认为，中国马克思主义哲学体系的形成在于它是西学东渐的过程中的产物之一而已。按照这种观点，伴随着西方列强的入侵，近代以来形成了一个西方文化蜂拥而入中国的文化过程，西方的进化论、实用主义、唯意志论哲学等各种西学传入中国并产生了各不相同的影响，马克思主义哲学也是这些西学中的一种。因此，中国马克思主义哲学体系就是西学东渐过程中的一种文化产物，是作为西方文化的马克思主义哲学在中国自然而然地生根发芽的一种理论结果，这种理论结果和进化论、实用主义、唯意志论哲学等在中国的生根发芽并没有什么本质上的不同。另外一种观点认为，中国马克思哲学体系从其产生上看，并非是随着近代以来西方文化进入中国过程中的一个“自动涌入”的过程，而是近代以来的有志于救国救民的先进中国人艰辛探求中国出路的理论成果，是一种主动地、不断地运用马克思主义哲学寻求真理以拯救国家民族于危难之际的实践过程的结果。这个过程正如毛泽东所总结的那样，中国人向西方学了不少，但总行不通，以至于国家的情况一天比一天坏，直到十月革命的爆发。十月革命对于苦难中的中华民族的重大作用，正如毛泽东所指出的那样，就在于它帮助了以中国的知识分子为主体的中华民族的有志之士“用无产阶级的宇宙观作为观察国家命运的工具，重新考虑自己的问题”①，最终找到了“中国向何处去”这一时代问题的答案。在寻找“中国向何处去”这一时代问题的答案的过程中，中国的马克思主义者结合中国实际实现了对马克思主义哲学体系的创新，形成了中国马克思主义哲学体系。因此，中国马克思主义哲学体系的形成是中国共产党人带领中国人民寻求救国救民真理的理论成果，是中国共产党在长期的革命和建设实践中坚持把马克思主义哲学同中国具体实际相结合而形成的哲学性质的、体系性的理论成果。比较上述两种观点我们不难发现，那种认为中国马克思主义哲学体系只是西学东渐的产物而已的理解显然是对中国马克思主义哲学

① 《毛泽东选集》第四卷，人民出版社 1991 年版，第 1471 页。

体系概念的误读，只有那种把中国马克思主义哲学体系看成是中国共产党带领中国人民主动寻求救国救民真理的理论产物的理解才真正揭示了中国马克思主义哲学体系这一概念的真正科学的内涵。

3. 中国马克思主义哲学体系的逻辑展开

既然中国马克思主义哲学体系指的是中国共产党人把马克思主义哲学同中国实际相结合而产生的哲学体系，那么中国马克思主义哲学体系创新的内在逻辑也就不难明了了。显然，把马克思主义哲学与中国实际的每一次结合，都会产生新的哲学成果。这种新的哲学成果来自两个方面：一方面，把马克思主义哲学和中国实际相结合使马克思主义哲学在中国“具体化”①，充分发挥好马克思主义哲学指导现实的功能；另一方面，把马克思主义哲学同中国实际相结合使中国的实际“马克思主义化”②，使中国的实际成为丰富和发展马克思主义哲学的鲜活的素材和有机的内容。只有这两个方面有机结合，才能真正切实有效地创新中国马克思主义哲学体系。总之，中国马克思主义哲学体系的创新，其内在的逻辑就在于马克思主义哲学和中国实际的有机结合，即只要实现了马克思主义哲学同中国实际的有机结合，就事实上推进了马克思主义哲学体系的创新。相应地，每一次把马克思主义哲学同中国实际相结合达到了何种深度和广度，也就内在地决定了中国马克思主义哲学体系创新达到了何种深度和广度。

而正如一切事物都是发展变化着的一样，中国实际也是不断变化着的。中国实际之所以是变化着的，乃是由于中国人的实践活动是在不断变化着的。回顾近代以来的中华民族的实践活动历程不难看到，近代以来的很长一段时间，中华民族面对三座大山的压迫只能是进行民主革命以求得民族的独立和解放，中华民族必须思考：运用什么样的理论武器来观察国家的命运？采取什

① 《毛泽东选集》第二卷，人民出版社 1991 年版，第 534 页。
② 《毛泽东文集》第二卷，人民出版社 1993 年版，第 374 页。

么样的方式来取得革命的胜利？走什么样的道路才能实现民族的复兴？新中国成立之后，又面临着如何进行社会主义建设的新问题：如何成功地从民主革命过渡到社会主义建设？如何正确处理各种各样的矛盾？需要一种什么样的新的文化？在遭遇到了“文化大革命”的严重挫折之后，中国进入改革开放新时期需要不断地去面对新的问题：究竟什么是社会主义、如何建设社会主义？建设什么样的党、怎样建设党？实现什么样的发展、如何实现发展？进入21世纪之后处于什么样的历史方位、面临什么样的新的矛盾？等等，中华民族总是要为了很好地回答和解决这些问题而不断进行新的实践活动。与此相适应的是，每当一个新的具体问题得到解决之时，就会形成新的理论，产生新的思想。这些新的理论和新的思想不是纯粹主观思维的结果，它们都是中国共产党的领导人以及专业的马克思主义哲学家把马克思主义哲学同中国实际相结合的产物。就性质而言，这些新的理论和新的思想既是马克思主义哲学的又是中国的，它们共同构成了中国马克思主义哲学体系创新发展的内容，也构成了中国马克思主义哲学体系创新发展的环节。正如马克思所说，“意识在任何时候都只能是被意识到了的存在，而人们的存在就是他们的现实生活过程。”①正是在这个意义上，我们说中国马克思主义哲学体系是从中国人民近代以来的实践活动中产生的，它是中华民族在一定历史条件下独有的物质生产方式的反映，也打上了中华民族特有的思维方式的烙印。每当中华民族的实践活动所面临的形势、主要的任务、主要的目标发生变化因而具有新的对象的时候，就必然导致和引起中国马克思主义哲学体系的变化，从而使中国马克思主义哲学体系的创新表现为不同的内容和形式。

二、中国马克思主义哲学体系创新的历史发展

考察中国马克思主义哲学体系的创新，必须要有历史的眼光。这是因为，

① 《马克思恩格斯选集》第1卷，人民出版社2012年版，第152页。

“要正确理解和把握中国的马克思主义哲学体系及其特征，就要深入考察和分析中国马克思主义哲学体系的形成、确立和演变的历史进程。”①回顾中国马克思主义哲学体系的创新历程可以发现，这一段历程有近百年的历史。按照大的时间节点，这一宏伟历史进程可以分为20世纪上半叶的马克思主义哲学体系创新、新中国成立后的马克思主义哲学体系曲折发展、改革开放后的马克思主义哲学体系创新等三个阶段。

1.20世纪上半叶马克思主义哲学体系的初始创新

近代以来的百余年，中国人民的实践活动主要集中在救亡图存和建设一个新的世界这个领域里。与此相适应，这一时期的中国马克思主义哲学体系的创新就主要围绕如何赶跑外来入侵者和如何推翻旧的世界、建设新的世界这一主题。

马克思主义哲学产生于19世纪的欧洲，但与欧洲处在资本主义上升期不同的是，那时的中国却逐步沦落为半殖民地半封建社会，世界的矛盾和中国的矛盾汇集于当时的中国社会，这就为马克思主义哲学在中国的传播构筑了社会历史条件。而随着历史的发展，中国的工人阶级不断成长起来，无论是阶级队伍还是阶级觉悟都日益壮大，罢工行动越来越多。受十月革命的影响，在中国终于爆发了工人阶级参加的反帝反封建的五四运动，为马克思主义哲学在中国的传播和发展奠定了阶级基础。而这时期中国的革命恰恰需要革命的理论来指导，中国共产党人开始把马克思主义作为观察国家命运、分析中国革命的理论武器，这也为马克思主义哲学在中国的传播和发展奠定了思想前提。可见，马克思主义哲学在中国的传播和发展有着历史的必然性。随着这一历史必然过程的展开，特别是随着马克思主义哲学与中国实际结合的不断加深，中国马克思主义哲学体系就不断地得以创新和发展。

---

① 杨耕：《关于中国马克思主义哲学体系的历史沉思》，《哲学研究》2016年第1期。

最初推动马克思主义哲学在中国传播的是中国先进的知识分子。尤其是五四运动前后（1919—1921年），以李大钊、陈独秀、李达、毛泽东、周恩来等为代表的先进知识分子积极组织革命团体，大力创办专刊，进行马克思主义理论尤其是唯物史观的宣传工作。在他们的努力下，马克思主义哲学的一些基本观点开始被人们所知晓并逐渐深入人心：共产党人必须把唯物史观作为立党之理论基础，生产力从根本上决定社会的变动，改造社会必须进行阶级斗争和进行无产阶级的革命，必须要靠人民的力量来实现社会主义……这些观念还通过当时的三次大的思想论战即关于“问题与主义”的论战、关于社会主义问题的论战、关于无政府主义的论战得到比较充分的阐释并迅速扩大了影响。中国共产党成立以后（1921—1927年），积极宣传马克思主义，并汲取大革命失败的经验教训，运用马克思主义哲学的观点分析了中国社会各阶级的状况，初步提出了新民主主义革命的思想，通过科学与人生观的论战和对戴季陶主义的批判，通过毛泽东撰写《中国社会各阶级的分析》和《湖南农民运动考察报告》两篇文章，宣传、丰富和发展了唯物史观。土地革命时期（1927—1937年），马克思主义哲学体系的创新循着两条主线向前推进：一是以李达、艾思奇为代表的革命知识分子的理论介绍和理论创作，二是以毛泽东同志为代表的中国共产党人运用马克思主义哲学探索武装斗争的中国式道路，这两条线同时起作用并不断发展，最终推动了中国马克思主义哲学体系的发展——毛泽东哲学思想逐渐体系化并正式确立，毛泽东亲笔撰写的“两论”是毛泽东哲学思想这一中国马克思主义哲学体系的最重要的成果形式“形成和系统化的主要标志”①。抗日战争和解放战争时期（1937—1949年），毛泽东哲学思想从多个方面得以展开，形成了党的思想路线、党的马克思主义军事理论、社会革命理论、党的建设理论、统一战线理论和科学的工作方法等，中国马克思主义哲学体系不断向前创新发展。

① 黄楠森、庄福龄、林利：《马克思主义哲学史》（八卷本），北京出版社1996年版，第357页。

2. 新中国成立后中国马克思主义哲学体系的曲折发展

新中国成立后，中国人民面临的是如何建设社会主义的时代大问题。这一时期的马克思主义哲学体系的发展，主要表现为以毛泽东同志为主要代表的中国共产党人运用马克思主义哲学探索如何实现社会主义现代化而形成的新的理论成果的发展。在这一时期，由于众所周知的原因，中国马克思主义哲学体系的创新发展经历了一个曲折的过程。

这个曲折发展过程可以分为三个阶段。首先，在社会主义改造时期（1949—1956年），马克思主义哲学体系有所创新发展。新中国成立后，政治界和学术界在全国合力掀起了学习马克思主义哲学的热潮，并对思想文化界的非马克思主义进行了批判，确立了马克思主义哲学在意识形态的主导地位。1953年，党提出了"一化三改"的过渡时期总路线，体现了变革生产关系和发展生产力的有机统一，是对民族资产阶级理论的突破、对农民理论的突破、对社会主义革命战略思想的突破，是党运用马克思主义哲学对时代主题的宏观把握。这一时期，学术界还专门探讨了社会性质、经济基础与上层建筑的关系、唯物辩证法的体系和规律、真理问题、思想史等问题。其次，在社会主义全面建设时期（1956—1966年），在探索中国社会主义建设道路中中国马克思主义哲学体系有新的发展。1956年，毛泽东《论十大关系》的发表，开创了中国特色社会主义建设道路的探索历程，也标志着党对社会主义革命和建设的辩证法的认识。1957年，毛泽东发表《关于正确处理人民内部矛盾》，阐发了社会主义建设中的各种矛盾关系，丰富和发展了马克思主义矛盾学说。这一时期，无论在经济建设领域，还是在阶级斗争问题上，或是社会主义建设的制度问题上，表现出越来越明显的"左"的倾向。学术界对社会主义建设的理论问题、对唯物史观的基本问题、对思维与存在的关系问题、对主观能动性和客观规律性的问题、对美和伦理的问题等各种理论问题的探讨，不可避免受到"左"的思想的影响。最后，"文化大革命"时期（1966—1976年），中国马克思主义哲学体系的发展遭遇挫折。由于“文化大革命”的开展，唯意志论、主观主义、唯心主义等各种极左思潮打着马克思主义哲学的旗号出现，造成了党和国家事业的严重倒退。在学术界，进行了对哲学家杨献珍的“合二为一”论的批判以及对一些文学家、历史学家的理论的批判，在“批判修正主义”的旗号下造成了批判影射理论的泛滥，使马克思主义哲学体系的创新之路遭遇严重挫折。

3. 改革开放以来中国马克思主义哲学体系的不断创新

以“真理标准问题大讨论”为开端，中国进入了改革开放的新时期。改革开放是一场划时代的深刻的社会大变革，极大地影响了中国社会的方方面面。中国共产党在领导中国人民进行的改革开放的实践中，运用马克思主义哲学分析和解决不同时期遇到的不同问题，产生了一系列理论成果，丰富和发展了中国马克思主义哲学。同时，在这一时期学术界也掀开了研究马克思主义哲学的新的一页，使中国马克思主义哲学体系的创新无论在深度还是在广度上都达到了前所未有的水平。

从 20 世纪 80 年代到 90 年代，以邓小平同志为主要代表的中国共产党人推动了思想解放运动，恢复了党的实事求是的思想路线，对什么是社会主义、怎样建设社会主义的问题进行了新的探索，创立了邓小平理论。20 世纪 90 年代到 21 世纪初，在世界局势发生深刻变化的形势下，以江泽民同志为主要代表的中国共产党人提出“三个代表”重要思想，并分析了“三个代表”之间的内在关系，显示出“三个代表”重要思想的完整性和系统性。党的十六大以来，以胡锦涛同志为主要代表的中国共产党人立足中国社会主义市场经济发展的新的实际，提出了以人为本的科学发展观。党的十八大以来，以习近平同志为主要代表的中国共产党人大力提倡学习辩证唯物主义和历史唯物主义，强调要运用马克思主义哲学分析中国社会的新的实际，并指出了中国社会主要矛盾的变化，创立了习近平新时代中国特色社会主义思想，对中国马克思主义哲学体系的创新进行了新的推进。

改革开放以来，学术界在大力推进了中国马克思主义哲学体系的创新方面取得了卓有成效的成就。一是改革开放初期进行了两次大讨论，即关于实践与真理标准问题大讨论（1978—1982 年），以及关于人性、人道主义、异化问题的讨论（1980—1984 年）。二是展开了关于教科书马克思主义哲学体系的改革的研究，以及随之而来的关于实践唯物主义问题的研究（1982—1990 年），产生了一批具有重大影响的新教科书和学术专著。三是部门哲学和应用哲学的兴起（1980—1999 年），这期间为回应改革开放中出现的诸多现实问题，产生了以经济哲学、管理哲学、社会哲学等为代表的各种各样的部门哲学，马克思主义哲学不仅同社会实践各领域的问题而且同文化、历史、艺术等人文方面的问题都发生了紧密的联系，哲学“部门化”、“应用化”的现象在这一时间兴盛起来。四是“智慧说”马克思主义哲学体系的出现（1988—1995 年），这是改革开放之后由专业哲学家构建的第一部熔铸中、西、马并自成体系的中国马克思主义哲学新体系。五是关于西方马克思主义的研究（1978—　），在介绍、翻译、研究西方马克思主义的各个流派的过程中，形成了相对集中的研究群体和特色，并从“西方马克思主义”拓展到“国外马克思主义”的研究。除此之外，还有关于马克思文本的研究，以及 21 世纪以来的价值哲学、生态哲学等的研究，都在不断取得新的突破。

三、中国马克思主义哲学体系创新的学术主体

由于本书主要侧重于讨论创新中国马克思主义哲学体系的学术主体，所以这里有必要专门谈一下马克思主义哲学体系的两类创新主体，以及创新中国马克思主义哲学体系的学术主体中的代表性人物。对创新主体进行具体分析，可以为我们在后面分析两类创新主体之间的关系以及创新马克思主义哲学体系的内在规律作出比较充分的理论铺垫。

1. 中国马克思主义哲学体系创新的两类主体

中国马克思主义哲学体系的创新,离不开一群群特定的主体。在不同的历史时期,创新中国马克思主义哲学体系的主体呈现出不同的特点。而不管在哪个时期,构成中国马克思主义哲学体系创新主体的无外乎两类:一类是作为党和国家领导人的政治主体,另一类是作为专业马克思主义哲学家的学术主体。由革命家、政治家、党中央领导集体所构成的政治主体,其“着眼点是解决革命和建设过程中所遇到的实际问题和理论问题”①,例如,毛泽东思想、邓小平理论、“三个代表”重要思想、科学发展观、习近平新时代中国特色社会主义思想等,就是由这类创新主体完成的。由专业马克思主义哲学家构成的学术主体,也关注中国社会面临的现实问题,也关注政治主体所进行的理论创新,但他们更多的是侧重基础理论的创新,他们在学理阐释上注重将马克思主义哲学与中国传统哲学、西方哲学融合起来进行考察,侧重哲学的概念、范畴的运用及其逻辑演化。在一定程度上说,两类主体有着紧密的关联,共同推动着中国马克思主义哲学体系的创新。

鉴于对马克思主义哲学体系创新的政治主体的研究已有很多的成果,这里就不作赘述。下面主要从学术发展的角度,检视一下近代以来马克思主义哲学体系创新的学术主体的主要情况②。

2. 中国马克思主义哲学体系创新的学术主体中的代表性人物

从马克思主义哲学传入中国之日起,从中国共产党人开始自觉地运用马克思主义哲学来探索中国的前途和命运之日起,中国马克思主义哲学体系的创新展开为一个有着 100 年左右的从近现代到当代再到 21 世纪的今天的带

---

① 许全兴:《马克思主义中国化的政治层面和学术层面区分》,《理论前沿》2003 年第 18 期。

② 需要说明的是,毛泽东的贡献尤为突出,兼具创新马克思主义哲学体系的政治主体和学术主体两种身份。因此,接下来在介绍学术主体这一类代表性人物时,把毛泽东也列入其中。

有明确的时间轴向的漫长过程。在这个漫长过程中，涌现出许多杰出的马克思主义哲学家。

（1）李大钊

李大钊（1889—1927），于1919年发表《我的马克思主义观》，随后发表一系列文章，对唯物史观的意义、经济基础与上层建筑、生产力与生产关系、阶级和阶级斗争、人民群众的作用等马克思主义哲学的重要理论问题进行了系统阐述，并应用唯物史观分析了当时中国的意识形态和中国的思想变动。李大钊还撰写了《唯物史观讲义》、《史学思想史讲义》、《史学要论》等著作，开辟了马克思主义新史学。李大钊是“研究历史最有成绩的人，唯物史观最彻底最先倡导的人”①，被公认为是最早在中国介绍、传播马克思主义哲学的知识分子。1927年4月被北洋政府杀害，年仅38岁。

（2）陈独秀

陈独秀（1879—1942），于1920年发表《马克思学说》，以及其他一系列文章，对唯物史观进行了大力的介绍。陈独秀是早期马克思主义的积极传播者，其理论创新在于：“一是旧思想之破坏……一是新思想之介绍与建设。”②与李大钊不同的是，陈独秀主要侧重从经济与阶级的角度来介绍和解读马克思主义的唯物史观，强调了无产阶级专政理论的重要性。陈独秀于1921年当选为党的中央局书记，1932年被捕，1937年出狱，1942年病逝于四川。

（3）瞿秋白

瞿秋白（1899—1935），于1923年到1924年先后出版了《社会哲学概论》、《现代社会学》、《社会科学概论》，1927年翻译出版苏联哲学家格列夫的《唯物论——新哲学》一书。瞿秋白把马克思主义哲学理解为“互辩法的唯物论”，还特别突出了认识论问题，第一次把辩证法与唯物论作为一个整体来介绍和研究，第一次把辩证唯物主义和历史唯物主义结合起来加以宣传，使马克

① 郭湛波：《近五十年中国思想史》，山东人民出版社1997年版，第112页。
② 郭湛波：《近五十年中国思想史》，山东人民出版社1997年版，第94页。

思主义哲学在中国的传播和发展进入到一个新的阶段。1935 年 6 月，瞿秋白被国民党军队杀害，年仅 36 岁。

（4）李达

李达（1890—1966），于 1926 年出版《现代社会学》，于 1935 年出版《社会学大纲》，在构建马克思主义哲学体系方面作出了卓有成效的理论工作，是早期马克思主义哲学家中对中国马克思主义哲学体系创新工作做得最系统和最完整的。特别是《社会学大纲》一书，强调了实践在马克思主义哲学中的基础性地位，并在此基础上把自然观和历史观、世界观和方法论、唯物论和辩证法统一起来，在介绍和研究马克思主义哲学方面实现了学术性、思想性、现实性的统一，产生了极大的影响。20 世纪 50 年代初，李达撰写了《〈实践论〉解说》和《〈矛盾论〉解说》两部重要的哲学著作，并于 1965 年完成了《马克思主义哲学大纲》上卷的主编工作。1966 年 8 月，李达去世。

（5）艾思奇

艾思奇（1910—1966），于 1936 年出版《大众哲学》一书，从本体论、认识论、方法论和辩证法等几大方面，运用中国人喜闻乐见的语言和日常谈话的体裁，把马克思主义哲学的基本理论同人们的生活实际紧密地结合起来，生动而深刻地阐述了马克思主义哲学特别是辩证唯物论的基本理论，在广大群众特别是青年学生中产生了很大的影响，是马克思主义哲学大众化、通俗化、现实化的典范。艾思奇在延安期间主持了“新读书会”的活动，1961 年主编完成全国第一本马克思主义哲学教科书《辩证唯物主义历史唯物主义》。1966 年，艾思奇病逝。

（6）毛泽东

毛泽东（1893—1976），在 20 世纪 20、30 年代起陆续写出《中国社会各阶级的分析》、《湖南农民运动考察报告》、《反对本本主义》、《实践论》、《矛盾论》、《论持久战》、《新民主主义论》、《改造我们的学习》、《整顿党的作风》、《反对党八股》、《论十大关系》、《关于正确处理人民内部矛盾的问题》等运用马克思主义哲学分析中国革命和建设中的具体问题的文章,其中《反对本本主义》标志着毛泽东哲学的初步形成,《实践论》和《矛盾论》则成为毛泽东哲学系统化的主要标志。毛泽东哲学是一个内容丰富、逻辑严密的中国马克思主义哲学体系,是20世纪中国马克思主义哲学体系创新的最重要的理论成果。1976年,毛泽东病逝。

(7)张岱年

张岱年(1905—2004),于1936年发表《哲学上一个可能的综合》,设想构建一个"综合创新"的哲学体系,于1937年完成《中国哲学大纲》。他于1948年完成《天人五论》的具体内容的设计,但是这一设计直到1988年才公开问世。《天人五论》是试图熔铸中、西、马从而构建一个新的中国马克思主义哲学体系所作的一个构思宏大的尝试,但是由于多年没有将之进行展开、充实和发展,所以只能说做了一个初步的设想。2004年,张岱年病逝。

(8)杨献珍

杨献珍(1896—1992),曾任中央党校校长,著有《论恩格斯否定了思维和存在的同一性》、《论敌后抗日根据地的社会性质问题》、《论党性》、《什么是唯物主义》、《我的哲学"罪案"》等著作和论文。杨献珍坚持认为中国过渡时期的经济基础不是单一的社会主义经济成分而是由五种经济成分构成,坚持认为"思维和存在的同一性"是唯心主义命题而"思维和存在有同一性"才是唯物主义命题,坚持认为既要看到"一分为二"也要看到"合二为一"。1992年,杨献珍病逝。

(9)冯契

冯契(1915—1995),于1957年出版《怎样认识世界》一书,毛泽东将之推荐给青年人阅读。1980年以后,冯契著有《中国古代哲学的逻辑发展》(上中下),《中国近代哲学的革命进程》、《认识世界和认识自己》、《逻辑思维的辩证法》、《人的自由和真善美》等哲学著作,以及一系列论文和散论,构建了自己的"智慧说"哲学体系。冯契智慧说哲学体系以实践唯物主义为主旨,以知识和智慧的关系问题为主题，打破各种学术藩篱，把马克思主义哲学、中国哲学、西方哲学融为一体，有着鲜明的个性特色，是改革开放后出现的第一部中国马克思主义哲学新体系。在这个新体系中，冯契结合中国的历史和现实，对马克思主义哲学的论域作了扩展和深化。冯契的作品被后人整理为《冯契文集》十卷，产生了相当大的学术影响。1995 年，冯契病逝。

（10）高清海

高清海（1930—2004），在改革开放后对教科书马克思主义哲学体系的改革问题提出了自己的构想，其基本框架定为绪论、意识和存在的关系、客体、主体、主体和客体的统一等几个大的方面，并依据此大纲展开为一个内容丰富的哲学体系，代表性著作为 1985 年出版的《马克思主义哲学基础》和 1988 年出版的《哲学与主体自我意识》。高清海立足对西方哲学史的系统把握，对教科书马克思主义哲学体系的改革进行了探索。2004 年，高清海病逝。

（11）黄楠森

黄楠森（1921—2013），主编 8 卷本《马克思主义哲学史》、《人学理论与历史》、《马克思主义哲学创新研究》等，主要立足列宁《哲学笔记》提出改革教科书马克思主义哲学体系的构想，他提出构建新的马克思主义哲学体系必须以存在为最高概念、以对立统一规律为核心，他提出的“唯物辩证法体系草图”把范畴分为整体范畴、并存范畴、层次范畴、过渡范畴、社会范畴、认识范畴等六大类。2013 年，黄楠森病逝。

以上所列举的 11 位具有代表性的中国马克思主义哲学家，每一位都在他们所处的时代不同程度地创新了马克思主义哲学体系。他们所进行的哲学创新形成了内容不同、各有特色的哲学成果，这些成果共同构成了中国马克思主义哲学体系的学术发展轨迹。应该说，创新中国马克思主义哲学体系的学术主体们各自作出了不同的努力和探索，都在中国马克思主义哲学体系创新的进程中留下了浓墨重彩的一笔。对于这一历程，学界进行过一些这样那样的评述，对其中内容、风格、特点等一些方面比较相近或相似的马克思主义哲学家进行了初步的比较，例如，有的学者就认为，“张岱年、冯契、高清海三位先生，称得上是20世纪最著名的三位‘学院派’马克思主义哲学家”①，当然也有的学者提出了与此不尽相同的其他一些看法。学术界的这些评述，既反映了学者们对中国马克思主义哲学体系学术发展历程的高度关注，也折射出学术界对这一发展历程的内容和特点的不同见解，它们对于我们回顾和反思中国马克思主义哲学体系的创新历程都有着非常重要的参考价值。

其实，透过以上系统的梳理我们可以发现一个很有趣的现象，那就是，如果从体系性创新这一角度来说，李达和冯契是其中所作出的贡献有着较大相似性的两位。这些相似性，除了都穿越了较长的时空、有多部哲学专著、在他们所处的时代比较有代表性、都得到毛泽东的重视和肯定等之外，最主要表现在他们都把马克思主义哲学理论和当时的中国现实和中国实际紧密结合起来并在此基础上对马克思主义哲学理论进行了系统性的、全方位的阐述即都做出了体系性的创新，不仅有构想，而且有构想的实现——哲学体系的最终形成。也就是说，冯契和李达的创新，不是在某一个问题、某一个领域的创新，而是全方位的、体系性的创新，这是他们二人所具有的共同特点。而这种共同性，也是本书之所以将他们进行比较的最根本的缘由。

行文至此，全书“导入”的任务便已经完成了。这个任务的完成，也就意味着提供了一个将李达和冯契进行比较的背景，即把李达和冯契放在中国马克思主义哲学体系创新的历史长河中予以观照。通过这种系统性、全方位的比较和观照，我们可以从中分析研究出创新中国马克思主义哲学体系的内在特征和一般规律。显然，最后所提炼出的内在特征和一般规律并非简单的“定性”，而是建立在“让事实说话”的基础之上的。

① 王南湜：《马哲创新关键：重建中华民族的价值理想》，《社会科学文摘》2017年第9期。

第二节　李达与中国马克思主义哲学体系的创新

李达是创新中国马克思主义哲学体系的早期重要代表人物，在马克思主义哲学体系的发展历程中有着重要的地位。李达不仅通过翻译、出版马克思主义哲学著作把马克思主义哲学系统地传播介绍到国内，而且通过运用马克思主义哲学来剖析中国社会问题从而实现了对马克思主义哲学体系的创新，对于推动马克思主义哲学中国化的发展作出了很大的贡献。因此，深刻理解和全面把握李达的哲学思想转变和哲学探索历程，特别是深刻理解和全面把握李达创新马克思主义哲学体系的具体表现、基本特点和深远影响，对于准确、系统、恰当地评价李达的哲学贡献无疑是十分必要和相当重要的。

一、李达的哲学之路

李达的一生，是学习、研究、运用马克思主义哲学的一生。李达的哲学之路始于他从青年时期就坚定对马克思主义的信仰，正是在这种信仰的支配下，李达翻译了多部马克思主义哲学的经典著作并介绍到国内，出版了《社会学大纲》等哲学专著，运用马克思主义哲学分析和回答了中国的诸多现实问题，为推动中国马克思主义哲学体系的创新作出了重要贡献。

1. 从爱国主义者到马克思主义者的转变

从李达早期的成长经历可以看到，李达的思想经历了一个从爱国主义到马克思主义的转变过程。这个转变的重要标志，就是李达通过对马克思主义哲学的研究确立了对马克思主义哲学的坚定信仰。

小时候读私塾，后考入永州中学，在中学经常集会反对外来入侵者的活动中耳濡目染，激发起强烈的爱国思想。李达中学毕业考入京师优级师范学堂，目睹了外国军警和商船横行中国的场景，以前那种朴素的爱国思想进一步转变为“科学救国”、“实业救国”的理性思考。1913 年，李达因成绩优秀获官费留学日本的资格，留日期间对日本向中国提出“二十一条”愤懑不已，于 1918 年组织救国团回国请愿，失败以后深感必须另寻一条光明出路，在“十月革命”影响下再赴日本，学习马克思主义。从 1918 年到 1920 年，发愤学习了大量的马克思主义著作，尤其是读懂弄通了《共产党宣言》、《资本论》第一卷和《国家与革命》等经典著作，并翻译了国外学者关于马克思思想的介绍性文章，接受了马克思主义的世界观和方法论，确立对马克思主义的坚定信仰。正是由于李达确立对马克思主义的坚定信仰，所以他能够发表《什么叫社会主义?》、《社会主义的目的》、《陈独秀与新思想》等贯穿着马克思主义基本立场观点和方法的理论文章并产生较大的影响。更为重要的是，掌握了马克思主义基本立场观点方法的李达参与了中国共产党的创建，这表明李达已经完全实现了由一个爱国主义者向马克思主义者的彻底转变。李达的这种转变，是他创新中国马克思主义哲学体系的前提、条件和开始。

2. 新中国成立之前的哲学探索

转变为一个彻底的马克思主义者之后，李达的哲学之路就有了一个新的方向和新的目标，那就是致力于用马克思主义哲学分析中国的革命实际。从建党前后的理论批判，到大革命时期的理论建构，到大革命失败后的理论创新和理论教育，李达把马克思主义哲学作为理论武器，为党和中国革命事业的发展作了艰辛的理论探索。

首先，李达为建党做了理论准备。李达 1921 年撰写《讨论社会主义并质梁任公》一文批判了反社会主义的思潮，1922 年撰写《社会革命底商榷》、《无政府主义之解剖》等文批判了无政府主义，李达还分别撰文批判第二国际的“堕落”和第四国际对列宁主义的责难。李达所做的这些理论批判，在当时的理论界是对马克思主义基本原理最系统的和最准确的阐述，为建党奠定了充分和扎实的理论基础。

其次,李达在大革命时期撰写了专著《现代社会学》。大革命时期,李达曾任湖南自修大学学长,他撰写了《马克思学说与中国》、《社会主义与江亢虎》等文,用马克思主义理论教育青年。1926 年至 1927 年,李达曾在武汉给国民革命军中央军事政治学校和农民运动讲习所的众多学员授课,他所讲授的内容就是唯物史观。这一时期,李达写作、出版了《现代社会学》一书。《现代社会学》在阐述唯物史观方面做到了既深刻又系统,而且密切结合当时中国被帝国主义侵略瓜分之实际,语言也令中国人喜闻乐见。该书出版后深受欢迎,一经面世很快销售一空,再版达 14 次之多,足见影响之大。

最后,李达在大革命失败后撰写了《社会学大纲》等多部著作。1929 年,李达出版《中国产业革命概观》、《社会之基础知识》、《民族问题》等书,对革命处于低潮的现实进行了理论分析。这时期,李达还翻译了 7 本名著,其中 4 本是讲辩证唯物论的,这些书成为当时革命者的精神食粮。1932 年到 1937 年,李达在北平的 5 年期间,撰写、出版了《社会学大纲》、《经济学大纲》、《社会进化史》、《货币学概论》等著作以及《辩证逻辑与形式逻辑》等论文。特别是《社会学大纲》,以教科书的形式专门介绍马克思主义哲学,形成了一个独特的马克思主义哲学体系,并且在论述上做到了最准确、最系统,在理论界产生了巨大影响。1947 年,李达在湖南写成《法理学大纲》的稿子,将辩证唯物论和历史唯物论贯穿其中。

3. 新中国成立之后的哲学探索

新中国成立之后,李达虽然担任了很多行政工作,但他把研究和宣传马克思主义哲学特别是毛泽东哲学作为自己义不容辞的职责。1950 年和 1951 年,毛泽东的代表性哲学专著《实践论》和《矛盾论》分别出版发行,产生了极大的社会影响。这两部书出版后,李达第一时间撰写了《〈实践论〉解说》和《〈矛盾论〉解说》两本册子,全面解读了毛泽东哲学的深刻内容,不仅准确、精到,而且通俗易懂。李达反对脱离实际的“浮夸风”、“大跃进”、“顶峰论”,从哲学高度予以批判。1965 年,主编完成《唯物辩证法大纲》(上)。

二、李达创新中国马克思主义哲学体系的主要表现

李达对中国马克思主义哲学体系的创新,不仅表现在李达在中国第一次构建起了唯物史观体系,而且表现在李达在中国构建起了第一个马克思主义哲学体系,还表现在李达构建起了系统完整的唯物辩证法体系。

1. 构建了唯物史观的框架体系

如果要问马克思主义哲学在中国最早被广大知识分子和青年学生所熟知的内容是什么,那么答案只有一个,这就是唯物史观。在中国传播唯物史观产生较大影响的学者,从时间上讲,第一个是李大钊,第二个是瞿秋白,第三个是李达。与李大钊和瞿秋白相比,李达在阐发唯物史观上是做得最系统的,也是做得水平最高的。吕振羽认为,“李达是我国有系统地传播唯物史观的第一人,他的《现代社会学》(就是我听他课的讲义)是中国人自己写的一部联系中国革命实际系统论述唯物史观的专著。”①这说明,李达的《现代社会学》在中国最早确立了唯物史观的框架体系。

《现代社会学》共十七章,第一章阐述唯物史观与社会学的关系,第二至十二章论述唯物史观原理,第十三到十七章论述科学社会主义理论。李达在这本书中所构建的唯物史观的理论体系,主要体现在以下几个方面。一是强调从实践出发理解社会历史。李达阐述了现实的人的物质生产活动是社会历史运动的最根本的逻辑起点,主张从生产力和经济生活出发去理解人类社会。二是论述了生产力和生产关系、经济基础和上层建筑的辩证关系。李达论述了社会构造、社会发展动力、社会发展规律等内容,反复说明生产力对生产关

① 江明:《展读遗篇泪满襟——记李达与吕振羽的交往》,《文献》1980 年第 4 期。

系、经济基础对上层建筑的决定作用，也反复强调人们要注意上层建筑对生产关系、生产关系对生产力所起的反作用及其前提和限度。三是阐述了国家、阶级、意识形态理论。李达论述了国家的本质和发展、阶级的起源和本质、各种社会意识形态的变化等理论问题，分析了无产阶级和资产阶级的对立和个人在社会发展中的作用。四是阐发了帝国主义和世界革命理论。李达阐述了帝国主义的含义、产生、消灭等理论，分析了世界革命与中国革命的内在关系，指出了中国革命的前途。李达的上述关于唯物史观的阐述，突破了当时人们只是突出和强调唯物史观的某一方面理论的片面性。与之前人们对唯物史观的理解和阐述相比，李达的阐述更加系统，更加全面，从这个意义上讲，李达可以称得上是国内首次系统地阐述唯物史观的第一人。而且，李达的阐述是结合中国社会的历史与现状来进行展开的。可见，李达对唯物史观的阐述不仅具有系统性，而且还具有创新性。

需要说明的是，李达构建唯物史观的框架体系却冠之以“社会学”之名，固然由于当时深受苏联流行的把唯物史观看成是马克思主义的社会学的影响，但主要反映出李达构建唯物史观框架体系的根本目的之所在。李达指出：“对于斯学之体系，自信已略具规模，学者苟循此以求之，必了然于国民生计之根本，洞悉其症结之所在，更进而改造之不难也。”①可见，李达构建唯物史观框架体系的根本目的就在于洞悉“国民生计之根本”并对之予以“改造”。具体来说，李达构建学术体系的目标，不仅仅是改造社会学即唯物史观体系本身，更重要的是要寻找和提供一种改造中国社会的精神武器。

2. 构建了中国第一个马克思主义哲学体系

1935 年，李达出版《社会学大纲》一书，以自己的方式系统地阐述了马克思主义哲学的基本理论。就李达自身一生的学术成就而言，这本书是李达最

① 《李达全集》第四卷，人民出版社 2016 年版，第 4 页。

有代表性的、影响最大的学术专著。就中国马克思主义哲学体系的发展史而言，李达《社会学大纲》是中国第一部系统阐述马克思主义哲学体系的学术专著，之前尚无全面系统介绍马克思主义哲学的学术专著，即使有介绍马克思主义哲学的著作，也仅仅限于译著。

《社会学大纲》的内容十分丰富，就其结构而言，由五大篇构成。第一大篇主旨非常明确，就是阐述“唯物辩证法”。李达从几个不同的方面对唯物辩证法进行了阐述，形成了四大章。具体而言，李达分别从“人类认识史的综合”、“哲学的科学”、“一般法则”、“认识论和论理学”等四个大的方面阐述了唯物辩证法的发展过程、对象特征、规律范畴、认识论等理论内容。李达所阐述的这些内容，在今天看来，其实就是我们称之为辩证唯物主义的理论。至于历史唯物主义的理论，则主要体现在以下第二、三、四、五篇等几个部分。这个几个部分分别阐述了历史唯物论以及关于社会的三大基本结构，这三大基本结构就是关于社会的经济结构、政治结构和意识形态。后面这些内容中，历史唯物论与社会的三大基本结构之间又存在着统分关系和内在的逻辑联系，它们合起来其实我们今天称之为历史唯物主义的理论。总之，《社会学大纲》五篇主要论述了马克思主义哲学的前史、唯物辩证法的三大规律和诸范畴、认识论、生产力与生产关系、经济构造、阶级和国家、意识形态等内容，这些都是马克思主义哲学的主要内容和核心内容，它们共同构成了马克思主义哲学的理论体系。从内容构成这个角度来看，李达《社会学大纲》是对马克思主义哲学体系所作的一种系统性的理论阐发，这种系统性的理论阐发在当时的中国还是第一次出现。在李达之前，尚未出现系统介绍马克思主义哲学的学术专著。

应该看到，相对于前期《现代社会学》，李达在《社会学大纲》中对唯物史观的阐述更加集中和凝练，更重要的是，李达把唯物史观看成是整个马克思主义哲学的理论体系中的一个有机组成部分，阐述得更为全面和系统，同时还涉及了关于历史唯物主义和辩证唯物主义之间内在关系的探讨。李达认为，“历史唯物论如没有辩证唯物论，它本身就不会成立；辩证唯物论如没有历史唯物论，也不能成为统一的世界观。”①这就表明，李达《社会学大纲》把辩证唯物论和历史唯物论有机融合在一起，对马克思主义哲学作出了一种体系性的阐发。而且，这种体系性的阐发不仅克服了当时苏联的哲学教科书只有辩证唯物论而没有历史唯物论的不完整性的缺陷，还纠正了当时苏联哲学教科书将辩证唯物论和历史唯物论进行二元结构区分的狭隘做法，体现了当时中国的马克思主义哲学家对马克思主义哲学的新的理解。

李达的《社会学大纲》原定为六篇，第六篇名为“中国社会研究”。这表明，李达是意图把马克思主义哲学运用到分析中国社会现实之中，力图把《社会学大纲》写成一部给中国人看的、为中国人所用的马克思主义哲学。虽然这一部分的写作没有最终完成，但是李达用中国人的语言，带着中国人的思维特点，把马克思主义哲学向中国人作了系统的阐述和介绍，对马克思主义哲学作了富于中国特色的系统表述，在当时已经是一个非常重大的理论贡献。即使在今天看来，依然是一个了不起的巨大成就。

3. 构建了唯物辩证法的框架体系

20 世纪 60 年代初，李达受毛泽东的启发，开始主持编写《马克思主义哲学大纲》的教科书的工作。李达为全书确立了编撰原则、篇章结构、内容组成等具体要求，组织各方力量进行编写，于 1965 年完成了《马克思主义哲学大纲》(上)即“唯物辩证法”的编写稿。李达对全书从头到尾进行了审阅，并作了细致入微的修改。1978 年，人民出版社出版该书时把书名定为《唯物辩证法大纲》。在这本书中，李达全面阐述了唯物辩证法的理论，在中国确立了唯物辩证法的框架体系。

《唯物辩证法大纲》一书由一个引言和五大篇组成，每一篇的结构也完全一样，都是由一个前言和诸多章节构成，全书以教科书的形式全面系统地阐述

① 《李达全集》第十二卷，人民出版社 2016 年版，第 216 页。

了唯物辩证法的理论。唯物辩证法包含非常丰富的理论,在李达那个时代,唯物辩证法不仅要涉及从黑格尔、费尔巴哈到马克思、恩格斯的理论,还要涉及从列宁到毛泽东的哲学思想。要在一本书中把以上这些理论安排妥当,确非一件容易之事。李达将这些理论共分五大篇,第一篇主要论述马克思主义哲学的阶级属性,即它是一种为无产阶级服务的理论;第二篇主要着眼人类认识的漫长发展历程,阐述唯物辩证法产生、确立的必然性;第三篇探讨整个世界的本原问题,阐述物质统一性理论;第四篇着眼世界的状态问题,阐发了世界联系和发展的规律性以及多对范畴等理论;第五篇着眼人的思维运动,阐述了认识论和逻辑学的理论。在这五大篇里,李达既讲清楚了哲学的基本问题、马克思主义哲学与人类认识成果的关系,又具体阐发了马克思主义哲学的物质、时间、空间、运动、静止、联系、发展等一系列概念,还详细展开了关于唯物辩证法的三大规律和多对范畴的理论,并对认识的本质、认识的运动、认识的检验、真理等理论问题进行了全面的论述。可见,内容是非常的丰富,也非常的全面。而且,从第一篇到第五篇的安排,还体现出了从整体到部分、从一般到个别、从抽象到具体的逻辑顺序,可谓是匠心独运。总之,李达主编、修订的《唯物辩证法大纲》一书,具有结构合理、内容翔实、逻辑清晰等特点。

应该说明的是,《唯物辩证法大纲》一书并不是李达第一次阐述唯物辩证法的著作,因为早在《社会学大纲》中李达就在第一篇中专门阐述了唯物辩证法的理论。但是,与《社会学大纲》相比,李达对唯物辩证法的阐述更加系统、更加丰富、更加具体、更带有中国特色。从框架结构上看,李达把之前由“一篇+四章”构成的唯物辩证法体系扩展到后来由“五篇+十二章”的唯物辩证法体系,使得唯物辩证法理论更加条理化和系统化。从具体的内容上看,在《唯物辩证法大纲》中,李达以更大的篇幅阐述了马克思主义哲学的前史,增加了更丰富的内容,强调实践对认识的决定作用,强调辩证法与唯物论的统一,强调唯物辩证法要以对立统一规律为核心,并且较多地阐发了毛泽东哲学的辩证法思想,使得唯物辩证法的内容变得大为丰满。基于此,我们完全有理由把

《唯物辩证法大纲》看成是李达阐发和创新唯物辩证法框架体系的标志性著作。

三、李达创新中国马克思主义哲学体系的基本特点

李达创新中国马克思主义哲学体系有着独有的鲜明特征,这种鲜明的特征不仅体现在李达对国内外马克思主义哲学理论成果的融会贯通,而且体现在李达的理论创造与中国人民的实践活动紧密相连,还体现在李达把马克思主义哲学贯穿于社会科学的各个研究门类之中。

1. 融会贯通国内外马克思主义哲学理论成果

李达在日本学习期间,对于各国的马克思主义理论兼收并蓄。李达很早就掌握了英语、日语和德语共三门外语,因此他得以阅读不同版本的马克思主义理论著作,并将它们介绍到中国来。关于日本的马克思主义理论研究,李达深受日本学者河上肇的影响,他把河上肇的著作《马克思主义经济学基础理论》翻译成中文。关于德国的马克思主义理论研究,李达翻译了德国卢波尔的《理论与实践的科学社会根本问题》一书,以及德国塔尔海马的著作《现代世界观》(又名《辩证唯物论入门》)。关于苏联的马克思主义理论研究,李达翻译了苏联西洛可夫的《辩证法唯物论教程》一书。这些翻译出版工作,使得李达从一开始就对国外关于马克思主义哲学进行阐述和研究的现状有了比较客观、全面的把握,对于马克思主义哲学的很多理论问题有了比较准确、深入的研究,这也使得李达形成了对于各种关于马克思主义理论的阐述和评价进行比较和鉴别的能力。

李达在创新马克思主义哲学体系的过程中,深受列宁哲学和毛泽东哲学的影响。一方面,李达十分重视借鉴列宁的思想。在《农业问题之理论》中,李达专门辟出一章阐述列宁的农业理论及政策;在《马克思主义经济学理论基础》上篇"马克思主义之哲学的基础"中,李达多处引用列宁《唯物论与经验

批判论》中的阐述；在翻译《辩证法唯物论教程》时，李达在“译者例言”中专门强调了对列宁思想的重视：“我们的哲学的研究，不能不努力追随于新时代的新实践与新理论的统一的发展，依据马=伊的哲学而不断地被扬弃，不断地被清算。”[①]在之后的《社会学大纲》一书中，李达虽然没有很大篇幅地引用列宁的著作或文章，但李达在书中所阐发的马克思主义哲学理论特别是唯物辩证法部分的理论都深深打上了列宁哲学的烙印。后来在《唯物辩证法大纲》一书中，李达十分重视列宁的哲学思想，多处引用了列宁著作中的观点和表述。从新近出版的《李达全集》来看，除了前四卷之外，从第五卷到第二十卷，都十分明显地带有列宁的影响，对列宁观点的引用随处可见。另一方面，李达非常重视吸取毛泽东哲学的精髓。李达对毛泽东的哲学思想十分推崇，一度认为“学习唯物辩证法最好的老师是毛润之”[②]。李达对毛泽东的哲学专著《实践论》、《矛盾论》进行了专门的解说和阐发，并听从毛泽东的建议着手主编《马克思主义哲学大纲》，在通信中还谈到了自己的计划之一，就是要对“两论”的解说进行修改，以及专门研究“毛泽东的思想方法和工作方法”[③]。透过《唯物辩证法大纲》具体内容，我们不难看到李达的这种愿望和努力。

总之，李达不仅在早期对于各国的马克思主义哲学理论有着全面了解和把握，而且在其全部的哲学生涯当中都十分注重借鉴列宁的哲学思想和毛泽东的哲学思想，将它们融会贯通于自己的哲学体系当中。李达这种科学借鉴和有机融汇国内外马克思主义哲学的理论成果的学术特质，使得他能够在创新中国马克思主义哲学体系方面取得巨大成就。可以说，在创新中国马克思主义哲学体系方面，李达无论是在深刻性还是准确性或是系统性上，都达到了一个超越同时代人的高度。而李达之所以达到这样的高度，之所以能够形成20世纪马克思主义哲学体系创新的第一个学术高峰，是与他具有自觉融会贯

---

① 《李达全集》第十卷，人民出版社2016年版，第4页。

② 曹瑛：《杰出的马克思主义理论家李达同志》，《人民日报》1981年4月28日。

③ 《李达全集》第二十卷，人民出版社2016年版，第445页。

通国内外马克思主义哲学理论成果这一特质密切相关的。

2. 与中国人民不同时期的实践活动紧密相连

有在李达身边工作过的、熟知李达的学者曾经指出，李达的治学风格最重要的特点之一，就是“把理论的严谨性与中国人民解放斗争的需要紧密地结合起来，创造性研究马克思主义理论”①。的确，李达绝不是书斋里的学者，李达创新中国马克思主义哲学体系始终都是立足在与中国人民不同时期的实践活动紧密相连这一坚实基础之上的。

近代以来，面对内忧外患的中国现实，有志之士上下求索苦苦寻求救国救民真理。在这样的大背景下，李达东赴日本留学，最后选择了通过大力宣传、介绍马克思主义哲学来为中国人民提供精神武器这一投身变革中国社会现实的革命道路，并一度兼具马克思主义理论家和革命家的双重身份。20 世纪 20 年代上半期，爆发了反对北洋军阀统治的第一次国内革命战争，这次战争最后以国共失败而告终。这期间，李达写作并出版了《现代社会学》，阐述了唯物史观的基本理论，并阐发了科学社会主义的学说，整本书饱含着李达对当时的中国革命问题所进行的深层的理论思考。李达认为，在帝国主义的政治的和经济的侵略下，中国的社会性质已然是“国际的半殖民地”②，而民族革命的对象就是帝国主义及其一切的代表。李达还论述了民族革命的领导权在于无产阶级，民族革命的前途是社会主义，民族革命离不开世界革命，等等。李达在《现代社会学》中关于唯物史观基本理论的阐述，就是为了提供一个分析当时的中国前途和命运的有力的理论武器。可见，李达的哲学探索与中国人民的实践活动密切相关。关于这一点，我们通过《社会学大纲》一书看的同样清楚。众所周知，自 1931 年以来，日本迈开了侵华的战争步伐，1937 年发动了全面侵华战争，中国社会进一步陷入水深火热之中。李达在《社会学大纲》的

① 陶德麟：《杰出的马克思主义哲学家——李达》，《光明日报》2007 年 7 月 11 日。

② 《李达全集》第四卷，人民出版社 2016 年版，第 175 页。

序中写道："我认为中国社会，不是资本主义社会，也不是封建社会，而是帝国主义殖民地化过程中的社会。"①李达在书的扉页上写下一行字——"献给英勇的抗日战士"，明确表达了自己在中国正处于"帝国主义殖民地化过程中"这个特殊的时代背景下撰写这一马克思主义哲学教科书的鲜明目的，这个鲜明的目的体现在这个教科书所要服务的对象上，这个鲜明的目的就是为赶跑外敌入侵、为中国的民族解放战争而奋斗的中国人提供理论武器。而在《唯物辩证法大纲》中，李达除了系统介绍马克思主义哲学的唯物辩证法之外，还通篇加入了中国革命和建设当中许多典型的事件和素材，包括毛泽东哲学——作为中国革命和建设的理论结晶——的诸多观点。这也表明，李达创新中国马克思主义哲学体系就是旨在为中国革命和建设的实践提供理论指导，为中国人民的实践活动提供理论武器。

总之，无论是李达的《现代社会学》的写作，还是其《社会学大纲》的写作，还是其《唯物辩证法大纲》的写作，都十分清楚地说明了这样一点，即李达创新中国马克思主义哲学体系的理论探索自始至终都是与中国人民不同时期的实践活动紧密相连的。没有中国人民的实践活动，李达对于马克思主义哲学体系的创新就会成为无源之水、无本之木。反过来说，李达之所以在创新马克思主义哲学体系上取得那样大的理论成就，就在于有了中国人民的实践活动这一源头活水，就在于与中国人民的实践活动密切相关，与中国人民的实践活动休戚与共。这也表明，有没有与中国人民的实践活动之间这种紧密的联系，决定着创新中国马克思主义哲学体系的可能与否。

3. 把马克思主义哲学贯穿到各个社会科学门类的研究之中

李达创新马克思主义哲学体系的过程，也是他自觉把马克思主义哲学应用到各门具体社会科学门类之中的过程。在李达看来，中国马克思主义哲学

① 《李达全集》第十二卷，人民出版社 2016 年版，第 3 页。

体系与中国哲学社会科学的具体学科之间存在着一种内在的联系。这种内在联系的根本在于:一方面,马克思主义哲学来自于各门具体科学并吸收了各门具体科学的成果;另一方面,马克思主义哲学对各门具体科学有着理论指导作用。李达在那个时代就已经非常清楚地认识到了这一点:“马克思主义哲学是讲世界观、方法论的,应当是各门科学中的首席科学,对一切科学和各项工作都有指导作用。”①正是基于这样的认识,李达自觉把马克思主义哲学贯穿到各个社会科学门类的研究当中去,并在每一个领域都取得了创新性的研究成果。

这些成果体现在社会科学的几个主要学科门类之中,包括从政治学到教育学等多个学科、多个领域。在政治学领域,李达从马克思主义哲学基本理论出发分析了中国的社会革命问题,在20年代的《马克思还原》、《社会革命底商榷》、《马克思学说与中国》以及50年代的《历史唯物主义讲座》等文章中,提出要把马克思主义的基本理论和中国的特殊国情结合,对如何在中国实现马克思主义的社会主义这一重大理论问题作了科学的回答。在经济学领域,李达提出,要用“历史唯物论指导经济学去研究各种社会经济构造的各种历史的特殊法则”②,并以此为原则进行理论创作,写出了《经济学大纲》和《货币学概论》等著作,在中国的经济学、货币学理论方面开创了历史的先河,奠定了中国的经济学、货币学的理论丰碑。在历史学领域,李达认为,马克思主义唯物史观所揭示的人类社会发展阶段理论具有普适性,但也要看到中国历史运动的特殊性。以唯物史观为理论指导,李达不仅写出了《社会进化史》这一贯穿着马克思主义哲学方法的世界通史,而且写出了《中国产业革命概观》、《中国现代经济史之序幕》、《中国现代经济史概观》等关于中国近代经济史研究的诸多著作。在法学领域,李达强调,必须用马克思主义哲学特别是唯物史观指导中国的法学研究。从40年代到50年代,李达自觉以马克思主义

① 《陶德麟文集》,武汉大学出版社2007年版,第717页。
② 《李达全集》第十二卷,人民出版社2016年版,第232页。

哲学特别是唯物史观作为理论指导,先后撰写了《法理学大纲》、《谈宪法》、《中华人民共和国宪法讲话》等法学方面的著作。此外,李达还把马克思主义哲学特别是唯物史观贯穿到教育学之中,探讨了教育学问题,对人的解放特别是妇女解放问题作了深入的研究。

如上所述,李达的一系列著述,不仅是李达运用马克思主义哲学进行具体社会科学研究的研究成果,而且是马克思主义哲学在具体社会科学领域发挥作用的理论结晶。同时,这些研究成果和理论结晶也是李达创新中国马克思主义哲学体系的内容的有机组成部分。李达正是通过对具体社会科学的研究,得以把马克思主义哲学同中国的社会现实和历史特征有机结合起来,从而以丰富的中国素材创新了中国马克思主义哲学体系。

四、李达创新中国马克思主义哲学体系的深远影响

李达对中国马克思主义哲学体系的创新,是中国思想界的一件盛事,尤其是中国马克思主义哲学发展史上一个重大的事件。这一事件对中国的思想界产生了巨大的影响,尤其是对整个中国马克思主义哲学的发展进程产生了非常深远的影响。这种深远的影响主要体现在,李达第一次对马克思主义哲学做了系统的准确的阐述,为毛泽东哲学的产生提供了丰富的哲学资源,形成了马克思主义哲学中国化的学术传统。

1. 首次对马克思主义哲学作了系统的准确的阐述

李达对马克思主义哲学的阐述,既是系统的,也是准确的。

一方面,李达对马克思主义哲学所作的阐述在当时历史条件下是最系统的。在马克思主义哲学在中国的传播过程当中,李达可谓是一个承前启后的人物。之前有李大钊、陈独秀、瞿秋白等许多人做了大量的理论介绍工作,但是他们有的重点介绍唯物史观,有的也对辩证法作了一些介绍,但是唯有李达是把辩证唯物主义和历史唯物主义作为一个整体来进行系统全面阐发的。因

此，一般都认为，李达是“马克思主义哲学传播的主要总结者，奠定了中国马克思主义哲学的基本体系”①。李达的这种“总结者”和“奠定者”的角色，也奠定了李达在中国马克思主义哲学发展过程中独特的重要地位。在一定程度上可以说，李达阐发马克思主义哲学体系的这种完整性和系统性，不仅对于在中国人民中形成马克思主义哲学的基本立场观点和方法有着思维方面“塑形”的重要功能，而且对于帮助中国人民运用马克思主义哲学的基本立场观点方法分析中国问题、寻找中国出路有着“指路”的重要作用。显然，这种“塑形”、“指路”所产生的影响，无论是从理论上说还是从实践上说，都是十分深远的。

另一方面，李达对马克思主义哲学所作的理解在当时历史条件下是最准确的。在20世纪20、30年代甚至新中国成立后很长一段时间，国内对马克思主义哲学的理解多受来自苏联的教科书模式的影响，主要是一种辩证唯物主义和历史唯物主义的二分结构的马克思主义哲学构架。即便讲实践，也只是把它限定在认识论之中来谈。但是，在李达那里，实践被理解为整个马克思主义哲学的实质。正是基于此，李达把马克思主义哲学看成是“实践的唯物论”，强调了马克思主义哲学的实践性特征。从整个马克思主义哲学的发展历程来看，李达对马克思主义哲学所作的“实践唯物论”的理解是“实践唯物主义在中国话语中的初始开显”②。直到20世纪90年代，国内哲学界才开始热议实践唯物主义的话题，在这一过程中形成很多观点和看法实际上与20世纪上半叶的李达的观点和看法是一致的，例如，把马克思主义哲学理解为实践的唯物主义，等等。可见，当时李达对马克思主义哲学所作的理解不仅是非常系统的，也是非常准确的，在今天依然给人启迪。

---

① 丁晓强：《李达与马克思主义哲学的中国化》，载《李达与中国共产党的创建和马克思主义在中国的传播——纪念李达同志诞辰120周年学术研讨会论文集》，人民出版社2013年版，第232页。

② 汪信砚、李侦：《“实践唯物论”：实践唯物主义在中国话语中的初始开显——李达〈社会学大纲〉的独特理论贡献》，《学习与探索》2015年第5期。

也正是因为如此,马克思主义史学家侯外庐在对20世纪上半叶的马克思主义的理论家们进行了系统考察和全面比较后,得出这样一个结论:在20世纪上半叶,“就达到的水平和系统性而言,无一人出李达之右。”①这是对中国马克思主义哲学早期发展状况的实事求是的描述,是对李达在马克思主义哲学发展史上首次对马克思主义哲学作了系统的准确的理解这一独特地位的肯定。

2. 为毛泽东哲学思想的形成提供了理论资源

李达对毛泽东哲学思想的形成所产生的影响,不仅表现在促进毛泽东学习马克思主义哲学,而且表现在通过自己的阐发影响了毛泽东对马克思主义哲学的理解,还体现在通过与毛泽东的私人交往影响毛泽东的哲学观点。

首先,李达翻译的马克思主义哲学著作为毛泽东接触马克思主义哲学理论提供了条件。李达翻译的马克思主义哲学著作中,对毛泽东影响最大的当属苏联西洛可夫的《辩证法唯物论教程》。毛泽东不仅阅读了此书,而且是反复阅读,并作了1万多字的批注。其中毛泽东重点批注了两个领域的内容,一是认识论的内容,二是矛盾论的内容。在认识论的内容中,毛泽东对主观世界与客观世界的关系、实践与认识的关系、实践与真理的关系、经验论和唯理论等进行了研究;在矛盾论的内容中,对“辩证法的根本法则”中关于矛盾的特殊性、矛盾的发展和解决等都作了详细的研究。除以上两方面之外,毛泽东还对其他许多观点也作了批注和转述。以上这些,今天我们从《毛泽东哲学批注集》中看得非常清楚。而且,从毛泽东的经典哲学专著《矛盾论》和《实践论》的内容来看,很多地方可以看到这些批注的影子。应该说,通过李达的译著,毛泽东对马克思主义哲学的丰富内容有了比较深刻的理解。

其次,李达对马克思主义哲学体系的阐发深刻影响了毛泽东的哲学思想。

---

① 侯外庐:《韧的追求》,三联书店1985年版,第36页。

如前所述，李达的专著《社会学大纲》全面系统地阐述了马克思主义哲学体系，一经出版便很快产生了广泛的影响。远在延安的毛泽东得到此书后十分高兴，反复读了多遍，称之为中国人自己写的第一本马克思主义哲学的教科书，并给李达写信，信中称李达为“真正的人”。根据毛泽东的意见，新华书店于1948年重新出版了李达的《社会学大纲》。1961年，毛泽东还建议李达对《社会学大纲》进行修改后再出版。这都足以表明毛泽东对李达《社会学大纲》一书的重视程度，也说明毛泽东受此书的影响之深。李达在《社会学大纲》中对马克思主义哲学的前史进行了详细的阐述，其中关于原始社会的认识活动的内容是毛泽东所读过的《辩证法唯物论教程》中所没有的部分，还有其中关于西方早期唯心论哲学也是之前毛泽东没有系统地了解过的内容，等等。无疑，这些内容都对毛泽东关于人类认识发展过程的观点产生了深刻的影响。而且，李达在书中关于认识过程的阐述和三大规律的阐发，都受到了毛泽东多处的、详细的批注。甚至有学者认为，“李达的《社会学大纲》为毛泽东《矛盾论》的写作提供了直接的思想资源。”①如果进行仔细的对照研究，我们可以发现，这个结论是经过详细的文本考察和理论分析所得出的，有着充足的文本依据和理论依据。

最后，李达与毛泽东的学术交往影响了毛泽东的哲学思想。自在中共一大上李达和毛泽东认识之后，两人的交往持续了几十年，其中关于马克思主义哲学的学术探讨成为他们之间交往的重要纽带。无论是1922年毛泽东邀请李达担任湖南自修大学校长，还是1927年毛泽东委托李达做唐生智的统战工作，还是新中国成立后毛泽东委任李达为武汉大学校长，以及李达对毛泽东哲学专著《实践论》和《矛盾论》的解说，还有李达与毛泽东在信中关于哲学问题的探讨，都证明了李达在毛泽东心目中的学术地位之高。这也说明，李达在哲学思想上对毛泽东的影响是非常之深的。正如有的评论者认为的那样，如果

① 汪信砚、周可：《李达与毛泽东哲学思想的形成和发展》，《毛泽东研究》2011年卷，第62页。

从整个中国马克思主义哲学的演进历程来看的话,有一点是非常清楚的,即李达的哲学思想“是马克思主义哲学与中国实际结合的中介,是列宁阶段走向毛泽东哲学的中介,为毛泽东思想的创造作了学理上的准备”。[①] 这个评价实在是太精到了,它既准确地切中了李达和毛泽东在哲学上的密切关系的实质,也客观地、恰如其分地对李达在哲学上的理论贡献给予了肯定,可谓是一语中的。

3. 形成了马克思主义哲学中国化的研究传统

近代以来,特别是五四运动之后,马克思主义哲学在中国得到了越来越广泛的传播。在当时,一大批中国的先进知识分子接受了马克思主义,他们开始宣传马克思主义,并运用马克思主义来解剖当时的中国现实。其中,有一些对马克思主义哲学有过信仰、做过研究的中国马克思主义者,他们把他们所接受和理解的马克思主义哲学和中国所处的半殖民地半封建状况结合起来进行思考,试图回答“中国向何处去”这一重大的时代问题,从而形成了中国马克思主义哲学独有的研究传统——马克思主义哲学中国化传统。参与形成马克思主义哲学中国化传统的早期马克思主义哲学家是一个群体,李达就是其中的一位。

早期的中国马克思主义者在思考中国前途的过程中,形成了一个共同的特征,即把马克思主义的理论同中国的具体实际结合起来进行思考,在这种结合的基础上来提出中国问题的解决方案。其中,几位代表性的人物主要包括李大钊、陈独秀、瞿秋白、李达等,莫不是进行了这种结合,而且都取得了较大成就。李大钊通过发表《我的马克思主义观》(上)(下)、《唯物史观在现代史学上的价值》、《马克思的经济学说》,阐发的主要是马克思主义的唯物史观和

① 丁晓强:《李达与马克思主义哲学的中国化》,载《李达与中国共产党的创建和马克思主义在中国的传播——纪念李达同志诞辰120周年学术研讨会论文集》,人民出版社2013年版,第232页。

阶级斗争学说，并写了《由经济上解释中国近代思想变动的原因》来分析当时的中国状况。陈独秀发表了《谈政治》、《社会主义批评》、《马克思学说》等文章，着重从经济与阶级分析的角度阐述马克思主义的唯物史观，他不同意中国尚处于封建社会的判断，认为中国已进入资本社会，强调注重个人罢工和世界革命，也由此在革命事业上走入歧途。瞿秋白通过发表译著《新哲学——唯物论》、专著《社会哲学概论》等，阐述了马克思主义哲学理论。瞿秋白的马克思主义哲学研究也是由唯物史观切入，但是他提出“互辩律的唯物论”，将辩证法与唯物史观结合起来，使马克思主义哲学的内涵远远超出唯物史观的范畴，大大提高了马克思主义的理论说服力，在当时的学术思潮论战中产生了很大影响。李达则通过三本代表性著作《现代社会学》、《社会学大纲》、《唯物辩证法大纲》，系统全面阐发了马克思主义哲学，不仅对唯物史观而且对唯物辩证法都作了详细的阐述，并围绕中国的政治、经济、社会等多方面的具体问题进行了深刻的阐发，形成了马克思主义哲学的中国式的表达。李达的这种独特贡献，我们通过在前面的具体阐述是不难看到的。应该看到，早期马克思主义者李大钊、陈独秀、瞿秋白、李达等人，虽然他们接受马克思主义的来源有所不同，李大钊、陈独秀、李达都是从日本接受马克思主义思想，瞿秋白则是从苏俄接受马克思主义思想，但是他们都自觉用马克思主义哲学来思考中国出路并用来指导中国革命的工作。而且，他们担任的都是党内的重要的工作。具体而言，李大钊曾负责党在北方的全面工作，陈独秀曾任党的总书记，瞿秋白曾担任中央领导工作，李达曾任党的第一任宣传部部长。也就是说，他们其实都自觉把马克思主义哲学融入到对中国革命问题的思考之中，融入到对中国社会的变革实践之中，也因此共同形成了马克思主义哲学中国化的传统。这种马克思主义哲学中国化的传统，也是近代以来中国哲学研究的新传统。

可见，早期的中国马克思主义者们在传播马克思主义哲学和研究马克思主义哲学的过程中都非常注重理论和实际的结合，他们都是开创马克思主义哲学中国化传统的主体中的优秀代表。李达是其中的一位，也是其中的杰出代表。关于李达的学术贡献及其重要学术地位，有学者作了精辟的总结："李达于1935年出版的《社会学大纲》标志着马克思主义哲学在中国系统传播的结束，也标志着马克思主义哲学中国化传统的形成。"①这两个"标志"清楚地表明，李达在马克思主义哲学中国化传统形成中有着代表性、标志性的重要地位，而且这种重要地位是独特的、不可取代的。李达这种地位的获得，除了与李大钊、瞿秋白被国民党杀害英年早逝以及陈独秀误入歧途等原因之外，更重要的是由于李达在阐述马克思主义哲学的系统性、准确性、深刻性方面的确是当时历史条件下所达到的最高的水准。从整个中国马克思主义哲学发展历程来看，早期马克思主义者所开辟的马克思主义哲学中国化传统对此后数十年马克思主义哲学中国化的发展所产生的作用是巨大的，所产生的影响是深远的。而李达由于在创新中国马克思主义哲学体系中贡献卓著而独特，因而李达的影响也是巨大而深远的，甚至是一种更高层次上的巨大和深远。

第三节　冯契与中国马克思主义哲学体系的创新

与李达的哲学轨迹不同的是，冯契并不是一开始就研究马克思主义哲学，而是经历了从研究西方哲学到研究马克思主义哲学以及中国传统哲学的转变。自20世纪30年代起，冯契选择了以实践唯物主义辩证法作为理论指导来探索知识与智慧关系这样一条哲学道路，并终生一以贯之。冯契在马克思主义哲学的统帅下整合、融通西方哲学和中国传统哲学，到晚年终于构建起"智慧说"的马克思主义哲学新体系，为推动马克思主义哲学体系的创新发展作出了独具特色的贡献。

---

① 汪信砚：《马克思主义哲学中国化传统的形成和发展》，《哲学动态》2014年第1期。

一、冯契的哲学之路

在清华大学哲学系，冯契完成了本科和研究生学业，主要攻读西方哲学和中国哲学。抗日战争爆发后，冯契立志终生研究马克思主义哲学；新中国成立后，冯契主要在高校从事马克思主义哲学的教学和研究；改革开放后，冯契系统整理了自己的哲学思考，形成了具有独特个性的智慧说哲学体系，在哲学界产生了很大的影响。

1. 初入清华

冯契的哲学之路，始于冯契 1935 年考入清华大学哲学系。冯契考入清华大学学习哲学的动机也十分纯粹，那就是要靠学习和研究哲学来救国。冯契认为："要救国，就要有理论，最根本的理论是哲学"①，因此下决心苦学哲学，寻求报国之路。当时清华大学哲学系倡导中西兼容、贯通古今的学风，清华大学哲学系的教授们在中西思想碰撞交融的大时代中为振兴中华而著书立说，给学生们以深刻的影响。在这样的学术氛围中耳闻目染，冯契受到了深深的启发。在清华大学哲学系的老师们中，对冯契影响最大的是金岳霖。金岳霖当时从英国留学回来担任哲学系主任，长于逻辑学研究，在哲学研究中注重逻辑分析方法的运用。金岳霖担任冯契逻辑课的教师，对冯契产生了直接的影响，是冯契进入清华大学后接触哲学的第一个导师。除了金岳霖之外，对冯契影响较大的就是冯友兰。冯契选修了冯友兰的《中国哲学史》课程，对中国哲学的发展有了深入的了解。可以说，冯契初入清华大学，就接受了西方哲学和中国哲学的洗礼，并确立了解决知识和智慧关系问题的哲学志向。

2. 抗战之后

1937 年，抗日战争全面爆发，这时的冯契是大学三年级的学生，也卷入了

---

① 《冯契文集》第一卷，华东师范大学出版社 1996 年版，第 7 页。

这场民族抗战的洪流之中。冯契到抗战前线做过服务工作，到过延安并加入中国共产党。在这期间，冯契接触到了革命的现实，接触到了中国的马克思主义者，对马克思主义理论有了深刻的认识。特别是，冯契读了毛泽东的《论持久战》和《新民主主义论》，思想上产生了极大的震动。毛泽东在《论持久战》中对“亡国论”和“速胜论”的批判，以及对中日战争的阶段和道路的分析，使冯契感受到了马克思主义哲学的巨大理论力量；毛泽东在《新民主主义论》中关于中国革命分为新民主主义革命和社会主义革命两个步骤的分析，以及“能动的革命的反映论”的提出，使冯契感受了马克思主义哲学的巨大现实威力。正是在毛泽东的巨大影响下，冯契确立了走实践唯物主义哲学道路这一重大选择。冯契以马克思主义哲学作为理论指导阐述知识和智慧的关系问题，与金岳霖在知识和智慧关系的问题上产生了争论。1947 年，在《中西文化的冲突和汇合》一文中，冯契对中西文化问题作了马克思主义的回答。这表明，抗日战争全面爆发之后，冯契逐步走上了实践唯物主义的哲学道路并坚定了对这一道路的信仰。

3. 新中国成立之后

新中国成立之后，冯契主要在华东师范大学任教，讲授马克思主义哲学和中国哲学的相关课程。1955 年，由上海人民出版社出版一部小册子《谈谈革命的乐观主义精神》。1956 年，在全国第二次高师会议上，冯契提出“化理论为方法，化理论为德性”，意图使之成为毛泽东提出的“马克思主义和中国革命实践相结合”这一理论联系实际口号的阐释与补充。冯契之所以提出这个口号，是因为他看到，虽然新中国成立之后人们学习马克思主义理论热情很高，但是基于各种主客观原因，人们侧重于改造客观世界，而对如何改造主观世界认识不够彻底，因此冯契明确提出“两化”理论，强调既要把马克思主义理论转化为方法又要把马克思主义理论转化为自己的德性，只有这样才能更好地贯彻理论联系实际的方针。冯契“两化”理论的提出，从哲学上很好地回应了党中央提出的理论联系实际的口号，在当时产生了很大的影响。1957年，冯契出版《怎样认识世界》一书，受到毛泽东重视，毛泽东将之推荐给身边工作人员阅读。“文革”期间，因被关牛棚和多次抄家，冯契的手稿、书信等悉数遗失。

4. 改革开放之后

改革开放之后，随着中外联系和交流的日益扩大，中国人越来越多地走出国门，学术界空前活跃起来，马克思主义哲学研究也因真理标准问题大讨论、人道主义和异化问题大讨论、实践唯物主义问题大讨论等掀开新的一页。在这样的背景下，冯契在履行上海市社会科学院副院长等多个学术职务的同时，抓紧一切时间进行创作，来完成自己以实践唯物主义为指导来解决知识和智慧关系问题的哲学理想。从1980年到1989年，写作并陆续出版了《中国古代哲学的逻辑发展》上中下三册，以及《中国近代哲学的革命进程》，从而完整勾画出了中国哲学从先秦到1949年新中国成立前2000多年的发展历程。随后一直到1995年，冯契对自己的哲学思想进行了系统的思考和整理，把马克思主义哲学、中国哲学、西方哲学有机融合在一起，构建出“智慧说”的哲学体系。“智慧说”由三篇构成，分别为《认识世界和认识自己》、《逻辑思维的辩证法》、《人的自由和真善美》。这三篇从逻辑上看，构成了“一体两翼”的逻辑关系；从旨趣上看，体现了冯契所追求的哲学理想。冯契的前述著作连同他的小册子、论文、通信等，被后人整理为600多万字的十卷本《冯契文集》（后增订为11卷）。此外，冯契还主编了《中国哲学史》、《马克思主义原理教程》等六部教材、词典和丛书。

二、冯契创新中国马克思主义哲学体系的具体表现

冯契以自己独特的方式创新了马克思主义哲学体系，主要表现在冯契构建了有着独特风格的马克思主义哲学新体系，拓展了马克思主义哲学的新论

域,运用马克思主义哲学对中国传统哲学作了系统全面的审视。

1. 构建了一体两翼的马克思主义哲学新体系

冯契的智慧说是一个新体系,其逻辑架构非常清晰。冯契提出,哲学家们所要回答的问题实际上就是性与天道的关系问题,各个民族在不同时期都要对此作出不同的回答。冯契的智慧说要解决的也就是这样一个问题,即“在实践基础之上认识世界和认识自己的交互作用中如何转识成智,获得关于性与天道的认识?”①冯契的智慧说的主干,就是回答“认识世界和认识自己”的问题,而冯契智慧说的两翼,就在于回答如何把获得的认识化为智慧,即一方面要“化理论为方法”,一方面要“化理论为德性”。可见,主干和两翼之间的内在关系十分紧密,形成了一个很强的逻辑关系:主干统帅和引领着两翼,两翼支撑和深化了主干。

冯契的这个体系的具体内容,体现在他的三本专著之中,即《认识世界和认识自己》、《逻辑思维的辩证法》、《人的自由和真善美》。在《认识世界和认识自己》中,冯契主要讨论了基于实践的认识过程的辩证法。在冯契看来,哲学上认识论领域主要存在四大问题,即感觉能否给予客观实在?理论思维能否把握普遍有效的规律性知识?逻辑思维能否把握具体真理(首先是世界统一原理和发展原理)?理想人格或自由人格如何培养?关于第一个问题,冯契引入马克思主义实践概念,认为从实践中获得的感觉能够给予客观实在并构成从无知到知的开端。关于第二个问题,冯契吸收金岳霖的理论,提出以得自现实之道还治现实的接受总则,这个总则构成普遍必然性有效的规律性知识之所以可能的条件。关于第三个问题,冯契认为,通过理论上的一致百虑和实践上的殊途同归,真理的发展就表现为从具体到抽象、从抽象上升到具体的发展过程。关于第四个问题,冯契认为智慧使人获得自由,由知识到智慧是一

① 《冯契文集》第一卷,华东师范大学出版社1996年版,第42页。

个包含理性的自觉、辩证的综合、德性的自证的飞跃。在《逻辑思维的辩证法》中，冯契主要探讨了认识的辩证法如何通过逻辑思维的范畴转化为方法论的一般原理。冯契提出，马克思主义哲学应当重视辩证逻辑，他从意见和观点的矛盾运动、科学和哲学的演进、辩证思维如何从自发到自觉等角度探讨了逻辑思维过程的辩证法，还从形式逻辑和辩证逻辑的关系、对立统一规律、"类""故""理"的逻辑范畴、方法论的基本原理等方面探讨了逻辑思维形式的辩证法。在《人的自由和真善美》中，冯契提出，人的自由就是化理想为现实，要求自由是人的本质，他还对价值体系进行了系统考察，提出了真善美的理想境界、平民化的理想人格等理论，探讨了人类如何走上自由之路。

以上三篇，共计 80 万字左右，是冯契经过半个多世纪对中国马克思主义哲学体系潜心思考的理论结晶，并且有着鲜明的个性化特色。

2. 拓展了马克思主义哲学的若干论域

冯契对马克思主义哲学体系的创新，一个很重要的方面就在于他对马克思主义哲学的诸多论域进行了创新性的拓展。冯契在阐述马克思主义哲学理论的过程中，对诸多领域的诸多问题进行了十分深入的探讨。冯契的探讨，有的是对马克思主义哲学基本理论的中国式阐发，有的是对马克思主义哲学的某一个内容的大力强调，有的是对马克思主义哲学某些理论的延伸甚至补充。冯契对马克思主义哲学的这种创新性的"接着讲"，大大丰富和发展了马克思主义哲学，拓展了马克思主义哲学的论域空间，推动了马克思主义哲学的时代发展。

具体来说，冯契在九大方面拓展了马克思主义哲学的论域。一是认识论方面，冯契提出了不仅要认识世界还要认识自己的广义认识论，将认识论与逻辑学、价值论、方法论融合在一起，大大拓展了传统认识论的视域；而且在真理观问题上详细阐述了真理的具体性的三个方面，提出了真理问题上的"具体概念"这一思维形式；还通过论述"疑问"、"意见"、"观点"等新的范畴，对传统认识论关于认识过程的理论进行了细化和补充。二是逻辑学方面,冯契强调发展马克思主义哲学必须加强逻辑学研究,把逻辑学作为马克思主义哲学的生长点;他明确界定了形式逻辑和辩证逻辑的研究对象,提出应该将二者区分开来进行研究;他整理出“类”、“故”、“理”的逻辑范畴体系,丰富了逻辑范畴发展史理论。三是价值论方面,冯契通过提出本然界、事实界、可能界、价值界等概念,把价值的本质归结于人的创造,对中国的价值体系进行了系统的审视,对中国未来的价值体系构建提出了若干设想。四是方法论方面,冯契以列宁的观点为基础,提出了方法论的基本环节,即观察的客观性、分析与综合的统一、归纳演绎和类比、逻辑与历史的统一、假设和证明以及理论和实践的统一。五是文化理论方面,冯契提出文化就是人的创造活动,在文化的古今问题上提出要继承中国“近代传统”的主张,在文化的中西问题上提出会通中西的机制。六是自由理论方面,冯契提出自由就是化理想为现实,并从认识论、伦理学、美学三个角度进行了阐释。七是理想学说方面,冯契提出了三种类型的理想,即人生理想、道德理想和审美理想。八是人的本质学说方面,冯契从事实界的视域出发阐述了人的类本质,从可能界的视域出发阐述了人的社会本质,并把人的本质看成是与人的德性紧密相连的。九是在人格理论方面,冯契批评了传统圣人人格的虚伪性,提出平民化自由人格理论,具体探讨了平民化自由人格的培养路径。

经过冯契这种大力的拓展,马克思主义哲学的论域有了新的空间,马克思主义哲学的内容也日益贴近生活和人本身。总之,冯契所阐述的中国马克思主义哲学呈现出一种新的面貌,给人一种耳目一新的感觉。

3. 运用马克思主义哲学对中国传统哲学的发展作了全面审视

与坚定走实践唯物主义的哲学道路的哲学理念相适应,冯契创新马克思主义哲学体系的自然而然的表现便是运用马克思主义哲学对中国传统哲学的发展进行系统的审视和全面的考察。冯契提出考察中国传统哲学必须遵循马克思主义哲学的方法论原则,对中国传统哲学的特点进行了提炼和概括,对中国传统哲学的发展历程进行了阶段划分,对中国传统哲学的现代化问题进行了系统深入的思考。

冯契认为,考察中国传统哲学的发展历史必须运用马克思主义哲学的唯物辩证法作为理论指导,具体而言就是要做到:必须立足社会实践把握哲学的发展,必须把历史和逻辑有机统一起来,要有科学的比较方法,要站在发展的高级阶段回顾历史。冯契分析了中国传统哲学的发展特点,认为中国传统哲学在认识论的四大问题中主要是在后两个方面体现出与西方哲学不同的特点,中国传统哲学在逻辑学、自然观、人的自由问题上都有自己独特的地方也存在自己的不足。在冯契看来,之所以形成这些特点,有社会历史条件方面的原因,有哲学与科学及其他意识形态的关系方面的原因,也有哲学本身的演变发展方面的原因。冯契把中国哲学的历史进程分为三个阶段,并概括出各个阶段的内容、特点和社会实践根源。第一阶段是先秦哲学,这个时期政治思想斗争和自然科学的发展共同推动了哲学的前进,这个时期的哲学从内容上看主要表现为天人之辩和名实之辩,诸子百家围绕这两大问题阐发了自己的观点,最后由荀子做了比较全面的总结。第二阶段是秦汉到清(鸦片战争前)的哲学,这个时期的政治思想斗争和科学发展的情况形成了这一时期哲学的哲学论争内容和逻辑范畴体系,在哲学论争内容上逐渐由形神之辩、有无之辩发展到心物之辩、理器之辩,在逻辑范畴体系上通过名实、言意、象道关系的讨论深化发展了先秦时期萌芽的“类”、“故”、“理”的范畴。第三个阶段是中国近代哲学,这一时期受“古今中西”之争的制约以及西方哲学和中国古代哲学的影响,哲学的论争有了很大的变化,从道器之辩演变到进化论和唯物史观,从心物之辩演化到辩证唯物论和历史唯物论,从名实之辩演变到形式逻辑和辩证逻辑,从天人之辩演变到自由问题和理想学说。在此基础上,冯契指出,先秦哲学在认识论、逻辑学、人道观三个方面有着积极的成果,秦汉到清(鸦片战争前)在认识论、逻辑学、天道观、人道观四个方面都取得了积极成果,近代哲学的积极成果在于能动的革命的反映论的提出以及在方法论探索、人的自由问题的探讨。而中国古代哲学的理论思维教训在于儒学唯心主义阻碍了科学发展以及对形式逻辑的忽视阻碍了科学方法的形成,近代哲学的理论思维教训在于未能克服天命论和经学独断论、忽视了农民意识的两重性、过于强调阶级斗争。冯契指出,要在中西合流中通过比较、通变和扬弃的方法来推动传统哲学的现代化进程。

上述冯契对中国传统哲学所作的系统性考察,使得马克思主义哲学和中国传统哲学发生了紧密的联系。冯契运用马克思主义哲学"接续和激活了中国哲学的传统,借助梳理、批判、总结传统,推进了本民族的智慧理论"①,这样就不仅使马克思主义哲学带有中国的民族特点和民族风格,也赋予了中国传统哲学以马克思主义哲学的韵味和现代价值。

三、冯契创新中国马克思主义哲学体系的主要特征

如果说冯契对中国马克思主义哲学体系的创新有什么与众不同的话,那么,这种与众不同之处在于,冯契不仅融马中西哲学于一体,而且结合中国的革命、建设特别是传统文化来进行阐述,以及立足于世界哲学的视野来展望中国马克思主义哲学的未来发展。

1. 融合马、中、西

由于有着浓厚的多方面哲学的背景,冯契在创新马克思主义哲学体系的过程当中,调动了马克思主义哲学、中国哲学、西方哲学的学术资源来阐述和阐发他对于智慧说的理解,从而使得他的智慧说哲学体系融汇了各种哲学的学术观点,给人一种哲学的"万花筒"的感觉。后人在研究冯契的智慧说哲学体系的时候,往往被冯契能够自由出入马克思主义哲学、中国哲学、西方哲学

① 洪晓楠:《冯契对中国哲学现代化的贡献》,《中共济南市委党校学报》1999 年第 2 期。

的各个领域的能力所震撼，这其实是与冯契学贯中西的深厚学术涵养有着极大的关系。冯契早年随金岳霖系统学习西方哲学以及跟随冯友兰学习中国哲学，抗战之后深入研究马克思主义哲学，新中国成立之后长期在高校从事中国哲学和马克思主义哲学的教学和研究，这些丰富的学术经历铸就了冯契集百家之长的学术综合创新能力。这就使得冯契创新马克思主义哲学体系表现出一种融合马中西的鲜明特征，这种鲜明特征也是冯契区别于其他马克思主义哲学家的一个重要方面。

冯契构建智慧说哲学体系是马克思主义哲学性质的哲学体系，因此，智慧说通篇贯穿着马克思主义哲学的基本立场、观点和方法，换言之，马克思主义哲学的立场、观点和方法是冯契智慧说哲学体系的理论立足点和理论特质。因此，冯契在构建智慧说哲学体系的过程中，运用最多的、最根本的还是马克思主义哲学。冯契所坚持的是实践唯物主义的哲学道路，因此，冯契智慧说哲学体系是立足马克思主义实践观展开的。冯契在回答认识论四大哲学问题所依据的便是实践基础上的感觉论，认为实践经验能够给予对象实在感，感性经验才构成了知识和智慧大厦的基础，由此构建起广义认识论的理论。而化理论为方法，化理论为德性，作为智慧说的两翼，阐述的正是实践基础上的认识辩证法的转化、展开和延伸。由此可见，智慧说哲学体系的理论基础是马克思主义哲学的实践观。冯契在具体阐述智慧说的哲学理论的过程中，大量引用了马克思、恩格斯的观点，以及列宁和毛泽东的观点，从而使得智慧说哲学体系的主要内容是基于马克思主义哲学的基本立场、观点和方法而构成的。同时，冯契还大量引入了中国哲学的理论内容，除了运用马克思主义哲学专门探讨中国哲学的发展历程，冯契还在所有的哲学论域中都融入了中国哲学自先秦到清朝乃至近代的哲学发展内容，典型的如“言、意能否把握道”的问题、“类”“故”“理”逻辑范畴问题、真善美问题等，以及中国哲学的“天人之辩”、“名实之辩”、“心物之辩”、“理欲之辩”、“道器之辩”、“形神之辩”等，都用来服务于中国马克思主义哲学体系的理论阐述。再者，冯契还大量运用了西方哲学的理论资源，如黑格尔哲学、康德哲学、实证主义哲学、非理性主义哲学等，在中西哲学比较中阐发智慧说哲学理论。总之，冯契智慧说哲学体系融汇了马克思主义哲学、中国哲学和西方哲学，这是冯契哲学一个非常鲜明的特征。学界对此是有一致认同的，大家都能够认同这样一种观点，即冯契智慧说“是中国当代哲学家在新的历史条件下，对中国哲学史和西方哲学史的总结，是融合中西会通古今的哲学理论体系”①。当然，应该强调的是，在冯契哲学体系中虽然实现了马克思主义哲学、中国哲学、西方哲学的融合，但是其中马克思主义哲学是起着统帅和引领的核心作用的。

2. 结合中国革命、建设和历史文化的实际

冯契亲身经历了中国自近代以来的民族独立和解放运动，经历了新中国成立后国家的曲折发展，经历了改革开放后社会主义建设的飞速发展。在漫长的岁月中，冯契一直从事理论的研究工作，一直以理论创新的方式为国家的建设和发展贡献自己的智慧和力量。因此，冯契的智慧说哲学体系深深地打上了中国革命和建设实践的烙印，反映了中国革命和建设的发展历程，包含了冯契对中国革命和建设的经验和教训的深刻认识。同时，由于中国的革命和建设又深深植根于中国的历史文化的土壤，所以，冯契的智慧说哲学体系也包含了冯契对于中国的历史文化实际所进行的理论反思。

关于这一点，我们可以从冯契在改革开放后系统整理他的智慧说哲学体系的初衷不难看到。冯契对自己亲身经历的新中国成立以后的社会主义建设实践进行了回顾，特别是对其中经历的一些曲折尤其是“文革”这样的大的波折进行了深刻反思，对于期间哲学的发展所遭遇的挫折进行了总结，多次批判社会上出现的一些的假、丑、恶的不正常现象。冯契认为，党的十一届三中全会是中国的社会主义建设历程中一个重要的转折点，党对新中国成立以来的

---

① 张天飞：《冯契先生的哲学研究路向》，《华东师范大学学报》（哲学社会科学版）2005年第3期。

若干历史问题所作的决议实现了思想上的拨乱反正，在此基础上，党提出了社会主义初级阶段理论和改革开放的基本国策，为下一步的社会主义建设和发展指明了道路和方向，这都体现了党长期以来作为法宝的实事求是思想路线的重新恢复，也使得我们对于中国的国情又一次有了清醒的认识。那么，在新的历史进程开启之时，哲学如何发展呢？马克思主义哲学应该有怎样的作为？对此，冯契撰写了《哲学要回答时代的问题》一文，专门论述了这一重大问题。在这篇文章中，冯契提出："在新的历史条件下，如何进一步发展哲学革命？更具体点说，哲学首先应作出什么样的努力，才能跟上时代的步伐，以求真正能从理论上回答时代的问题？"①冯契对这个问题给出了自己的答案，那就是应当研究建设的逻辑，要有改革的眼光，要结合自然科学的发展，要在世界性的百家争鸣中实现创新发展。从中可见，冯契创新中国马克思主义哲学体系的努力，其依据和立足点便是中国的革命、建设、历史文化实际，其目的和落脚点则是紧跟时代的发展步伐并通过对中国的革命、建设和历史文化实际的反思来回答当代中国发展的现实问题。

事实上，冯契智慧说哲学体系的展开过程，就是一部联系中国的革命、建设和历史文化实际不断反思的过程。例如，冯契"化理论为方法、化理论为德性"的提出和展开便能很好地说明这一点。新中国成立以后，中国共产党大力宣传和倡导"理论联系实际"的方针，冯契深知，这是我党在长期的实践中用血的代价换来的深刻认识，有着重要的现实迫切性，因此冯契及时提出"化理论为方法、化理论为德性"，用意非常明确，就是作为党的这一方针的"补充的口号"。因此，"化理论为方法、化理论为德性"的提出体现了冯契对中国实践的理论回应和积极参与。又如，在智慧说哲学体系展开的过程中，冯契在逻辑思维的辩证法和真善美与自由等多个问题上紧密结合"文革"的教训进行阐述，比如思维方式上的独断余毒、自由问题方面对自愿原则的忽视、过于夸

① 《冯契文集》第八卷，华东师范大学出版社 1997 年版，第 345 页。

大阶级斗争的作用、学术争论中引蛇出洞的斗争策略等。再如,冯契在论及中国传统哲学的精华与糟粕时指出,在时代的发展中,传统中优秀的东西在发展,但落后的糟粕的东西依然还在起作用,给中国的现代化发展造成很负面的影响。还如,冯契在论述近代以来中国哲学的发展时提出,不仅要看到中国哲学的古代传统,更应该看到中国哲学的近代传统,我们在今后的社会主义建设和发展中更应该发扬中国哲学的近代传统。总之,冯契全面反思了中国近代以来一两百年的现代化历史,全面反思了几十年中国社会主义的建设历程,全面反思了中国近现代的哲学史。这种反思,其内核是对中国革命、建设和中国历史文化的再认识,其形式表现是中国马克思主义哲学体系的新形态。从这个意义上可以说,整个智慧说哲学体系也是对中国革命、建设和历史文化进行反思的哲学结晶。

3. 具有世界哲学的宽广视野

冯契的智慧说三篇,独立来看是分别体现着各自的主旨,但是它们有一个共同的特点,便是会通中西,站在世界哲学的高度上进行哲学的阐述和表达。

第一,在天与人、性与天道的关系问题上,冯契从世界哲学的视野出发进行了深入的分析。首先,冯契从中国传统哲学中吸取营养,认为中国哲学的特点就在于天与人的交互作用,认为王夫之“声色味之授我也以道,吾之受之也以性。吾授声色味也以性,声色味之受我也以道”的观点很有价值。冯契指出,毛泽东的“能动的革命的反映论”是近代哲学的最积极的成果,金岳霖的“以得自现实之道还治现实”的知识论原理继承了中国哲学的认识论传统。其次,冯契还借鉴了西方哲学。冯契吸取了德国古典哲学中黑格尔的辩证逻辑思想和康德的感性、知性、理性思想,还吸收了现代西方哲学中实证主义和非理性主义的思想。例如,冯契认为实证主义可以为解决“可爱者”与“可信者”之间的矛盾提供素材,认为非理性主义哲学特别是意志主义和存在主义有助于克服某些时期的马克思主义理论中忽视个人和个性的倾向。总之,冯契着眼于世界范围内各个民族哲学的交融和会通，把中国哲学的合理成分和西方哲学的有价值的内容融会贯通起来，构筑起他的广义认识论理论，从而使得他的智慧说哲学体系带有世界哲学的特质。

第二，在思维方式问题上，冯契在全面梳理考查中华民族传统思维的特征的基础上进一步会通中西。在逻辑范畴这个问题上，冯契认为，“把逻辑范畴分为三组，是中国哲学和西方哲学共同的观点”①，认为在这个问题上中西哲学存在沟通的可能：中国人发展了辩证逻辑，西方人发展了形式逻辑，只有会通中西，用西方人之长补中国人之短，才能更好地提高中国人的逻辑思维能力。冯契在阐述马克思主义哲学的范畴观时，把中国传统的“类”“故”“理”范畴与马克思主义哲学的范畴对应起来，而马克思主义哲学的理论源头来自西方哲学特别是德国古典哲学，因此冯契的这种做法便是很好地贯通了中西。在辩证思维方法问题上，冯契把荀子的“辨合”与“符验”作为辩证逻辑方法的最基本的两条，还结合马克思《资本论》以及列宁对《资本论》的解读，融合毛泽东《论持久战》中国所体现的辩证思维方法，提出了辩证逻辑方法论的五个环节。正是因为有着世界哲学的视野，冯契在智慧说哲学体系中所阐述的逻辑学和方法论，相对于一般的教科书来说就具有了一个崭新的面貌。

第三，在自由和价值问题上，冯契在发扬民族传统的基础上把中西会通推向前进。一方面，在自由问题上，冯契认为中国哲学偏重自觉忽视自愿，西方哲学偏重自愿忽视自觉，通过中西比较来阐述人的自由理论。另一方面，冯契梳理了中国几千年的价值观的演变，提出了合理的价值体系的三个基本原则。第一个原则是自然原则和人道原则的统一，实际上是综合了西方哲学家和以王夫之为代表的中国哲学家的思想，把西方哲学重视自然的思想与中国哲学重视天人交互作用思想结合起来了。第二个原则是理性与非理性的全面发展，实际上是把中国哲学的理欲之辩与西方哲学中非理性主义哲学特别是存

① 《冯契文集》第二卷，华东师范大学出版社1996年版，第222页。

在主义与本质主义的结合。第三个原则是群体和个性的统一，实际上是把中国哲学中的群己之辩与西方哲学中重视人的价值特别是突出个体价值的思想结合起来了。通过中西会通，冯契在智慧说哲学体系中所阐述的自由观和价值观便具有了世界哲学的特质。

四、冯契创新中国马克思主义哲学体系的重要影响

冯契智慧说哲学体系的出现是当代中国马克思主义哲学发展进程中的一个重大学术事件，在整个中国马克思主义哲学的发展进程中有着重要的地位和深远的影响。这种重要的地位和深远的影响主要表现在：冯契创建了中国马克思主义哲学体系的新形态，推动了学术维度马克思主义哲学中国化的新进程，树立了当代中国马克思主义哲学研究方法的新自觉。

1. 创建了中国马克思主义哲学体系的新形态

新中国成立以后，包括李达、艾思奇等资深的中国马克思主义哲学家在构建中国马克思主义哲学体系新形态方面也在进行新的探索，都付出过巨大的努力。他们也总结中国的革命和建设的经验，尽力吸收毛泽东哲学的诸多观点，但是在教条主义影响一时间还难以被彻底清除、国内外学术交流还很缺乏的实际环境中，他们从整体上还依旧难以摆脱苏联教科书马克思主义哲学体系的框架，还存在着被毛泽东称之为“洋哲学”的特点。从这个意义上讲，他们虽然也在努力进行马克思主义哲学体系的创新，但是他们在实现马克思主义哲学体系的创新实践方面还无法摆脱特定历史条件的制约。苏联模式的马克思主义哲学教科书体系由唯物论、辩证法、认识论、历史观四大块构成，是特定的历史的产物。随着时代的发展，其内容陈旧、未能吸取中国哲学和西方哲学的合理因素、未能吸收新的科技革命成果等多方面的缺陷不断暴露出来。改革开放之后，学术界在反思中国马克思主义哲学的发展时认识到，教科书马克思主义哲学体系已不适应发展着的时代的需要，亟待改革和创新。

在冯契智慧说哲学体系形成之前，学术界围绕辩证唯物主义、历史唯物主义、实践唯物主义、类哲学等诸多内容进行了许多探讨，使中国马克思主义哲学研究在观点、方法、对象、内容、体系等多方面发生了很大变化，其中以20世纪80年代高清海教授立足主客体关系主编的《马克思主义哲学基础》最有代表性，可谓是突破教科书马克思主义哲学体系的典范。不过，纵观这段时期出版的教材和著作，它们虽然加强了对于马克思主义经典哲学文本研究，注重吸取现代西方哲学的成果，也有对于现代科技革命新成就的引入，也包含对于当代全球社会主义运动的经验教训的总结，但是却存在一个共同的缺陷，即对中国传统哲学关涉不够，更谈不上系统地吸取中国传统哲学的精华，从而使得有些研究成果的西方味浓于中国味，甚至没有中国味。

与之不同的是，冯契的智慧说哲学体系克服了这一缺陷，弥补了这一不足。在智慧说哲学体系中，冯契对于中国传统哲学进行了系统考察，冯契对中国哲学的考察，没有门户之见，既总结唯物主义辩证法的成就，也肯定唯心主义形而上学的有价值的内容，并着力挖掘普遍被人们所忽视的辩证逻辑思想以及自由理论。因此，冯契智慧说哲学体系不仅将实践唯物主义、西方哲学、现代科技革命成就等融会在一起而具有鲜明的时代性、创新性，而且因其对中国哲学的全面引入而具有了地地道道的"中国风"和"中国味"。正是因为如此，有人称冯契的智慧说哲学体系是"当代中国马克思主义哲学新形态，或当代中国哲学的新形态"①。也正是因为冯契智慧说是改革开放之后第一个有着独特风格的中国马克思主义哲学体系的新形态，所以人们对它展开了研究，不仅国内学术界的研究在日益加深，而且国外的学者（如美国夏威夷大学的华裔学者成中英教授、日本学者樋口胜教授）也加入到这种研究之中，从而使得冯契智慧说哲学体系的世界性影响不断扩大。

---

① 许全兴：《马克思主义哲学中国化的新突破——读冯契的"智慧说"》，载杨国荣主编：《追寻智慧——冯契哲学思想研究》，上海古籍出版社2007年版，第8页。

2. 推动了学术维度马克思主义哲学中国化的新进程

推动马克思主义哲学中国化的主体可以分为政治家和专业哲学家，因而马克思主义哲学中国化可以区分为政治和学术两个维度。政治家通常指党和国家领导人，他们把马克思主义哲学和中国实际相结合，目的不是提出新的哲学概念或构建新的哲学体系，而是为了有效解决中国面临的“向何处去”的重大战略问题和关乎国计民生的实际问题。学术维度的马克思主义哲学中国化则不同，它虽然受政治维度马克思主义哲学中国化的影响，但在目的上最主要的体现就是推动中国马克思主义哲学的学术创新和构建中国化马克思主义哲学体系。在一定意义上可以说，政治维度的马克思主义哲学中国化更多追求的是实践效果，而学术维度的马克思主义哲学中国化更多追求的是理论突破。

在冯契之前，许多中国马克思主义哲学家在推动马克思主义哲学中国化发展方面作出过很多努力，取得了很多成绩，代表性的有李达、张岱年、毛泽东。李达是马克思主义哲学中国化的早期探索者之一，在早期马克思主义者中，他对创新中国马克思主义哲学体系作出的成绩最大。如前所述，李达的成就主要体现在他出版的《现代社会学》、《社会学大纲》、《唯物辩证法大纲》，从构建中国马克思主义哲学体系的角度来看，李达可以说是最早的探索者之一，在他那个时代是推动马克思主义哲学中国化取得最大成就的马克思主义哲学家。张岱年 1937 年写成《中国哲学大纲》，1942 年至 1948 年撰写出《天人五论》并于 1988 年正式出版，完成了他对马克思主义哲学体系创新的工作。从张岱年的哲学思想看，张岱年以马克思主义哲学为指导，以综合创新为哲学创作原则，把中国哲学中的朴素唯物论和辩证法思想与西方哲学的逻辑分析方法融合起来，对唯物论、辩证法、知识论、人生论等多方面的理论进行了中西比照式的阐述，可以说是中国的马克思主义哲学家自觉结合马中西的一个有益的尝试。但是由于各种原因，最终这个尝试未能进一步有效地展开、彻底地充实或完全地深化，所以这种尝试也只能算作一个初步的设想。但即便如此，张岱年在他那个时代能够提出综合创新的学术构想，对于拓展马克思主义哲学研究的思路、扩大马克思主义哲学研究的视野、创新马克思主义哲学研究的方法依然是有着重要的意义的，所以也是对学术维度马克思主义哲学中国化的重大推进。毛泽东紧密结合中国革命和建设的实际以及中国传统哲学的优秀成分，创作出《实践论》、《矛盾论》两部哲学专著，提出了“新民主主义”的新范畴和能动的革命的反映论、实事求是、群众路线一系列具有中国作风和气派的新概念，不仅在政治维度而且在学术维度都推动了中国马克思主义哲学体系的创新发展，在马克思主义哲学中国化发展进程中具有里程碑式的重要地位和重要影响。毛泽东创新中国马克思主义哲学体系方面的卓越贡献是无与伦比的，是思想界、学术界一致公认的，是谁也无法贬低或否认的。

与上述马克思主义哲学家相比，冯契在知识结构方面最大的优点在于，他在哲学的知识面上更加宽广，在对中国现实和文化的反思方面更加全面，这使他在构建中国马克思主义哲学体系上有更丰富的资源和更广阔的空间。冯契学生时代就立志走实践唯物主义哲学道路，在马克思主义哲学方面有着非常丰富的知识底蕴；冯契能够对中国几千年的哲学发展作出全景式的描述，可见他对中国传统哲学非常精通；冯契早年随金岳霖学习西方哲学，对西方哲学也是非常地熟悉。冯契的这种熟知马、中、西的哲学知识结构，使得他在构建马克思主义哲学新体系上体现出更有体系性、更具逻辑性、更具比较性。冯契构建的智慧说哲学体系不仅有明确的研究对象即知识和智慧的关系问题，而且在结构上更加完备即一体两翼的整体构架，还有着独特的哲学范畴如疑问、意见、统觉、理性的直觉、辩证的综合、德性的自证等等，并对中国传统哲学中的“类”“故”“理”和“心物之辩”等十多对“＊＊之辩”的范畴进行了系统的总结和全面的改造。当然，冯契之所以能够做出这样的成绩，也是与时代发展所提供的条件和产生的需要分不开的。可以说，冯契所实现的中国马克思主义哲学体系的学术创新，适应了全球化大背景下文化上的大融合的历史潮流和哲学上的世界性百家争鸣的发展趋势，反映了中国改革开放后思想文化发展特别是马克思主义哲学发展的内在需要，是20世纪末出现的学术维度马克思主义哲学中国化的新的标志性成果。这一标志性成果产生了巨大的影响和示范性效应，有力推动了学术维度马克思主义哲学中国化的新进程。

3. 树立了中国马克思主义哲学研究方法的新自觉

对于冯契智慧说的问世，人们在感到耳目一新的同时，也在研究和思考这样一个问题，即冯契何以能够创造出这样一个中国马克思主义哲学新体系？人们发现，冯契创新中国马克思主义哲学体系的道路和经历，给后人一种深刻的方法论启示。这个重要的启示就是，在创新和研究马克思主义哲学的过程中，必须树立一种研究方法的新自觉。

这种研究方法的新自觉，体现在以下三个方面。

第一，在坚持走实践唯物主义哲学道路的基础上密切关注中国现实。创新马克思主义哲学，必须坚持走实践唯物主义的哲学道路，这不仅是马克思主义哲学创新逻辑的内在要求，也是成功创新中国马克思主义哲学体系的现实要求。从近代以来的中国思想界的发展特别是中国马克思主义哲学体系的创新发展的历程中不难看到，一些思想家也试图创新马克思主义哲学来回答时代的问题，但是由于在关注点上或者过于专注于马克思主义的文本甚至于把马克思主义的文本当作教条，或者膜拜在西方哲学的光环之下，因而远离中国革命和建设的现实，未能抓住中国革命、建设、改革开放实践的大脉搏，使得其研究成果未能体现出中国马克思主义哲学的应有特征。冯契坚定走实践唯物主义的哲学道路，即使在逆境中也不忘初心，笃信自己最初的选择，在此基础上始终以理论创新来回答时代问题、服务于中国的实践发展，最终方能创造出具有中国特征和中国气派的马克思主义哲学新体系。

第二，在促进传统哲学的现代化的过程中注重会通中西。冯契经历了中华民族从黑暗到光明、从苦难到解放的发展历程，深知在中国创新马克思主义哲学，离不开对传统文化的创造性转化，否则那种哲学研究便成了无源之水、无本之木。因此,冯契花了大量时间和精力研究中国传统哲学,对中国哲学从先秦到近代的漫长发展历程作了系统的考察、研究和分析,指出了中国传统哲学的成就和不足。与此同时,冯契还指出,文化的世界性融合已逐渐成为一种不可抗拒的潮流,提出要在发展中国哲学的过程中会通和融合中西。冯契不仅分析了西方哲学在认识论四大问题的前两个问题优于中国哲学之处,而且指出了以往中西融合中存在的"定于一尊"的非科学的态度,实实在在地推进了会通中西的理论工作。正是基于这种自觉重视传统文化现代化和自觉进行中西融通的方法论,冯契才取得了巨大的哲学成就,也带给人们极其深刻的启示。

第三,在坚定马克思主义信仰的同时保持心灵的自由思考。冯契自选择走马克思主义哲学道路之日起,就坚定了马克思主义信仰,在此后的人生道路和学术道路中不曾有一丝一毫的动摇,"文革"中即使身处被关在牛棚的恶劣现实境况之中也没有后悔自己当初的选择,相反却对之前的选择抱有更加坚定的信心。与此相对应的是,冯契始终坚持这样一种观点,即对待任何一种哲学包括马克思主义哲学,无论在什么样的情况下都应当坚持独立思考的态度,无论在什么样的情况下都应该始终保持心灵的自由思考。在冯契看来,保持心灵的自由思考是马克思主义哲学实践性、批判性本真精神的内在要求,一个哲学家如果失去了保持心灵的自由思考的态度,那么这样的哲学家可能失去了马克思主义哲学所内在要求的批判性精神,那这样的哲学家就不可能成为一名真正意义上的马克思主义哲学家。正是因为具有将坚信马克思主义与保持心灵的自由思考相结合的自觉意识,冯契才能始终持有一种独立的人格,也才能始终保持头脑的清醒,才能自觉走出和远离各种教条主义的藩篱,从而最终实现马克思主义哲学体系的个性化创新。

总之,冯契树立了中国马克思主义哲学研究方法的新自觉,这种新自觉对未来中国马克思主义哲学体系的创新发展必将有着巨大的影响作用。

第二章　冯契和李达丰富和发展马克思主义实践观的比较

实践概念在马克思主义哲学中的地位,就好比基石之于大厦的地位。从这个意义上讲,能否准确理解和把握实践概念,关乎能否准确理解和把握马克思主义哲学的真正的基础和本真的内涵。中国共产党人选择把马克思主义哲学作为观察国家命运的理论工具,从逻辑上讲,他们就必然要接受马克思主义哲学的实践概念并深受其影响。事实上也是如此,中国共产党人运用马克思主义哲学的实践概念,在分析和回答中国现实问题的过程中,形成了对于马克思主义实践观的"中国式"的理解。由于在不同时期所面临的时代主题和所处的理论环境有所不同,中国的马克思主义哲学家们阐述马克思主义实践观时在侧重点上会有所不同,由此就会形成对马克思主义实践观的个性化的解读,这也是马克思主义理论在发展过程中一个必然出现的现象。冯契和李达也是如此,他们对于实践概念的强调,带有各自时代的烙印,有着各自鲜明的个性色彩。当然,无论他们在侧重点上有着怎样的差别,他们都没有离开马克思主义实践观最核心的内涵,这又是他们一致和相同的地方。从微观方面阐述清楚冯契和李达丰富和发展马克思主义实践观方面的异同,不仅对于准确把握马克思主义哲学的实践概念而且对于准确把握冯契和李达各自的哲学思想都是十分重要的。

第一节　冯契和李达对马克思主义实践概念的理解

在哲学史上,实践作为一个概念在不同时期的哲学家那里有着不同的含义。例如,亚里士多德把实践理解为人的政治生活,黑格尔把实践理解为绝对精神的运动,费尔巴哈把实践理解为人的生物性的活动和犹太人的商业活动,等等。马克思主义实践观则扬弃了哲学史上的上述诸多观点,把实践理解为人的有意识、有目的的改造客观世界的物质性的活动。包括李达、毛泽东、冯契在内的中国的马克思主义者对马克思主义哲学的实践概念的理解,主要还是围绕马克思主义哲学关于实践概念的本真含义来进行展开的,但同时也受“中国向何处去”这一时代主题在他们所处的历史发展阶段的具体特征的影响,这也使得他们在理解上存在一些个性化的地方。

一、“实践”概念在中国

在李达之前,中国早期的马克思主义者在宣传马克思主义哲学的过程中从来没有使用过“实践”一词,他们通常比较多地在“实验”、“实用”、“实际”等意义上来表达马克思主义哲学的实践概念。例如,李大钊在介绍唯物史观的理论时讲到,唯物史观的方法“乃是一种社会进化的研究。……是要寻出那个民族的人依以为生的方法”①。在李大钊这一表述中,所谓“依以为生”的方法实际上就是人的实践活动,而且这个实践活动是人类最基本的活动,因为人类的一切进步和发展都要靠这个“依以为生”方法的发展。但是,李大钊还是没能使用“实践”一词。又如,陈独秀在宣传和运用唯物史观的过程中对

① 李大钊:《唯物史观在现在史学上的价值》,载《李大钊文集》下,人民出版社 1984 年版,第 359 页。

马克思的剩余价值学说、阶级斗争、唯物论等思想进行了专门介绍，但就是缺乏对于“实践”概念的专门的介绍，当然也就没有对于“实践”概念的阐发。还如，瞿秋白除了宣传唯物史观还大力宣传唯物辩证法，第一次把辩证唯物主义和历史唯物主义结合起来进行宣传，但是他在比较了西方的实验主义哲学和马克思主义哲学之后认为，马克思主义哲学也包含着实验主义的精神，不同的是马克思主义哲学追求真理而实验主义哲学则追求利益，这里瞿秋白显然也是想表达马克思主义哲学中“实践”的精神和内涵，但是依然未能使用“实践”一词。

李达早期也没有明确使用“实践”一词，他对于马克思主义的实践含义的表达基本上一直是用其他的词，即便在 1926 年的《现代社会学》中也是使用“社会之发达”、“劳动之社会化”、“社会变革”、“社会进化”等词来表示人的实践活动的发展，在 1929 年 3 月出版的《社会科学概论》中专门阐述唯物辩证法和唯物史观等内容时也只是使用了“活动”、“生产”等词。直到 1929 年在《社会之基础知识》一书中，在第一篇“社会进化之原理”的第三章“社会之构造”中讲“社会的政治制度和观念体系”部分时，李达在关于哲学的发展的论述中最后写道：“唯心论的哲学，于思维中求真理的规律；反之，辩证法的唯物论，则坚持实践。唯心论专以离开生活的抽象为事，唯物论则以生活实现为第一。”①这是李达首次使用“实践”一词，但这并不表明李达已经形成了明确的关于马克思主义哲学的实践概念。和早期很多马克思主义者一样，李达虽然超出了仅仅在唯物史观的理论框架内理解和表达实践的内涵的那种局限，达到了通过唯物史观和唯物辩证法的双重视角来阐释实践之意的高度，但是仍然未能准确使用“实践”一词，未能在马克思主义哲学的革命性变革的意义上理解“实践”一词的深刻内涵。

早期马克思主义者之所以未能如后来的马克思主义者那样在非常明确清

---

① 《李达全集》第五卷，人民出版社 2016 年版，第 309 页。

晰的意义上使用“实践”一词，这主要是因为《德意志意识形态》的出版时间的缘故。从逻辑上来看，早在1845年《德意志意识形态》中，马克思恩格斯就明确阐述了实践概念及其意义，并在实践概念的基础上第一次形成了唯物史观的理论，所以中国的马克思主义者在传播唯物史观的时候应该也同时引入了“实践”概念，并用这一概念来理解和表达马克思主义哲学以至于整个马克思主义学说。但是，由于《德意志意识形态》直到1932年才由苏联编译局出版并随即产生了巨大影响。也就是说，马克思、恩格斯1845年写就的《德意志意识形态》直到1932年才经过苏联途径被中国人知晓其文本内容，这就意味着在20世纪的整个20年代中国的马克思主义者都无缘也无法看到《德意志意识形态》这本书，更无从知道《德意志意识形态》的结构和内容，也就无从知道在《德意志意识形态》中处于基础性、根本性地位的实践概念。由于那时的出版、交通、交流条件的限制而造成的这种情况，就使得早期中国的马克思主义者未能如前面所述那样符合逻辑地、明确清晰地使用“实践”一词。

由此可见，在中国，早期马克思主义者之所以未能如后来的马克思主义者那样明确使用“实践”概念，完全是因为文本的出版时间的实际情况的特殊性所造成的。而李达1937年出版的《社会学大纲》以及之后毛泽东出版的《实践论》等著作就明确使用而且非常多地阐发、发展了马克思主义哲学的实践概念，这在时间上就完全很好理解了。至于改革开放之后出现的对教科书马克思主义哲学体系的改革中对于实践概念的高度的关注、集中的阐发、众多的创新，就更容易理解了。到今天，我们越来越深刻、准确地通过实践概念来把握马克思主义哲学的原本内涵，并通过实践概念来创新和发展马克思主义哲学体系，形成了若干形态不同、风格不同的当代中国的马克思主义哲学体系。而之所以取得当前的这种进步和发展，除了中国实践的发展这一决定性因素之外，在很大程度上也是由于马克思文本的完全公开以及研究成果交流范围扩大的结果。

二、李达:实践是“主观见之于客观”的活动

李达对于马克思主义哲学的实践概念的接受和理解,应该始于他于1932年9月完成的《辩证法唯物论教程》的翻译工作。在翻译这本由苏联的马克思主义哲学家合著的哲学著作中,李达通篇多处使用了实践一词,特别是在翻译第六章“唯物辩证法与形式论理学”的第一节“实践与概念之发展”这部分内容时,第一次在标题中使用了“实践”二字。当然,对实践概念作出较多的深刻理解的,主要还是在《社会学大纲》和《唯物辩证法大纲》这两部著作中。在上述著作中,李达对实践概念的阐释,虽然出现过许多的表述,但集中起来,主要可以归结为一点,即把实践理解为“主观见之于客观”①的活动。当然,李达还深刻论述了实践的特点、形式等。李达针对实践范畴所进行的一系列理论阐述,代表了李达对马克思主义哲学的深刻、独到的理解,构成了李达创新中国马克思主义哲学体系的重要内容。由于实践概念在整个马克思主义哲学体系中具有理论基石般的重要地位,所以有学者准确地指出,“李达正是通过对马克思主义实践范畴的研究,创造出中国化的马克思主义哲学体系的。”②这也就是指出,李达对实践范畴的创新性理解是李达创新出中国化的马克思主义哲学体系的基础,也是李达创新出中国化的马克思主义哲学体系的条件。

1. 实践必须是“主观见之于客观”

李达指出,马克思主义哲学有别于从前的哲学的关键之处就在于,它“第一次对实践的概念作了科学的规定”③。在李达看来,马克思主义哲学所作的这个规定的科学性,就在于将实践解释为人们改造客观世界的物质的活动,强

① 《李达全集》第二十卷,人民出版社2016年版,第359页。
② 何萍:《论李达的马克思主义哲学观》,《马克思主义哲学研究》2005年第1期。
③ 《李达全集》第二十卷,人民出版社2016年版,第358页。

调“实践是客观的物质的活动”①。这里，李达强调实践活动的客观性，并不是指单纯的客观，而是有主观参与其中的客观，也就是有思想活动参与的客观。

李达特别强调，单纯的思想活动由于尚未“见之于客观”和不能够引起客观世界发展某种变化，因而不能称之为实践。所以，实践的根本内涵在于：“它一定引起客观世界的某种变化”②，即人们作用于客观对象的主观活动使客观对象发生了各种各样的变化，即“主观见之于客观”。李达对实践概念的这种理解，其实早在翻译《辩证法唯物论教程》时就已经形成了。在《辩证法唯物论教程》一书中，李达很早就作了这样的阐述：“实践有系统地暴露出事物之客观的规律性与主观的表象之间的矛盾。”③显然，在李达看来，正是实践活动使得主观与客观之间的矛盾充分暴露出来，人的头脑因此能够在占有关于对象的丰富的材料的基础上全面地、深刻地把握住对象，主观因此能够深刻、全面地反映客观，进而得以把握事物发展的本质和规律。所以，李达强调“主观见之于客观”，就是强调这是实践活动的最根本的特点，也是实践活动最根本的内容。李达对于实践就是主观见之于客观的这种理解，在后来李达的哲学生涯中一直没有改变，一直到李达在解说毛泽东的《实践论》时也没有任何改变。在《〈实践论〉解说》中，李达专门讲道：“主体与客体如何能够统一？辩证唯物论者的答复是：由于实践。”④李达把人与世界的统一看成是主观与客观的统一，而主观和客观的统一，实质就是实践。上述这些都表明，李达对实践概念的理解，最基本的一点就是强调“主观见之于客观”，这是李达阐述实践概念的一个独到的视角。

2. 关于实践的社会历史性和主体

进一步，李达还分析了人的“主观见之于客观”的活动的社会历史性及其

① 《李达全集》第二十卷，人民出版社 2016 年版，第 359 页。
② 《李达全集》第二十卷，人民出版社 2016 年版，第 359 页。
③ 《李达全集》第十卷，人民出版社 2016 年版，第 256—257 页。
④ 《李达全集》第十六卷，人民出版社 2016 年版，第 284 页。

主体构成。关于实践的社会历史性特征，李达指出，人的“主观见之于客观”的实践活动都是一定历史时期的一定阶级和集团的活动，都离不开特定的社会关系，逃不出当时的历史条件的制约，跳不出特定的阶级地位的约束，所以，实践的具体内容就取决于特定时期、特定阶级的人们的特定的实践活动。关于实践的主体方面，李达指出，虽然各个阶级和各个集团都是基于自己的特殊利益追求而展开自己特殊的实践活动，但是从整个社会历史的发展来说，只有人民群众的实践才是最终起决定作用的力量，是人民群众这一主体的实践推动了社会历史的进步。

李达特别强调，作为实践主体的特殊的规定性，把实践主体看成是具体的而不是抽象的人。在李达看来，抽象的唯物论和辩证的唯物论对于实践主体的看法是不一样的。作为实践主体的肯定是人，从原始社会开始，依次更替到社会主义社会，无论哪一个社会形态的人，他们共同的地方就是都是人。但是，如果只是这样看问题的话，那么，这样的人是抽象的、一般的人，没有社会性也没有历史性。这样没有具体性、社会性、历史性的人即抽象的唯物论的人，他们如何去了解和认识客观对象呢？李达分析指出，他们在面对客观对象时，就只把那些对象仅仅看成是感觉的对象，“却不看作是人的行动的对象，可被改造的对象”①。也正是因为如此，李达指出，这样的认识就是马克思批判过了的那种旧认识，即仅仅是解释世界，却与改造世界并无关联。显然，抽象的唯物论的观点是非常肤浅的。而在辩证的唯物论的观点看来，要从实在的、具体的人的角度去了解对象，把客观对象不仅仅理解为为我们的认识提供丰富感觉的素材，还要理解为我们人的活动去作用、去改造、去使之产生符合我们需要的变化的对象。这样一来，辩证唯物论与抽象唯物论的分野也就很清楚地显示出来了，那就是“辩证唯物论这一哲学的任务，不单是说明世界，而最重要的是改造世界”。② 李达认为，与这两种对立着的哲学观点相对应的

① 《李达全集》第十六卷，人民出版社 2016 年版，第 284 页。
② 《李达全集》第十六卷，人民出版社 2016 年版，第 284 页。

主体是两个对立着的阶级——资产阶级和无产阶级。具体来说，抽象唯物论的代表是属于资产阶级的人，而辩证唯物论的代表是属于无产阶级的人。李达这种把两种哲学观点与两类主体完全对应起来的看法虽然有一些进行机械对应的嫌疑，但是他关于实践主体带有具体性、历史性特征的这种观点无疑是非常深刻的。

3. 关于实践的基本形式

李达所强调，实践这一“主观见之于客观”的活动在表现形式上是多样的。首先，实践活动的最基本的形式就是生产活动。所谓生产活动，就是“人们制造并使用生产工具改造自然对象以谋取物质生活资料的活动”①。对于生产活动之于人类社会历史的重要性的表述，李达借鉴了恩格斯在《在马克思墓前的讲话》中那一段经典的概括，即人类首先必须解决吃穿住行然后才能从事政治科学等活动，由此可见，直接的物质生产资料的生产即生产活动构成了整个人类社会的基础。李达形象地指出，假如人们的生产活动一旦停止，那么人们吃的、穿的、住的、行的所有的东西都将失去，这样的话人类社会就不能正常运转，也就没什么政治活动科学活动或艺术活动了。因此，李达明确指出，虽然人的活动的表现方式是多种多样的，有物质的活动也有精神的活动，但是要看到，其中“生产活动是最基本的实践活动，是决定其他一切活动的东西”②。作为马克思主义者，就应当坚持这样的观点。其次，实践活动还表现为阶级斗争。李达指出，要对阶级社会中的人作为具体的分析，要看到人与人之间物质利益的根本差异其背后的实质在于他们从属于不同的利益集团，这种利益的对立也是由于特定的生产关系所决定的，是无法改变和弥合的。因此，在阶级社会，人与人之间不可避免地还“进行着各种形式的阶级斗争”③，

① 《李达全集》第二十卷，人民出版社 2016 年版，第 358 页。
② 《李达全集》第十六卷，人民出版社 2016 年版，第 286 页。
③ 《李达全集》第二十卷，人民出版社 2016 年版，第 358 页。

这也是人的一种很重要的实践形式。李达以资本主义社会为例，认为在资本主义社会的诸多方面的社会生活的当中，人们在生产活动之外，“还有政治、科学和艺术的活动等形式，这些活动都是阶级斗争的一种形式”①。在李达看来，阶级斗争这种形式原本也是生产过程中发生的，逐渐发展为经济斗争、政治斗争、理论斗争等各个方面。总之，在阶级社会里，这种斗争也是实践活动的一种基本形式，它构成了阶级社会发展的直接动力。最后，与前两种实践形式紧密相关的是，“人们还采取一定的手段使自然过程以纯粹化典型化的形式表现出来，进行观察和研究”②，也就是指出了科学实验也是实践的基本形式之一。以上对实践的三种基本形式的论述，非常有条理，而且非常准确，也非常系统和全面。以今天的眼光来看，李达的这些阐述可以说是非常经典的，从这些阐述中我们能够很清楚地弄明白马克思主义实践观的基本观点。但是，从中我们也可以看到，李达对马克思主义实践观的认识也深受苏联教科书马克思主义哲学体系的影响，其局限性也是我们今天所熟知的（例如，将处理人和人的关系的实践仅仅理解为阶级斗争）。

4. 李达实践概念的时代性

李达身处中华民族摆脱近代以来的屈辱命运、清除封建主义的长期影响、推翻官僚资本主义巨大压迫的中国伟大革命的时代，这种时代主题和时代特征决定了李达在理解实践概念时特别强调“主观见之于客观”层面的含义。在救亡图存面前，在何去何从的选择面前，中国人固然需要思想的大激荡和理论的大交锋，需要建构起一种能够救国救民的先进理论，然而处于危险境地中的中华民族所需要的又不仅仅是头脑中的思想活动，需要的更多的、更紧迫的是变革现实、改造客观世界和主观世界的行动。李达强调“主观见之于客观”这层含义在实践概念中的核心地位，恰好契合了当时的时代需要。无疑，它具

① 《李达全集》第十六卷，人民出版社 2016 年版，第 288 页。
② 《李达全集》第二十卷，人民出版社 2016 年版，第 359 页。

有一种重要的启迪作用,启迪中国人不能寄希望于在书斋中、在头脑中、在思维中去改变中国命运,而应该到"打碎旧世界、建设新世界"的伟大活动中去变革一切不合理的现实,去创造一个更加光明和更加美好的新的未来,去将主观运用到客观,让主观作用于客观,而不是让主观停留在客观面前畏缩不前,把一切不敢、不愿、畏难、消极、逃避、守旧的活动都排除在真正的"实践"之外,认为只有观念变革而缺乏实际地变革对象地停留在精神层面的、缺乏"见之于客观"环节的活动都不是真正的"实践",只有行动起来、实际地投身到反抗外来侵略的滚滚洪流之中去,才是实践最重要的内涵,才是实践最本质的规定。由此可见,李达对于实践概念的这种理解,是时代的需要,也是时代的呼唤。李达的这种理解继承了马克思主义实践概念的本真内涵,同时也打上了中国历史境遇的烙印,赋予了实践概念以时代性的内涵。

三、冯契:实践是人"要求自由"的活动

冯契对实践概念的剖析,除了阐述实践的基本形式、实践的革命性等内容之外,一个十分鲜明的特征就是把实践与人的自由联系在一起进行讨论,把实践的本质含义定位于人对自由的追求,形成了独树一帜的关于马克思主义实践观的理解和阐释。这种解释是与冯契的整体哲学构想紧密相连的,同时赋予实践以一种具体的时代性特征。

1. 实践的社会性和革命性

冯契分析了实践的社会性特征和革命性特征。一方面,冯契认为,实践是人们改造世界的一种社会性的活动。在这种社会性的活动中,人们结成了各种各样的社会关系,并在这样的社会关系中构建了庞大的上层建筑。冯契的这种理解,强调了实践的社会性,也指出了实践在社会发展中的奠基性的地位和作用,即实践对于社会的经济基础和上层建筑的基础性的地位和作用。同时冯契还指出,在实践活动的诸多形式中,"最最重要的是劳动生产,其次是

阶级斗争和科学实验”①。冯契这里强调的是“劳动生产”这种形式的实践活动的根本性、始源性和极端重要性，把它视为人的其他一切活动背后的最具决定作用的东西。另一方面，冯契把实践看成是一个革命性的过程，这个革命性的过程展开为由过去、现在奔向未来的过程。冯契十分认同李大钊提出的“崇今”之说，认为李大钊说过的“今是生活，今是动力，今是行为，今是创作”②这样一句话所表达的正是实践一种革命性的过程的观点。冯契认为，李大钊所说的“今”就是现实的生活实践，就是人们当下的变革现实的创造性活动，就是人们作用于自然与社会的活生生的具体行为，而不仅仅是一个时间上的标识，更不是空洞无物的、瞬间即逝的单纯的时刻。正是“今”这种现实的活动，推动人类社会的历史由久远的过去向美好的未来向前发展，人们就身处这种历史过程之中，他们的创造性活动就是历史的内容，“历史就被理解为那些投身于现实的创造活动”③。也正是在这样的意义上，冯契指出，实践是革命的实践，实践带有革命性的特征，把握实践就要把实践理解为革命性的实践。

2. 实践的本质是要求自由

以上分析的是实践的形式和特征，那么，实践最本质的东西是什么呢？

冯契特别强调指出，“人的实践在本质上是要求自由的活动”④。冯契之所以把实践理解为要求自由的活动，是与冯契对人的本质的理解一脉相通的。冯契认为，人具有自然属性，同时也具有社会属性，并以劳动这一独特本质与动物区分开来，但是“人的自然属性、劳动、社会关系的总和，与人的精神的自由本质上是不能分割的”⑤，所以人的本质就是要求自由。而自由的实现表现

① 《冯契文集》第一卷，华东师范大学出版社 1996 年版，第 74 页。
② 《李大钊文集》下，人民出版社 1984 年版，第 666 页。
③ 《冯契文集》第一卷，华东师范大学出版社 1996 年版，第 75 页。
④ 《冯契文集》第一卷，华东师范大学出版社 1996 年版，第 75 页。
⑤ 《冯契文集》第三卷，华东师范大学出版社 1996 年版，第 46 页。

为一个化理想为现实的过程，表现为主观和客观、知和行的统一，而其基础就在于实践。实践提供了主观和客观沟通的桥梁，推动了主观和客观、知和行的交互作用，从而形成和发展了人的本质。由此冯契提出，实践其实也就是人要求自由的活动。冯契从人对自然的关系和人对自己的关系两个方面进行了分析，指出人如何在实践中获得自由。一方面，正如马克思指出的那样，劳动过程结束时的那个劳动结果其实在劳动开始的时候就已经观念地存在于劳动者的头脑之中，这个观念就是人的理想，人以这个理想为目标来进行实践活动，围绕目标来控制自然和改造自然，通过支配自然获得了自由。另一方面，人在处理与自己的关系上把自己作为目的，在为主体生产对象的同时，为对象生产了主体。人通过发展自己的德性和能力，通过解放、锻炼、提升自己的能力而变得比以前更加自由。在冯契看来，不管是人与自然的关系的方面还是人与自己的关系的方面，人的自由的获得与发展都表现为一个历史的过程，人的自由归根结底是历史的产物。一言以蔽之，“人的发展的趋向就是成为自由的人，人的实践本质上是要求自由的活动。”①把实践和自由紧密关联起来，这就是冯契对实践概念的本质内涵的理解方式。冯契的这种理解与之前很多马克思主义哲学家的理解是不同的，冯契这种理解的不同以往之处就在于他把实践与自由联系起来，把对实践的内涵的理解从作用于对象的感性活动又往前推进了一步，达到人的自由的层面。可以说，冯契对于实践的这种理解是独一无二的，是之前未曾有过的，是一种大胆的理论创新。

3. 自由是化理想为现实

冯契把实践理解为人要求自由的活动，那么何为自由？冯契认为，作为哲学概念的自由，指的是人的理想得到实现。理想不是现实，理想只是可能的现实，并且是结合了人的要求可能的现实。客观事物的发展趋势是必然性与偶

① 《冯契文集》第一卷，华东师范大学出版社 1996 年版，第 76 页。

然性的统一，必然性会提供多种可能性，人基于自己的利益从不同的需要出发作出自己认同的选择，就产生了自己的理想。人们通过改变对象使对象成为为我的东西，在这一过程中，自在之物越来越多地变成为我之物，相应地，“主体由自在而自为，成为越来越自由的人格”①。所以，这也表明，理想的实现就意味着人由自在而自为，就意味着人越来越自由。我们可以看到，在冯契那里，对自由的强调总是离不开对“化”的强调。其实，所谓“化”归根结底还是人的实践活动。冯契自己也对这一看法做了总结的直接，他认为，自由“始终不能离开社会实践（首先是生产劳动）这一基础”②。可见，冯契所提出的自由就是化理想为现实的观点，其实还是在进一步地阐述实践的内涵和作用。冯契分析了实践如何从质料因、形式因、目的因三个角度推动了认识向前发展，指出实践使得人们在改造自然的同时也使人从改造自然的结果中直观自身，把人自身的发展也当作了目的，实践的这种目的性成为自由最重要的表现。在冯契那里，实践不仅通过结合人的需要选择现实的可能性制定出目的并使之实现从而成为人的行动获得自由的重要因素，而且通过发展人的本质力量并按照一定的目的塑造人自身从而成为人的人格越来越自由的重要因素。这样，冯契把实践与自由结合起来进行考察，赋予了实践以更丰富的内涵。

4. 冯契实践概念的时代性

冯契经历了改革开放之后的中国社会的发展与巨变，特别是经历了社会主义市场经济的确立和发展过程，对当代中国人的实践活动的时代发展有很深的体会和感悟。改革开放之后，以前长期束缚着人们的观念、体制等社会的各个方面都发生了天翻地覆的巨大变化，追求个性、向往自由成为人们精神社会变化中的一个重要趋势，而之前中国的马克思主义哲学很少谈论自由问题。

① 《冯契文集》第三卷，华东师范大学出版社 1996 年版，第 10 页。
② 《冯契文集》第三卷，华东师范大学出版社 1996 年版，第 46 页。

对自由的遮蔽,使马克思主义哲学的诸多论域在理论上无法完全充分展开,严重影响了马克思主义哲学的创新发展。尤其是,冯契在比较中西哲学的过程中发现,不仅中国的马克思主义哲学少有自由的维度,而且中国传统哲学也是十分缺乏自由的维度,尽管也讲自愿但是更讲究自觉,更多的对个性的压抑甚至摧残,并且在马克思主义中国化的过程中也有一些不利于人的自由个性发展的现实教训。另外就是,随着西方马克思主义研究在中国的深入发展,西方马克思主义理论中关于自由问题的讨论也影响着中国的学术界,加之中国的理论界为回应西方思潮中在自由问题上对中国的诘难也需要在理论上澄清关于自由的诸多问题,这一切都引起了国内学术界对自由问题的关注。在这样的理论和现实的背景下,冯契"高调自由"①,在其理论构建中专门阐述人的自由问题,并在人的自由问题的整体框架下讨论人的真善美等价值问题。在冯契着力研究自由问题、恢复马克思主义哲学的自由视域的过程中,冯契对实践概念的讨论也深深打上这一烙印。在改革开放的大背景下,在人的问题特别是人的自由问题成为人们越来越关注的时代新问题的背景下,冯契从"人要求自由"的角度来考察实践概念,使实践概念中被遮蔽的自由维度重新呈现出来,给予了实践概念以新的时代性阐释,大大丰富和发展了马克思主义实践观。

四、冯契和李达理解实践概念的共同之处

从前面的分析中不难看出,冯契和李达在理解实践概念时虽然有一些不同,但是在理论上更多的是看法和观点上的一致性。这些一致性和相同之处可以归纳为两个方面,一个方面体现在叙述的理论框架上,另一个方面体现在具体内容上。

---

① 许全兴:《马克思主义哲学中国化的新突破——读冯契的"智慧说"》,《吉林大学社会科学报》2005 年第 5 期。

1. 在叙述框架上的一致性

冯契和李达在阐释实践概念的时候，都有一个共同的理论框架，即把实践放在认识论的框架下予以分析，强调实践对认识的决定作用。李达在《社会学大纲》中虽然在目录上没有专门把实践设为某个标题的一个部分，但是在第四章“当作认识论和论理学看的唯物辩证法”的第一节“认识过程考察的根据、意识的生成”中，专门论述“认识过程展开的论纲”的时候，特地指出，“认识的过程，由实践出发，复归于实践，其中包括着由物质到感觉及由感觉到思维的认识的发展过程”①，这说明李达把对实践的理解和对认识的理解是置于同一个理论平台的。后来，在《唯物辩证法大纲》中，受苏联教科书马克思主义哲学体系的影响，李达在第五篇“当作认识论和逻辑学看的唯物辩证法”中专门设了一章“认识对实践的依赖关系”，分为两节，第一节专门谈实践的概念，第二节谈认识对实践的依赖。李达对实践概念的最集中、最详细的阐述就在这个部分，而这个部分的任务和目的是阐述认识论。这个篇章布局足以说明，李达对实践概念的理解始终都没有脱离认识论的框架。

与李达相同的是，冯契对实践概念的阐述也是在认识论的框架下进行的。从大的方面看，冯契整个的哲学体系可以称之为广义认识论，虽然说在认识论前面加上了“广义”二字，但是落脚点还是认识论，可见冯契的实践概念是寄寓在认识论的体系之中的。在认识论中，冯契赋予实践一个重要的功能，就是让它来说明唯物主义哲学的合法性，即通过实践证明感觉是能够给予客观实在的，在“所与是客观的呈现”成立的条件下，实践即可以驳倒一切对于唯物主义哲学的责难。虽然冯契后来也赋予实践某种本体论的意义，但是总的来说还是在认识论的框架之下。从小的方面看，冯契以标题的形式专门谈论实践是在《认识世界和认识自己》的一章中，在第二节考察心物、知行关系时列

① 《李达全集》第十二卷，人民出版社 2016 年版，第 159 页。

了一个标题,叫做“实践是认识的基础”,在这一部分专门阐述了对于实践概念的理解,而这个标题就足以表明冯契阐述实践的认识论框架。随后在该书的第六章阐述真理问题时,又以标题的形式专门阐述了实践检验的问题,真理问题本身就属于认识论范围之内的内容,所以冯契依旧是在认识论的框架下分析实践概念。

可见,冯契和李达都是在认识论视域内展开对实践的剖析和论述的。冯契和李达的这种一致性,是由马克思主义哲学的实践概念的含义本身所决定的。马克思主义经典作家都曾经把实践与认识对应起来进行阐述,以表明人的认识活动的深厚基础和辩证运动过程。冯契和李达的这种一致性的理解,正是对马克思主义哲学的实践概念本身应有之义的继承和发展,这是没有什么问题的。当然,马克思主义经典作家也并非只在认识论的框架内阐述实践概念。他们结合认识来阐述实践的做法却被苏联教科书马克思主义哲学体系固定为对实践的唯一的理解范式,实践便长期被僵死地束缚在认识论之中,这样一种理解以至于变成解读马克思主义哲学精神实质的桎梏。冯契和李达都不能说没有受到教科书马克思主义哲学体系的影响,但是可以说他们最终都摆脱了教科书马克思主义哲学体系把实践限制在认识论之中的做法,从而还原了马克思主义哲学的实践概念的科学内涵。在探讨实践概念时,进入了认识论,但能走出认识论。能够自由地进出认识论框架,这便是冯契和李达在理解实践概念时在叙述方式上相一致的地方。

2. 在具体内容上的一致性

冯契和李达在对实践概念的理解上还具有内容上的一致性,表现在他们都强调实践是主客观统一的活动,都强调实践的社会性、历史性、革命性特征,在对实践的基本形式的认识上都有共同的表述。

首先,都强调主观与客观的统一性。李达明确把实践理解为主观见之于客观,认为那种仅仅存在于头脑中的精神活动不是实践,实践必须是主观见之于客观的活动，是改变对象的活动，实践体现为主观和客观的统一关系。冯契虽然把实践理解为要求自由的活动，但是其关于自由内容的一个重要方面就是自由也是主观、客观的统一，同样也强调主观和客观的统一性。冯契指出，“人们在改造世界的过程中，主体和客体处于对立关系中”①，这主要体现在，当人们运用规律使自然界服从人的需要和运用规范使社会关系处于一种正常状态的时候，都要付出各种各样的主观努力，都要进行这样那样的矛盾斗争，这就使得主客观之间的关系处于对立的状态。而在这种对立的状态结束的情况下，即主客观达到统一的情况下，人就获得了自由。在冯契看来，庖丁解牛后那种手舞足蹈、踌躇满志的状态就是如此，实践、劳动成为乐生的要素，人与自然、主观与客观的关系就达到了一种统一的关系，这就是人的自由。总之，冯契认为，自由意味着“达到主客、知行的统一”②。可见，和李达一样，冯契也是通过主观、客观之间的统一性来阐述实践的深刻内涵的。

其次，冯契和李达都把实践看成是社会的、历史的、革命的活动。李达强调，实践是社会性的人“结成一定的社会关系，共同向外部世界采取自然物并改造为生活资料的过程中，即在社会的生产过程中”③的一种活动，批判费尔巴哈的那种看不到人的社会性的哲学是一种“抽象的自然主义的实践观”④。李达指出，假如存在离开社会的单个的个人，那么这样的个人是不可能探究自然、征服自然的。总之，实践是社会实践。冯契也把实践称之为社会实践，强调社会实践就是“是社会的人们改造世界的活动”⑤。冯契和李达对实践的社会性特征的强调，反映了他们对实践主体的社会性特质的理解是一致的。此外，冯契和李达都把实践看成是革命的、历史的实践。无论是李达强调要把实

① 《冯契文集》第三卷，华东师范大学出版社 1996 年版，第 27 页。
② 《冯契文集》第三卷，华东师范大学出版社 1996 年版，第 46 页。
③ 《李达全集》第十六卷，人民出版社 2016 年版，第 284—285 页。
④ 《李达全集》第十六卷，人民出版社 2016 年版，第 285 页。
⑤ 《冯契文集》第一卷，华东师范大学出版社 1996 年版，第 74 页。

践理解为"革命的批判的行动"①,认为任何人的实践"都要受到历史条件和人们的阶级地位的制约"②,还是冯契强调要"把实践作为革命的实践来理解"③,明确提出人的"要求自由的本质,在特定阶段也只能得到有条件的相对的实现"④,就其理论实质而言,都是对实践的革命性、历史性特征的揭示。这些都表明,在实践具有什么样的特征这个问题上,冯契和李达的观点是内在一致的。

最后,冯契和李达关于实践的基本形式的表述是一致的。在实践有哪些基本形式这一问题上,冯契和李达的看法是完全相同的,他们都把生产实践、阶级斗争和科学实验看成是实践的三种最基本的形式。冯契和李达都强调,在这三种基本形式中,生产实践是第一位的,李达称生产活动为"最基本的实践活动"⑤,冯契认为三种基本形式中"最最重要的是劳动生产"⑥。相较于李达而言,冯契关于三种基本形式的论述要展开的多一点,这表现在冯契结合人的自由和真善美论述了生产劳动的重要地位,结合近代哲学发展的经验教训论述了阶级斗争的过分强调带来的不利影响,结合辩证逻辑的发展论述了科学实验的发展阶段。

第二节　冯契和李达对实践之于马克思主义哲学的意义的理解

马克思主义哲学是人类哲学史上的革命性变革,它不仅与人类历史上的强调"心"、"理念"、"绝对精神"等各种唯心主义哲学有着本质上的区别,而

① 《李达全集》第十六卷,人民出版社 2016 年版,第 284 页。
② 《李达全集》第二十卷,人民出版社 2016 年版,第 359 页。
③ 《冯契文集》第一卷,华东师范大学出版社 1996 年版,第 75 页。
④ 《冯契文集》第三卷,华东师范大学出版社 1996 年版,第 32 页。
⑤ 《李达全集》第二十卷,人民出版社 2016 年版,第 358 页。
⑥ 《冯契文集》第一卷,华东师范大学出版社 1996 年版,第 74 页。

且与人类历史上一切旧唯物主义哲学有着原则性的不同。马克思主义哲学这种革命性的变革主要体现在，它是立足科学的实践概念来展开自己的哲学思想的，是运用科学的实践概念来清算一切旧哲学并与一切旧哲学划清界限的。因此，怎样理解马克思主义哲学的实践概念，就意味着怎样理解整个的马克思主义哲学。作为中国的马克思主义哲学家，冯契和李达都是立足马克思主义哲学的实践概念来把握马克思主义哲学的精神实质，虽然他们在侧重点上存在一些不同之处。

一、实践与马克思主义哲学的真精神

究竟怎么理解马克思主义哲学的真精神？这个答案隐藏在马克思的一段总结性的话中："哲学家们只是用不同的方式解释世界，而问题在于改变世界。"①就学术界今天的研究成果而言，能够达成比较一致的意见的是，马克思主义哲学的本真精神就在于马克思主义哲学是一种"改变世界"的实践的哲学。马克思的哲学转变始于他在社会现实中产生的对于"物质利益的苦恼"，这种苦恼驱使他深入到社会的经济活动当中去寻求答案。在这个过程当中，马克思最终看到了人的感性活动与人类发展历史之间的内在关系，发现了人的感性活动之于社会历史的根本性意义，探明了人的感性活动之于社会历史的奠基性价值，找到了用以解释人类社会发展包括社会的各种结构及其运行机制的关键性概念——实践，在此基础上得以形成关于人类历史发展的内在规律的学说——包括马克思主义哲学在内的马克思主义理论。因此，包括马克思主义哲学在内的整个马克思主义理论，其本真精神别无其他，只有一点，即实践。

在何谓马克思主义哲学的本真精神这个问题上，早期中国共产党人在理解、阐释、宣传、运用马克思主义哲学的过程当中，提供过多种各不相同的答

① 《马克思恩格斯选集》第一卷，人民出版社 2012 年版，第 136 页。

案。在李大钊那里，唯物史观是马克思主义哲学的重要内容，所以李大钊大力号召人们去研究马克思主义的唯物史观理论，认为寻找当时中国的民族独立问题的答案必须学习唯物史观。在李大钊看来，在唯物史观产生之前，历朝历代的历史学家们在解释历史的时候，不是从基于人的生产实践之上的经济方面去着手，而是更多地从政治制度、文化观念方面去着眼，所有这样的解释方法都不可能探究得出历史发展的真正动因。要找到历史发展的真正动因，就必须遵循唯物史观，从经济关系上入手。李大钊明确指出："社会上层，全随经济基址的变动而变动，故历史非从经济关系上说明不可。"①由此可以看出，把马克思主义哲学的方法理解为唯物史观的方法，把唯物史观和历史科学结合，是李大钊早期宣传马克思主义哲学的一个重要特色。陈独秀则认为，马克思的精神可以理解为两个方面，一是实际研究的精神，二是实际活动的精神。陈独秀提出学习马克思就要学习唯物的历史观，并着重宣传了唯物史观关于社会革命和阶级斗争的理论，认为马克思《共产党宣言》的精髓是根据唯物史观来阐明阶级斗争，强调中国必须进行社会革命，并指出社会革命免不了武装斗争，强调军事斗争在半殖民地半封建中国的极大重要性。瞿秋白除了介绍唯物史观之外，还第一次把辩证唯物主义引入到中国来，既阐述了辩证法的基本特征及其规律，又阐述了唯物史观的基本原理。在这个过程当中，瞿秋白阐释了马克思主义的实践概念，但是瞿秋白还仅仅是在认识论的领域内探论实践，很少谈实践对理论的根源性的意义，却过多强调理论对实践的反作用。所以，虽然瞿秋白从整体上介绍了马克思主义哲学，纠正了当时中国人仅仅在唯物史观的层面理解马克思主义哲学的理论偏差，但是对于实践在整个马克思主义哲学中的重要地位和作用的认识还是不甚清楚，因此依然尚未准确把握马克思主义哲学的本真精神。而这一重大理论任务，直到李达才第一次完成。

应该说，以上各种答案的出现，除了与当时马克思主义哲学文献不怎么丰

---

① 《李大钊文集》下，人民出版社 1984 年版，第 715 页。

富这种实际情况有关之外，还与建党之初中国共产党较长时间深受苏联教科书马克思主义哲学体系的影响是分不开的。随着十月革命的隆隆炮声，马克思主义以极快的速度从俄国/苏联传入中国的同时，教科书马克思主义哲学体系也一起传入中国，并逐渐在思想界、哲学界产生了巨大影响。俄国十月革命开启了马克思主义大规模传入中国的大门，同时也造成了一种难以避免的情况，即早期中国共产党人对马克思主义哲学的理解都明显打上教科书马克思主义哲学体系的烙印，或者说，教科书马克思主义哲学体系在中国生根发芽之初就带有原原本本的苏联模式的印记。而这个模式最大的缺陷，就是忽视了实践之于马克思主义哲学的原初意义和奠基性的价值，因而对于马克思主义哲学的真精神在于实践这一点没能够很好地揭示出来、阐发出来、宣传出来。所以，中国早期的马克思主义者或者把马克思主义哲学的真精神理解为仅仅理解唯物史观，把唯物史观仅仅理解为阶级斗争、暴力革命，或者把马克思主义哲学的真精神仅仅理解为唯物辩证法，把唯物辩证法的对立统一规律仅仅理解为矛盾的斗争性，从而忽视了对马克思主义实践观的深刻洞察，因而没能准确把握“实践”这一马克思主义哲学的本真精神。在传播马克思主义哲学的过程中，从日本归来的李达独具慧眼。李达在日本对于马克思主义哲学进行了长期的学习和翻译介绍工作，形成了深厚的理论功底，克服了之前这些马克思主义者的不足，第一次认识到了实践之于马克思主义哲学的重要意义，把马克思主义哲学理解为“实践唯物论”。李达之后的马克思主义哲学家如艾思奇、张岱年也重视实践在马克思主义哲学体系中的重要理论地位，到了毛泽东则专门撰写了《实践论》一书，集中对实践进行了理论阐发。新中国成立之后尤其是改革开放以后，人们对实践进行了多方面的拓展性解读，包括吸收、借鉴、比较西方马克思主义关于实践概念的阐述，进一步丰富了实践概念的科学内涵，也推进了对于实践在马克思主义哲学体系中的重要地位和作用的认识。在改革开放之后的学术环境中，冯契准确把握住了实践之于马克思主义哲学的重要价值，创新性地提出实践就是要求自由的活动，把马克思主义哲学理解为“实践唯物主义辩证法”，再一次还原了马克思主义哲学的本真精神。撇开其他马克思主义哲学家暂且不谈，单就冯契和李达而言，他们二人在理解实践之于马克思主义哲学的重要意义方面虽然在侧重点上还是有所区别，但是在总体上都能正确地立足科学的实践观来解读和把握整个马克思主义哲学体系。在能够准确理解和把握实践之于马克思主义哲学的重要意义这一点上，冯契和李达是极其相似、非常一致的。

二、李达：“实践的唯物论”

正如前面所分析的那样，李达对于实践概念的理解是符合马克思主义实践观的本真内涵的。而李达之所以能够作出科学的解释，是由于李达对马克思主义哲学之前的关于实践概念的种种观点进行了艰苦的系统考察工作，并对之前中国的马克思主义者对实践概念解释的不足进行了修正，特别是发展了瞿秋白在实践问题上的理论观点。经过这些艰苦的理论工作，李达澄清了实践概念上的各种非马克思主义的观点中的理论问题，继而立足于科学的实践观阐发了马克思主义哲学的本真精神，提出马克思主义哲学就是“实践唯物论”，达到了对马克思主义哲学精神实质的准确理解和把握。

为了说明哲学史上不同的哲学学派对实践概念的理解的种种不科学之处，李达对唯心主义和旧唯物主义关于实践概念的理解作了系统的梳理，对它们进行了针对性的分析和批判。对于唯心论，李达指出，唯心论哲学中经常出现“实践”这个词，并且把“实践”这个词的地位和作用捧得很高，但是在他们那里，对于“实践”的具体内容的规定都是不科学的。无论是主观唯心主义者把实践理解为修身养性的活动、礼仪性的活动、生物性本能活动、个人投机冒险活动，还是客观唯心主义者把实践理解为如黑格尔的绝对精神之类的在人脑之外的某种独立精神实体，在本质上都是从精神出发的唯心主义论调，他们所列举的那些“实践”的各种各样的不同表现，如“修身”、“养气”、“静坐”、“致良知”等，“洒扫、应对、进退”等，“应付环境”、“争取生存”等，冒险活动等，全部都是基于从精神出发的对于实践的理解，无一例外都是和唯物辩证法所讲的实践"毫不相干的"①。至于旧唯物主义视野中的实践，虽然指向了人的活动，但把这种活动局限于人的日常生活起居的活动，最多是犹太人的商业活动之类的活动，那么，"这样来理解实践概念也是同唯物辩证法绝不相同的"。② 李达认为，上述两大方面的形形色色的所谓"实践"，都没有从理论上揭示出实践概念的科学内涵。为什么之前的哲学理论都没能揭示出实践的科学内涵呢？李达对此进行了剖析。李达认为，以往理论关于实践的观点缺乏科学性的原因主要是由于剥削阶级的偏见和时代的局限。一方面，一切剥削阶级都藐视劳动人民的劳动，或者是基于认识能力的缺乏而看不到劳动的价值，或者处于阶级立场的偏见而有意贬低劳动的价值，他们所体现出来的狭隘阶级局限性使得他们无法理解在人类社会发展过程当中劳动所发挥的重要作用；另一方面，在过去自然经济和简单商品经济的时代，受不发达的社会生产力的客观制约，以往哲学家的思维和眼界都只能是停留在一个较低的水平，他们不可能看到人类社会历史发展的全貌及其内在的动力，因而不可能形成科学的实践概念。只有在近代工业革命之后，由于机器的出现、科学的不断进步、商品经济的不断发展，在不断发展着的生产力水平的基础之上，人们才逐渐形成了关于自然、社会和自身的科学认识。在这种背景下，马克思从"社会的——生产的实践"③出发将自然与社会纳入到统一的视野，从而形成了科学的实践观。从这个过程可以看到，马克思主义的科学实践观是历史发展到一定阶段的产物，是历史发展的必然结果。

李达对实践的阐述是对瞿秋白关于实践问题的论述的继承和发展。在李达之前，瞿秋白最早对马克思主义哲学进行整体的阐述。瞿秋白第一次向国人传播唯物辩证法，第一次尝试将辩证唯物论和历史唯物论结合起来进行论

---

① 《李达全集》第二十卷，人民出版社 2016 年版，第 357 页。
② 《李达全集》第二十卷，人民出版社 2016 年版，第 358 页。
③ 《李达全集》第十二卷，人民出版社 2016 年版，第 42 页。

述，大大拓展了当时的中国人对马克思主义哲学的理解视域，这是瞿秋白在理解、传播马克思主义哲学上的最突出成绩和最鲜明特色。但是，在唯物论上，瞿秋白把哲学上的物质概念等同于物质的具体形态，提出"'存在'的根本，始终是电子组成的物质"①的观点，论述了对立统一规律但是没有很好地展开，试图将辩证唯物论与历史唯物论结合起来但是未能找到二者统一的基础。李达则把物质理解为客观实在，纠正了瞿秋白将哲学的物质概念与科学上的物质概念混淆的错误；李达对对立统一规律进行了系统阐述，在矛盾的斗争性问题、普遍性与特殊性关系问题等方面的论述比瞿秋白更加准确和全面，并论述了瞿秋白没有论述的唯物辩证法的范畴问题；尤为重要的是，李达在继承列宁关于马克思主义哲学是"一块整钢"思想的基础上，把辩证唯物论和历史唯物论作为一个不可分割的有机整体进行阐述，克服了瞿秋白将二者机械统一起来的不足。在对马克思主义哲学的整体认识上，瞿秋白把"互变律的唯物论"即辩证唯物论作为整个马克思主义哲学的最根本的基础，李达则认为实践是整个马克思主义哲学的基础，把实践作为辩证唯物论和历史唯物论的共同基础，认为马克思"基于劳动——实践的意义之正确理解，所以超出旧唯物论的界限，建立了实践的唯物论"②，认为马克思主义在哲学实质上就是"辩证的唯物论"，从而克服了瞿秋白在马克思主义哲学根本基础问题上的不深刻性。总之，李达对马克思主义哲学的"实践的唯物论"的理解，既继承了瞿秋白对马克思主义哲学的整体性理解又实现了对瞿秋白的超越，这个超越的最重要的表现便是把实践作为整个马克思主义哲学的根本性基础。

李达正是抓住实践这个核心概念来解读马克思主义哲学，致力于阐述实践之于马克思主义哲学的重要意义，把马克思主义哲学解读为"实践的唯物论"，从而准确把握到了马克思主义哲学的实质和精髓。前面已述，李达认

① 《瞿秋白文集》（政治理论编）第四卷，人民出版社 1993 年版，第 7 页。

② 《李达全集》第十二卷，人民出版社 2016 年版，第 43 页。

为，马克思主义哲学是以“社会的——生产的实践”①为基本出发点的。在李达看来，“社会的——生产的实践”这一概念的提出，标志着马克思主义哲学已经作为一种崭新的哲学出现在人类思想的地平线上。这里，马克思“社会的——生产的实践”概念的形成是对黑格尔实践概念的扬弃。马克思从到《莱茵报》工作开始，将理论研究的重心转入对政治问题、经济问题、历史问题的领域，特别是在经济学的研究对马克思思想的转变尤其重大。在《1844年经济学哲学手稿》中，通过对货币、资本、工资、地租等的层层解剖，马克思对黑格尔的辩证法进行了入木三分的批判。对此，李达认为，马克思对黑格尔的批判中最深刻的表现、“最根本的契机”②就在于，马克思把实践概念从黑格尔的辩证法中解放出来，赋予了其唯物主义的内涵。黑格尔在其哲学体系中，对劳动、实践的重要性是十分重视的，但是在黑格尔那里，劳动、实践只不过都是一种抽象的精神活动，因此黑格尔是将实践概念置放于唯心主义的基础之上。马克思将黑格尔的实践概念置放于唯物主义的基础之上，从人与自然的关系去理解劳动、实践，认为在劳动中人与自然建立联系和发生关系，把劳动、实践看成是“当作社会的人类看的人类的本质”③，这样便使唯物论有了新的内涵，也赋予了唯物论以新的性质。马克思的这种转换，既是对唯心主义把人类转化为自我意识的思想的批判，也是对旧唯物主义把人类转化为生物学的范畴的思想的批判。总之，正是基于对黑格尔劳动、实践概念的扬弃，马克思“以劳动的概念为媒介，由自然认识的领域扩张于历史认识的领域，使唯物论发生了本质的变化，变成了实践的唯物论”④，从而推动了哲学的巨大变革。对马克思的这种革命性贡献，李达进行了详细的阐述。李达指出，在马克思实现这一革命性转换之前，旧唯物主义特别是机械唯物主义虽然肯定认识是对于客

① 《李达全集》第十二卷，人民出版社2016年版，第42页。
② 《李达全集》第十二卷，人民出版社2016年版，第42页。
③ 《李达全集》第十二卷，人民出版社2016年版，第43页。
④ 《李达全集》第十二卷，人民出版社2016年版，第45页。

观的反映，但是“却不能理解认识的发生发展过程中的实践的契机”①，因而无法解释认识的发生发展过程，无法理解认识的辩证法；而观念论者把实践理解为抽象的精神，例如，康德虽然承认实践理性的重要性却将实践理性与理论理性截然分离，黑格尔看到了实践在认识过程的契机但却把实践看成是意识的活动。而在马克思实现了革命性转换之后产生的马克思主义哲学即实践唯物论，则从“社会—历史”的范畴去理解实践并把它当做认识论的契机，克服了旧唯物论和观念论的缺陷，建立起了“彻底的唯物论、统一的世界观”②。这一新的世界观的形成，就意味着哲学上的重大变革的到来。

总之，李达是立足实践概念来理解整个的马克思主义哲学的。在李达看来，科学的实践概念的形成是马克思主义哲学产生变革性意义的基础和关键。李达指出，正是由于科学的实践概念的提出，马克思主义哲学提出了关于历史、关于自然的辩证法，形成了唯物辩证法这一科学的世界观和方法论，也形成了“新哲学的新生命、新内容和新的历史使命”。③ 李达在这里所说的生命、内容、使命的三个“新”，指的就是马克思主义哲学作为一种新哲学形态所带来的全新的变化，就是马克思主义哲学作为一种新哲学形态所具有的伟大意义之所在。这个伟大意义的生成基础，显然不在于别的什么概念，而在于科学的实践观。也就是说，正是立足于科学的实践观，马克思主义哲学具有了颠覆以往一切哲学的革命性的意义。正是基于此种理解，李达把马克思主义哲学称之为“实践的唯物论”。李达用“实践的唯物论”作为对马克思主义哲学的表达和称谓，体现出了20世纪30、40年代中国人对马克思主义哲学的理解程度，“代表了30年代中国的专门哲学家所达到的理论水平”④。当然，李达的这种阐释，也在当时大大深化了中国人对马克思主义哲学的理解。

① 《李达全集》第十二卷，人民出版社2016年版，第45页。
② 《李达全集》第十二卷，人民出版社2016年版，第43页。
③ 《李达全集》第十二卷，人民出版社2016年版，第42页。
④ 许全兴：《纪念李达诞辰一百周年》，湖南人民出版社1991年版，第38页。

三、冯契:“实践的唯物主义”

实践,在冯契那里,其内涵就是人要求自由的活动。这一点,在前面已经交代得比较清楚了。问题在于,实践的这种内涵,为什么马克思之前的哲学家看不到,而只有马克思清楚地看到了?答案正如我们前面分析李达对实践概念的阐述那样,就在于那些强调精神第一性的唯心主义哲学或者机械反映论的旧唯物主义哲学没有发现实践是主观客观相统一的物质性活动,而马克思扬弃了它们、超越了它们从而发现了这一点。冯契专门引出了马克思在《关于费尔巴哈的提纲》中的那段关于从前的一切唯物主义的共同缺点经典的表述,并对于马克思所作的这段众所周知的判断进行了别具一格的分析。冯契认为,从马克思这段话中可以看出,与旧唯物论不同的是,马克思把实践看成是存在和意识之间、自然和精神之间的桥梁,随着实践活动的进行和发展,自然界不断从自在之物转化为为我之物,立足于实践基础之上的人的认识也随之不断发展,凭着为我之物从自在状态转化为自为状态,推动人的主观能动性不断地、越来越大地发展。按照冯契的这种解读,马克思主义哲学把实践作为自己理论的出发点和基础,实践是认识自然,实践也意味着认识人自身。据此,冯契把马克思主义哲学理解为实践基础上认识自然与认识自己的统一。那么,就是如何称谓马克思主义哲学呢?冯契的观点是:“认识世界和认识自己,是在实践的基础上辩证统一的,所以可以叫做实践的唯物主义。”①由此可见,冯契通过把实践理解为支配自然和培养自由个性的共同基础,理解为认识世界和认识自己的共同基础,提出了马克思主义哲学就是“实践的唯物主义”这样一种解读。冯契通过对马克思主义实践观的独到理解,形成了对整个马克思主义哲学的独到理解。

这种独到的理解一个独特的地方,就在于给予实践一种推动人的主观能

① 《冯契文集》第一卷,华东师范大学出版社 1996 年版,第 77 页。

动性发展继而推动人的自由的实现的理论功能。在冯契看来,实践的这种功能体现在四个方面。首先,实践使人的认识表现为一种能动的反映。由于实践是自然界和精神交互作用的基础,人的认识就不仅是自然界作用于人而且也是人作用于自然界。在人和自然界的这种互动关系中,“物质的东西一般地表现为主要的决定作用,而精神对物质的反作用在一定的条件下可以表现为主要的决定作用”①。当然,这两个“决定”是有本质区别的,物质对精神的决定作用是就认识的全部过程而言的,精神对物质的反作用在一定条件下起决定作用是就认识的某个阶段、某个环节而言的。其次,实践使人的主观能动性表现为文化的创造。不同于鸟建巢、蜂造窝之类的动物本能活动,人的实践过程也是文化创造的过程。在人和自然界的交互作用过程中,人的自己主观能动性充分发挥,形成了属于人的独特的符号——语言、文字,人们不仅通过语言、文字进行交流,而且通过语言、文字进行经验、认识、情感的储存和传承,进而“形成文化的传统”②,这是动物的本能活动所无法形成的。人基于实践形成了文化传统,就在很大程度上提高了人的精神的能动性,既包括人的有意识的、理性的活动,也包括人的无意识的、非理性的活动。再次,实践使人的认识运动表现为认识过程的矛盾发展。在实践活动中,主观和客观之间的矛盾运动表现为一个充满着许多认识环节的复杂过程,这个过程里面“包含着能动的飞跃”。③ 与毛泽东强调感性认识到理性认识的飞跃、理性认识到实践的飞跃不同,冯契这里所指的飞跃,一是从无知到知的飞跃,二是从知识到智慧的飞跃。通过多次地、不停地飞跃,人就越来越达到主观与客观的统一、知和行的统一,人的智慧、人的自由就不断达到新的境界。最后,实践使人的主观能动性表现在造就自我的过程中认识自我。实践基础上产生的精神现象有其独立性,在某种程度上讲,它还具有本体的意义。一方面,人的精神如果达到

① 《冯契文集》第一卷,华东师范大学出版社 1996 年版,第 82 页。
② 《冯契文集》第一卷,华东师范大学出版社 1996 年版,第 82 页。
③ 《冯契文集》第一卷,华东师范大学出版社 1996 年版,第 83 页。

对客观世界和现实的秩序的全面的、如实的把握，在实践中达到“我”与时代精神一致、与天地演化合为一体的物我交融状态，就正如“功夫所至，即是本体”的说法一样，精神成为了本体。另一方面，精神是可以通过教育传承的，通过教育的培养和自己持之以恒的行动，随着时间的发展精神就转化为人的一以贯之、不易改变的性格，“成为独特的自由个性”①，这种自由个性也就具有了本体的意义。冯契认为，以上四个方面的人的主观能动性，是人要求自由的活动即实践所给予和推动的。这种主观能动性是人作用于对象和对象作用于人的双重互动的结果，也是人的自由实现的表现，标志着人的自由实现的程度。冯契对实践作用的这种理解，契合的正是他所理解的实践概念的独有含义，即要求自由。

这种独到的理解另一个独特的地方，就在于冯契还赋予了实践一种解决“感觉如何给予客观实在”这一重大唯物主义哲学命题合法性的理论功能。“感觉如何给予客观实在”是冯契哲学体系的最基本的问题，这一问题的理论指向在于为唯物主义哲学奠定合理性基石。冯契论证了实践能够给予对象实在感，从而通过实践概念为唯物论哲学观念进行了辩护，进一步深化了实践的内涵，夯实了唯物主义的理论基础。第一，人的实践活动首先表现为劳动生产。在劳动生产中，劳动者对对象是否存在无疑都是持肯定态度的。如果农民否认土地的存在，工人否定机器的存在，以至于在生活中否认吃的、穿的、用的东西的存在，那么这种情况显然是不合理的，是难以想象的。所以，对象的这种实在感是实践活动中实践主体（例如农民、工人）最基本的体验。人们通常讲的实体、个体，其中的“体”字就指的是对象的这种实在感。第二，人的实践具有社会性、集体性。在人的实践活动中，人们总是在一定的集体内部同他人之间进行某种分工和协作，譬如在狩猎活动中众人都围绕着狩猎的对象欢呼、呐喊，虽然大家的具体行动和具体语言有所差别，但是都给予了猎物这同

① 《冯契文集》第一卷，华东师范大学出版社 1996 年版，第 84 页。

一个客观实在,这时任何的唯心论、唯我论的观点都是站不住脚的。第三,实践可以检验人的认识。实践可以证实正确的判断,也可以否证错误的判断,每一次这样的检验都意味着对唯物论的证明,证明了物质的不依赖于意识的独立存在,"证明了人的认识所依据的基本材料(感觉材料)是能够给予客观实在的"①。以上表明,实践能够给予对象的实在感,这种对象的实在感的存在可以证明客观实在是"有"的,虽然具体"有"什么还有待于进一步去认识。基于此,人们就形成了一个认识的开端和起点。这个开端就是知和不知的矛盾的开端,它使人们由此开启了由不知到知的认识飞跃之路。这样一来,哲学上所有对唯物论的责难之说都可以因为实践能够给予客观实在这个道理而变得不再由那种貌似强大的怀疑力量,唯物主义就具有真正坚实的理论基础。实践的这种理论功能的实现,在冯契智慧说哲学体系中发挥着极其重要的作用。因为冯契智慧说哲学体系一共提出了四个重大哲学问题,即"感觉能否给予客观实在"、"普遍必然性的知识何以可能"、"逻辑思维能否把握具体真理"、"理想人格如何培养",其中"感觉能否给予客观实在"是第一个问题,是智慧说哲学体系的首要问题。这个问题解决的好不好,关系到智慧说哲学体系的根基是否牢固,关系到智慧说哲学体系是否表现为马克思主义哲学性质。冯契紧扣实践概念对这个问题的成功解决,夯实了其智慧说哲学体系的深厚基础,也为后面三个大问题的展开扫除了理论障碍。

由上可以非常清楚地看到,冯契以对实践概念的独到理解为支撑,对整个马克思主义哲学作出了令人耳目一新又极具说服力的独到理解。冯契的这种理解,不同于李达,也不同于其他的马克思主义哲学家。也正是因为如此,冯契智慧说被评价为"具有鲜明的个性特色,是20世纪90年代中国化马克思主义哲学的新形态"②。

---

① 《冯契文集》第一卷,华东师范大学出版社1996年版,第119—120页。

② 许全兴:《马克思主义哲学中国化的新突破——读冯契的"智慧说"》,载杨国荣主编:《追寻智慧——冯契哲学思想研究》,上海古籍出版社2007年版,第1页。

四、“实践的唯物论”与“实践的唯物主义”的一致性

从字面上看，李达把马克思主义哲学理解为“实践的唯物论”，冯契把马克思主义哲学理解为“实践的唯物主义”，他们二人在词语表达上有着细微的、几乎可以忽略的差别。这种微小的差异也表明，冯契和李达理解马克思主义实践概念虽然在侧重点上有所不同，但在精神实质上是一脉相通的。就像冯契和李达所使用的词语“实践”、“唯物”具有共同的一致性一样，冯契和李达对马克思主义哲学的称谓反映了他们对于马克思主义哲学的理解的曲径通幽处、异曲同工妙。

今天我们已经熟知，马克思主义哲学的产生何以在哲学史上具有划时代的意义。中国马克思主义哲学体系发展到今天，学术界对马克思主义哲学的划时代意义的理解和阐述有过多种多样的表达，包括认识论的、存在论的、价值论的、人学的、历史哲学的、文化哲学的等多个角度。人们能够达成一致共识的是，马克思主义哲学之所以实现了哲学的革命性变革，关键就在于马克思主义哲学把实践理解为“革命的、实践批判的活动”①，并从感性的物质活动即实践这一新的视域去理解现实世界，以新的语言、新的范畴、新的思维方式突破了以往一切旧哲学的框架，不仅历史性地终结了绝对理念、永恒真理的哲学幻想，而且历史性地终结了单纯直观的感性确定性的哲学思维，确立了从实践去理解自然、理解社会、理解人的新的哲学致思路向。在实践的重要性问题上，人们也在很大程度上形成了共识，大都持这样一种看法，即“实践的观点是马克思主义哲学的首要的基本的观点，实践范畴是马克思主义哲学体系的中心范畴，实践线索是贯彻马克思主义哲学教材始终的主要线索”②。这是今天人们对于实践和马克思主义哲学之间关系的理解。

---

① 《马克思恩格斯选集》第1卷，人民出版社2012年版，第137页。

② 杨春贵：《实践范畴在马克思主义哲学体系中的地位问题》，《理论前沿》2006年第10期。

那么,如果我们再回到冯契和李达那里,我们可以发现:从冯契和李达在他们的哲学体系中所作的对于马克思主义哲学的这种划时代贡献的阐述来看,他们在那个时候就都非常准确把握住了马克思主义哲学的精神实质,都把握住了马克思主义哲学的巨大贡献之所在,因为他们都是共同基于科学的实践观这一关键来进行理解、分析和阐述的。以今天的视野来看,冯契和李达在他们那个时代都能准确把握实践在马克思主义哲学中的重要地位,不能不说他们二人的确都是了不起的马克思主义哲学家。

正是因为有着共同的立足点,李达的“实践的唯物论”和冯契的“实践的唯物主义”体现出相同的视角。

一方面,冯契和李达理解马克思主义哲学有着共同的立足点。毫无疑问,这个共同的立足点就是科学的实践概念。作为中国的马克思主义哲学家,冯契和李达都是原原本本地继承了马克思主义经典作家关于实践的观点、看法和理论,二人都准确把握住了马克思主义科学的实践概念。冯契和李达对于科学的实践概念的把握和阐述,前面已经交代的十分详细和清楚了,在此不再赘述。事实上,无论是李达在《社会学大纲》中关于“实践的契机”的论述和在《〈实践论〉解说》、《唯物辩证法大纲》中对实践概念的历史性回顾及其总结,还是冯契对金岳霖“主张从常识出发”①、对罗素“想从感觉出发来建立一个认识论的演绎系统”②等观点的批判性阐述以及对马克思《1844年经济学哲学手稿》、《关于费尔巴哈的提纲》等内容的解读,他们都把对实践概念的理解建立在马克思主义经典作家马克思、恩格斯、列宁、毛泽东等人的经典阐述的文本基础之上。这种相同之处使得冯契和李达在对马克思主义哲学的精神实质的理解方面达到内在的一致,所以他们在表征马克思主义哲学的精神实质上都明确标注了“实践”二字。这种标注的相同,不仅仅是形式上的相同,而且也意味着在精神实质上的相同。

① 《冯契文集》第一卷,华东师范大学出版社1996年版,第117页。
② 《冯契文集》第一卷,华东师范大学出版社1996年版,第141页。

另一方面,冯契和李达理解马克思主义哲学有着共同的视角。冯契和李达这种共同的视角体现在,他们二人都把认识论的视域和本体论的视域有机结合起来对实践和马克思主义哲学进行阐述。从文本上看,在认识论视域中把实践的内涵、基本形式、重要意义系统地阐发出来,这一点在李达和冯契的著述中不约而同地都占有较大篇幅。通过他们的大量论述可以看到,李达在各个著作中都把实践置放在认识论框架下进行论述,冯契除了论述实践在认识的形成、发展、运动中的作用之外,还论述了实践在人的真善美的养成和自由人格的塑造中的重要作用,总之他们都重点阐述了实践对于认识的发生、发展、检验和目的所起的决定性作用。不仅如此,冯契和李达还从本体论的角度解读了实践和马克思主义哲学。他们都把实践理解为人感性的活动,理解为人的能动性、历史性、社会性的活动,把实践当作人的生存和发展、社会的进步、人的本质的实现的基础,这和我们今天凸显实践之于马克思主义哲学的本体论地位的认知是一致的。特别是李达,他在那个时代能在一定程度上突破教科书马克思主义哲学"二分法"的局限作出这样的认识,极其难能可贵,相当不易。而冯契则明确提出认识论与本体论的统一的观点,认为"本体论和认识论的统一问题,也就是客观辩证法和认识辩证法统一的问题"①,并且在理论上把二者统一的根据放在实践这一基础之上。总之,冯契和李达都立足实践概念,既呈现出了实践之于马克思主义哲学的认识论意义,又阐发出了实践之于马克思主义哲学的本体论意义,都冲破了教科书马克思主义哲学体系的制约和桎梏,准确阐发了马克思主义哲学的本真精神。冯契和李达将认识论与本体论相结合的共同视域,既体现了他们对马克思主义哲学经典文本的原原本本的传承方面的一致性,又体现了他们保持独立思考、实事求是的学术精神上的一致性。

---

① 《冯契文集》第一卷,华东师范大学出版社 1996 年版,第 80 页。

第三节　冯契和李达丰富和发展马克思主义实践观的路径

冯契和李达以自己的哲学创新丰富和发展了马克思主义实践观，对中国马克思主义哲学的发展作出了重要贡献。他们的这种贡献在具体表现上是有一定差别的，这种差别主要是他们二人解读、研究马克思主义实践观的路径的差异所决定的。虽然冯契和李达在丰富和发展马克思主义实践观的路径上存在差异，但是二人在丰富和发展马克思主义实践观的路径上也是内在一致的。冯契和李达在路径上的共同性体现在他们都做到了“与中国具体实际相结合”，差异性体现在“结合”的侧重点是不尽相同的。

一、李达丰富和发展马克思主义实践观的具体路径

李达丰富和发展马克思主义实践观的路径的特殊性，体现在李达自始至终紧紧扣住中国革命和建设的实际来展开对实践概念的理论分析。具体而言，可以从新中国成立前和新中国成立后两个历史时期来予以说明。

新中国成立前，李达的哲学研究与中国共产党的成立和发展有着密切的联系。中国共产党成立前后，李达不仅为党的成立的各种活动进行奔波，而且还在理论上为党的政策纲领出谋划策。随着中国革命形势的迅猛发展，中国革命的具体内容也在不断发生变化，与此相连，李达的哲学研究主要就是运用马克思主义哲学结合中国革命的实际来阐明中国革命的一系列问题。在1926年的《现代社会学》中，李达没有提出明确的实践概念，但是提到了社会发达、社会变革、社会进化、社会运动等概念，他把社会发达即社会生活的复杂和交往范围的扩大理解为“生产力之发达”①，把社会变革理解为人类历史上

① 《李达全集》第四卷，人民出版社2016年版，第35页。

经历了从无阶级社会到阶级社会、从初期封建社会到高级封建社会、从封建社会到资本主义社会、从资本主义社会到社会主义社会一共四次“大革命”①，把社会进化理解为生产力基础上的经济关系和上层建筑的变化特别是阶级斗争“产生新社会遂超出旧社会之上”②，把社会运动理解为谋求经济利益、进行阶级抗争的“有组织的运动”③，等等。李达的这些观点，实际上所表达的就是马克思主义实践概念本身所涵有的内蕴，并且这些内蕴最后都集中到一点，即帝国主义时代中的中国革命。李达分析了帝国主义对中国的经济的、政治的侵略，指出“推倒帝国主义者，其惟世界革命乎”④的观点，实际上指的仍然是人的实践，只不过较多论述的是世界范围的经济、政治实践活动。在 1928 年的《革命过程中的民主革命》一文中，李达详细剖析了中国民主革命的性质和特点，特别是革命的主体是农工和小资产阶级，认为中国的民主革命既不同于资产阶级领导的民主革命也不同于无产阶级领导的民主革命，而是一种有着独特的主体和对象的特殊的革命。那么，与此相适应，所有关于革命的战略和举措“都要依据这个特殊性，对照社会的客观环境”⑤。这里李达所进行的详细分析，实际上阐述的正是中国的民主革命实践活动的具体性。在这一段时期，李达撰文多篇，分析了民生问题与革命问题、土地问题、现在中国社会的政治经济阶级等各种关系问题、中国农业人口问题等，实际上也谈到了中国革命实践的特殊表现和时代特点。1935 年，在中华民族实行全民族的抗日战争进行得如火如荼的紧张岁月，李达写的《社会学大纲》在扉页上专门写明“献给英勇的抗日战士”，而且原本还要写上第六篇来集中阐述对于当时中国社会问题的研究。一方面，正是在这本书中，李达通过系统考察人类哲学史的发展过程阐发了以往哲学看不到实践的重要性而马克思则发现了“实践的契机”以

① 《李达全集》第四卷，人民出版社 2016 年版，第 79 页。
② 《李达全集》第四卷，人民出版社 2016 年版，第 96 页。
③ 《李达全集》第四卷，人民出版社 2016 年版，第 163 页。
④ 《李达全集》第四卷，人民出版社 2016 年版，第 177 页。
⑤ 《李达全集》第四卷，人民出版社 2016 年版，第 320 页。

及由此实现的哲学革命，并且在这本书的通篇论述中，李达经常把“实践”和“社会实践”两个概念等同起来使用，用以强调实践的深刻内涵及其重要地位，初步表明了实践之于认识的基础性地位。另一方面，李达没有完成的第六篇即对中国问题的专门探讨，实际上其主要内容也是可以推知的，那就是前面所述的这些中国革命实践活动的特殊性、具体性、时代性，就是要针对中国革命的实践特点来进行哲学的反思与剖析，对中国革命的根源、问题、前途等提出自己从哲学层面上作出的方法论构想，把这些思考作为理论成果来“献给英勇的抗日战士”。把以上这两个方面结合起来看，可以发现，李达对马克思主义实践观的理解、思考和阐述的一个非常鲜明的特征就在于，他紧密结合中国的革命实际来进行马克思主义实践观的研究。上述分析都深刻地表明，那个时期的李达在阐述包括马克思主义实践观在内的马克思主义哲学的路径上其取向是非常明确的，这个明确的取向不是呆在书斋紧扣书本，而是投身社会实践紧扣中国的革命实际。

新中国成立后，李达对马克思主义实践观的阐述跟新中国成立前不同的是，把关于实践的各方面理论的展开和中国革命和建设的经验紧紧联系起来了。中国革命几十年，形成了许许多多的经验教训，中国共产党对这些经验教训进行了许许多多的总结，并作了理论上的升华。有了这些关于中国革命和建设的经验教训的理论，李达在阐述马克思主义实践观时就有了丰富的素材和资料，事实上李达也很好地运用了这些素材和资料。在中国共产党的历史上，教条主义曾经产生了极大的危害，如何在哲学上揭露其错误根源呢？李达明确指出，正因为教条主义脱离了实践，远离了现实，因而导致理论无法指导实践活动，因此就要像毛泽东指出的那样，要变革梨子就得亲口尝一尝梨子。李达指出，从古到今都没有“生而知之”的人，而只有在实践中“学而知之”或“困而知之”的人，就是说，离开了实践，是不可能获得正确的认识的，也是不可能正确地运用理论的。李达总结性地指出，马克思、恩格斯、列宁、斯大林、毛泽东等革命导师正是因为亲自参加了现实的阶级斗争和科学实验，所以才能够提出正确的无产阶级革命的科学理论。就我党而言，我党的任何一条路线、方针、政策都是在来自于实践经验的概括，都不可能在革命实践之前就已经预设出来，也不可能在实践之初就一蹴而就地形成，更不是来自于书本上的条条框框，而都是来自于中国革命的实践。可是，“我党历史上的教条主义者不承认这个真理，他们轻视实践，以为只凭现成的书本知识和革命的热情就可以提出正确的路线和方针”①，其结果当然只能是失败以及这种失败带来的惨痛教训。李达的这些论述，由于结合了中国的革命建设实际，所以对实践和认识之间的决定和被决定的关系就阐述得十分清楚明白了。李达还指出，路线、方针、政策等的形成，仍然只是停留在精神、思想的阶段，而只有按照它们去实践，去改造对象并造成现实的结果，才能知道它们的正确与否、对错与否。李达认为，在我党的历史上，那些曾经犯路线错误的人也提出过他们认为是十分正确的路线、方针、政策，但是他们根本不知道、不理解实践的地位和作用，因而他们的路线、方针、政策都使革命事业遭遇了挫折和失败，而“几十年来千百万人民群众的革命实践证明了……‘左’右倾机会主义路线是错误的”②。李达结合我党历史上的“左”右倾机会主义带来的失败教训，阐明了割裂认识和实践之间关系、不注重实践标准的认识论错误根源，非常具有说服力。李达在阐述马克思主义实践观的时候，还有其他许多这样的以中国革命和建设的经验教训作为反面例证的论述，用中国的素材表达了他所理解的马克思主义实践观。

总之，不管是在新中国成立之前还在新中国成立之后，李达丰富和发展马克思主义实践观的具体路径都是立足于中国的具体实际，包括中国革命的实际和中国建设的实际，从而让马克思主义实践观带有中国的色彩。也正是因为李达将实践这个马克思主义哲学的最基本的立足点和首要的基本的观点的论述与中国的实际紧密结合起来，并由此称马克思主义哲学为“实践的唯物

① 《李达全集》第二十卷，人民出版社 2016 年版，第 362 页。
② 《李达全集》第二十卷，人民出版社 2016 年版，第 366 页。

论”,人们给予李达的“实践的唯物论”的提法以高度的肯定,认为李达的“实践的唯物论”的理解代表了那一时期中国人对马克思主义哲学的高水平的理解,代表了“实践唯物主义在中国话语中的初始开显”①。李达紧密结合中国革命和建设的具体实际对马克思主义实践观所进行的带有中国特色的表达和阐述,使马克思主义实践观以一种饱含中国社会历史内容、体现中国时代特征的面貌呈现在人们面前,是对马克思主义实践观的极大丰富和发展。

二、冯契丰富和发展马克思主义实践观的独特路径

冯契也亲身经历了中国革命和中国建设两个历史时期,不过主要是经历了社会主义建设时期。冯契阐述马克思主义实践概念也结合中国革命的经验教训,以及中国的建设实际,但是更多的是结合中国的传统文化。着力和侧重结合中国传统文化来阐述马克思主义实践观,这是冯契丰富和发展马克思主义实践观的路径取向上的一个鲜明特点。

首先,冯契结合中国传统文化中的“知行关系”问题论述马克思主义实践观。认识和实践的关系在中国哲学上对应的是“知”和“行”的关系,冯契在论述实践问题时首先就把这个问题同中国哲学史上的“心物之辨”、“知行之辨”结合起来进行考察。冯契首先强调,实践是社会的实践、革命的实践、要求自由的活动,实践是认识的基础。在此理论前提下,冯契用实践观点考察了两对关系,即形和神的关系以及能和所的关系。冯契指出,中国古代哲学家王夫之曾经提出形、神、物三者“三相遇而知觉乃发”的命题,其实包含这两个方面的关系,一是物质和精神的关系,即形和神的关系,二是主体和对象的关系,即能和所的关系,这两方面的关系在中国古代哲学家那里都是被用“体”和“用”的范畴来解释的。冯契指出,关于形和精神的关系,范缜之后的中国哲学家,一直到孙中山为止,都是用体用关系来予以阐释的。作为这种解释框架的具体

---

① 汪信砚、李侦:《“实践的唯物论”:实践唯物主义在中国话语中的初始开显——李达〈社会学大纲〉的独特理论贡献》,《学习与探索》2015 年第 5 期。

理论就是“体用不二”，所谓“体用不二”，就是把形体看成是实体，把精神看成是形体的作用，是形体运动的表现。如此一来，形和神就不是各自相异的两种东西，而是范缜所说的“名殊而体一”的内在统一的关系，这样就把物质和精神看成是内在一致的关系。而关于能和所的关系即主观和对象的关系，冯契把王夫之和颜元的观点进行了展开。王夫之对象成为“所”，把作用于对象体现出功效来的称之为“能”；而颜元强调的是“以物为体”，也就是要通过“玩东玩西”来接触对象，人的心灵方能作用于对象，对对象施加影响。在冯契看来，王夫之和颜元关于能所关系的看法仍然是比较朴素的观点，因为他们的观点依然无法具有科学的实践观的视野。如果引入科学的实践概念的话，那么他们的这些观点就可以得到进一步提升。在形神关系方面，中国传统哲学的“形质神用”的观点可以进一步理解为：在劳动、实践的基础上，人的感官能力不断提升，由此产生了语言，产生了人意识，语言和意识反过来促进人的感官能力的不断发展，所以形和神的关系就转变为实践基础上的物质和精神的关系。在能所关系方面，中国传统的哲学的“所体能用”的观点可以进一步理解为：在实践基础上，人们与对象变成一种互动的物质交换关系，人和对象的这种内在的（internal）关系即实践使得人和对象的外在的（external）关系即认识成为可能，这样能和所的关系就是一种既有实践关系又有认识关系的关系，即内在关系和外在关系的统一，并且“实践上的内在关系和认识上的外在关系是互为条件的”①。王夫之是注重“行”的中国古代唯物主义哲学的集大成者，颜元是主张“实文、实行、实体、实用”的颜李学派的创始人，冯契将同为明末清初的两位中国唯物主义古代哲学家的观点放在一起进行比较和展开，实现了马克思主义实践观和中国古代注重“知行统一”的哲学观的对接，用以表明马克思主义实践观的深刻含义，在赋予马克思主义实践观以中国内涵的同时也提升了中国传统哲学的实践概念。

---

① 《冯契文集》第一卷，华东师范大学出版社1996年版，第80页。

其次，冯契结合中国传统文化中的“功夫即本体”问题论述马克思主义实践观。冯契的哲学体系是一种广义认识论，冯契也不否认自己哲学体系的认识论特征。但是冯契也指出，认识论和本体论其实是统一的，而这种统一关系在中国古代哲学那里就是“功夫”和“本体”的统一。冯契很赞同王阳明的“功夫即本体”的观点，也赞同中国古代哲学中“体用不二”的观点，但是冯契认为，这一切必须在马克思主义实践观的基础上来予以说明。在冯契那里，哲学理论的出发点就是实践，认识论的出发点也是实践，所以冯契在谈到认识论和本体论的统一时也把实践作为理论基础。一方面，“功夫即本体”应该理解为实践基础上的主观和客观的统一。冯契认为，人在实践活动中通过感觉开始把握客观实在，自在之物逐渐变为为我之物，客观实在就因此变成了人的经验世界的一个部分，由此就产生了主体与客体的分裂、精神和物质的对立。在这种分裂和对立中，“精神就以得自所与来还治所与，由存在进入了本质”①，也就是说，人正是通过“以得自所与来还治所与”的实践活动来把握对象，获得关于对象的本质和规律。这样，冯契就把认识论、本体论的共同基础都放在实践之上，把认识经过感性和理性、绝对和相对、客观规律性和主观能动性等环节的发展过程理解为对存在的越来越深刻的本质把握，把认识论也理解为本体论。另一方面，“体用不二”应该理解为物质和运动的统一关系。冯契强调，“体和用(substance and function)之间是相对的，这是中国哲学家讲体用不二的时候的一个很重要的思想……如范缜讲的，形质神用……或者如严复讲的牛有牛之体用，马有马之体用。这些例子讲的体用不二，都是物质实体自己运动”②。这里，冯契引用了中国古代南北朝时期的思想家范缜、清末思想家严复的观点，通过对“体用不二”思想的分析来阐发物质很运动之间的关系。可见，冯契在论述马克思主义实践概念的时候，都是紧密联系中国传统哲学在这个问题上的相关的代表性人物和观点来进行展开的。

---

① 《冯契文集》第一卷，华东师范大学出版社1996年版，第109页。

② 《冯契文集》第一卷，华东师范大学出版社1996年版，第110页。

最后，冯契结合整个中国传统哲学的发展历程来论述马克思主义实践观。在讨论哲学发展的根据的时候，冯契运用马克思主义实践概念来剖析中国几千年哲学发展的源泉。冯契指出，“社会实践（主要指阶级斗争、生产斗争和科学实验）是哲学的源泉”①，因此考察哲学的发展就应该将阶级斗争和科学发展结合起来进行。特别是对于哲学家的思想，要紧密结合哲学家本人的社会实践活动来进行分析，因为哲学家的实践活动表现为多个方面，既有阶级斗争和政治活动，还有整理文献、创作作品等科学研究活动，所以，只有全部了解了他们的实践活动之后，才能全面准确地阐明它们的哲学思想的实践基础和理论来源。所以冯契特别强调，考察中国哲学的发展必须考察中国各个时期的哲学与自然科学的密切关系，考察科学与迷信之间的复杂关系，这其实就是抓住了实践基本形式中的阶级斗争和科学实验这两种形式来进行分析。当然，冯契也注意到了另外一个更为关键的基本形式即生产实践的重要作用。冯契强调，“推动哲学前进的，首先是科学和农业、手工业生产的发展”②，把哲学的发展看成归根结底是社会生产力的推动的结果，指出了生产实践的基础性、根本性的地位。透过这些论述我们可以看到，冯契其实是再一次论述了马克思主义实践概念的深刻内涵和基本形式，阐述了实践之于哲学发展的根本性基础。在三卷本《中国古代哲学的逻辑发展》中，冯契详细分析了先秦时期、秦汉到清朝的哲学发展历程，指出中国哲学的内容、范畴的演变都是基于实践发展的结果，并在最后一部分专门总结性地指出：“社会实践通过政治思想的斗争和科学反对宗教迷信的斗争推动了哲学的发展。”③可以说，冯契对中国哲学的发展历程的考察，从整体上看，完全就是以马克思主义实践观作为理论根基的。不仅如此，在关于实践的具体阐述上，冯契也不吝笔墨，专门对于马克思主义实践观有着理论相通性的一些哲学家的一些观点进行了专门阐

① 《冯契文集》第四卷，华东师范大学出版社 1997 年版，第 3 页。
② 《冯契文集》第四卷，华东师范大学出版社 1997 年版，第 6—7 页。
③ 《冯契文集》第六卷，华东师范大学出版社 1997 年版，第 368 页。

述，包括王守仁关于“致良知”、“格物致知”、“知行合一”的观点，还有王夫之对中国哲学长期以来的“心物之辨”、“知行之辨”的总结性观点，以及颜元的“习行”和戴震的“知”等观点，通过对这些观点的评价阐述了马克思主义实践观的丰富内涵。

当然，冯契也并非只是结合中国传统哲学来阐述马克思主义实践观，他也十分注重结合中国革命和建设的实际来展开马克思主义实践观，经常结合民主革命时期和社会主义建设时期的实例来分析关于近代哲学的革命进程、论述人对自由的追求和实现真善美的过程，在此基础上强调马克思主义实践观的重要性和基础性地位。不过，相对来说，特别是相对于李达等长期生活在中国革命时期的马克思主义哲学家而言，冯契更多地是结合中国传统哲学来进行阐发，这是李达丰富和发展马克思主义实践观的最鲜明的特色，也是冯契丰富和发展马克思主义哲学的最鲜明的特色。正是基于这一特色，冯契的智慧说哲学体系便因为极富传统魅力而形成了中国马克思主义哲学史上鲜见的理论风貌。

三、李达和冯契丰富和发展马克思主义实践观的共同路径

在上述比较分析的过程中我们不难看到，虽然冯契和李达在阐述马克思主义实践观时在侧重点上是不尽相同的，即李达侧重与中国革命和建设实际的结合，冯契则侧重与中国传统文化的结合，但是我们也不难发现，冯契和李达在阐发马克思主义实践观方面有一个共同的特点，即紧紧结合中国的具体实际进行马克思主义实践观的阐发，这是他们在理论特质上最为相近的地方，也是他们在丰富和发展马克思主义实践观的路径上的一致性。也就是说，虽然他们的侧重点有所不同，表达也有所差异，但是那样的不同和差异都是建立在“与中国具体实际相结合”这一共同基点之上的。

一方面，冯契和李达都在“与中国具体实际相结合”的路径中凸显了马克思主义实践观的民族特色。任何一种哲学，都首先是民族的。在中国的语境

中阐发马克思主义实践观，遵循“与中国具体实际相结合”的路径，必然使得马克思主义实践观带有中华民族的特色，必然要让马克思主义实践观“讲汉语”。如前所述，虽然冯契和李达阐述马克思主义实践观的侧重点不尽相同，但是他们都紧密结合中国现实的革命、建设进程和几千年中国传统文化来进行阐述，其实都是在让马克思主义实践观以中文这一民族化的语言来承载、传达马克思主义实践概念的含义，都达到了让马克思主义实践观“讲汉语”的目的。例如，李达在阐述实践和认识的辩证关系的时候，专门使用了中国人非常理解的“知识里手”这一汉语词汇，表达了对于那种认为可以将知识与社会实践脱离开来的观点的批判。李达指出，中国古代的“秀才不出门，全知天下事”，并非是说秀才的知识是可以脱离社会实践的，秀才的知识也是经由实践着的人在实践中获得的，秀才只是间接地“知天下事”。可是很多人不明白这个道理，他们乐于去鼓吹一些实践无关的“知识里手”，认为这些“知识里手”才是有学问的人。其实，那些所谓的“知识里手”，他们擅长于从马克思主义原著中摘录一些段落或一些句子，用来讲大道理，用来分析中国革命的实际，给人一种百分之百的马克思主义者的感觉，其实就是在吓唬人。李达尖锐地指出，这些人从根本上讲是否认和轻视实践的重要作用的，他们也不会真正去亲身参加生产实践、阶级斗争实践，他们“不是唯物论者，而是唯心论者，是教条主义者，‘知识里手’(即教条主义者)之所以可笑，原因就在这个地方”。①通过“知识里手”、“秀才不出门，全知天下事”这些带有中华民族特点的汉语词汇或短句，让中国人在具有讽刺性、批判性的语境中深刻理解了我党的历史上教条主义者的错误在于他们脱离了社会实践这一哲学道理，用民族化的语言赋予了马克思主义实践观以鲜明的民族特色。在这方面，冯契与李达具有一致性。冯契在阐述“感觉如何给予客观实在”这一命题中关于感觉论的内容中，结合了荀子、墨子等先秦时期的哲学家的观点来进行展开，并总结性地

① 《李达全集》第十六卷，人民出版社2016年版，第307页。

指出这些唯物主义的理论是中国的传统哲学特别是"传统认识论的主流"①，并专门借用中国古代哲学的"博学"、"心斋"两个词来阐述既要保持和感性经验的联系又要保持对感性经验的超越的道理。冯契讲感觉论，讲的是马克思主义实践概念基础上的感觉论，是实践唯物主义的感觉论，讲的就是马克思主义实践观。可以说，冯契三卷本《中国古代哲学的逻辑发展》通篇都贯穿着对马克思主义实践观的阐述，在对中国哲学史上一个个哲学家的一个个观点的展开和评述中，使马克思主义实践观带有了一种中国式的风貌。可见，不管是李达侧重与中国革命的结合还是冯契侧重与中国传统文化的结合，他们都是通过让马克思主义实践观"讲汉语"来凸显马克思主义实践观的民族特色。冯契和李达的这种共同性，也是中国马克思主义哲学家们发展马克思主义哲学的共同性。正是在这种共同性的基础上，中国马克思主义哲学家们把马克思主义哲学理解为实践唯物主义，赋予马克思主义哲学以时代内涵和中国特征。关于这一点，正如有的学者指出的那样，"实践唯物主义体现了中国研究者的独特理解，含有中国式的某种'创造'，因而具有新的时代内涵和民族特色，是对马克思主义哲学的推进和发展"。② 这一评价，显然也是对冯契和李达创新性阐发马克思主义实践观的一致性的肯定。

另一方面，冯契和李达都在"与中国具体实际相结合"的路径中彰显了马克思主义实践观的本真内涵。李达经历了中国共产党领导中国革命波澜壮阔的全过程，参加了热火朝天的社会主义建设活动，他对于马克思主义实践观的阐发既有理论的专门阐述，同时也有与中国革命和建设实际的紧密结合，这在前面有比较详细的交代。在这里要强调的是，李达无论是对民主革命的特点分析，还是对革命过程中"左"右倾机会主义的批判，还是对建设过程中夸大主观能动性的反对，都从理论上揭示了实践是主观见之于客观的活动这一深

① 《冯契文集》第一卷，华东师范大学出版社 1996 年版，第 147 页。

② 丰子义：《中国道路的哲学自觉——实践唯物主义的当代意义》，《北京大学学报》（哲学社会科学版）2015 年第 4 期。

刻内涵，指出那些错误的根源都在于将主观和客观分离开来。在李达对毛泽东《实践论》的解说中，李达对关于实践的诸多理论问题无不是紧密结合中国革命和建设的经验教训来谈的。可以说，李达正是在“与中国具体实际相结合”的路径中揭示了马克思主义实践观的丰富和深刻的内涵。在这一点上，冯契与李达也是一致的。冯契在运用马克思主义哲学考察中国传统哲学发展历程的过程中结合中国传统哲学的诸多“之辨”，对马克思主义实践观的科学内涵进行了阐发。例如，在评论王夫之从气一元论出发总结中国哲学上的“心物之辨”的哲学贡献时，冯契指出，虽然王夫之用朴素唯物主义的反映论批判了“生而知之”的先验论，对能所、形神关系作出了唯物主义的说明，但是由于没有科学的实践观，因此还只处于朴素的阶段，而要“对形神关系问题真正作科学的解决，那只有在马克思主义将实践观点引入认识论之后才能做到”①。显然，冯契在这个一针见血、画龙点睛的评价中，揭示出了马克思主义实践观的重要理论作用。冯契还指出，虽然王夫之用唯物主义的观点批判了程朱理学的“知先行后”说和王阳明的“知行合一”说，提出“行可兼知”的正确的知行观，相比前人是一种巨大的进步，但是王夫之那里的“行”所指的仅仅局限于单个的人的行动，他“还不懂得从实践理论，从理论到实践是包含能动的飞跃的螺旋式前进的运动”②。冯契的这番评价，既是对王夫之知行观的理论贡献的肯定，也指出了包括王夫之在内的中国古代哲学家在知行关系问题上的理论不足，以一种非常“中国式”的方式阐明了马克思主义实践观的深刻内涵和重要作用。可见，不管是李达侧重与中国革命建设的结合还是冯契侧重与中国传统文化的结合，都是通过“与中国具体实际相结合”的路径来彰显马克思主义实践观的本真内涵。

总之，冯契和李达都是在中国社会发展的现实土壤中、在“与中国具体实际相结合”的路径中阐述马克思主义实践观的。沿着紧密联系中国的具体实

① 《冯契文集》第六卷，华东师范大学出版社 1997 年版，第 239 页。
② 《冯契文集》第六卷，华东师范大学出版社 1997 年版，第 243 页。

际的路径,冯契和李达都深化、拓展了马克思主义实践观的内涵和外延。有一个特别有趣的现象是,虽然他们在结合中国具体实际阐述马克思主义实践观时的侧重点不太一样,一个是和中国革命建设实际结合,一个是和中国传统文化结合,但是他们都曾经举过“庖丁解牛”的例子。李达讲“庖丁解牛”时认为,庖丁的一把刀用了十九年,解剖了几千头牛,却好似刚刚磨过的那样完好无损,这表明庖丁具有比一般人多得多的关于牛的表象,以至于可以“目无全牛”。庖丁为什么达到了这样的境界呢?李达认为,归根结底就在于“他有解剖牛的实践经验,而常人没有”。① 冯契讲“庖丁解牛”时认为,庖丁“按照牛之‘理’来解牛,即按牛这个物种的规律来变革牛,此其一……解剖牛之后,感到‘踌躇满志’,有一种精神上的满足,此其二……劳动具有了美感,成了美的对象,此其三”。② 不难看到,同样是结合“庖丁解牛”这一中国传统文化的典故来阐述马克思主义实践观,李达强调的是解牛的实践经验对于认识解牛的规律即认识来说的基础性、前提性的地位,而冯契强调得更多的是解牛的实践对于人的自由和真善美的意义。冯契和李达对“庖丁解牛”的阐发虽然有着这样的微妙区别,但是他们在精神实质上是内在一致的。这种一致性就在于,冯契和李达都是基于“与中国具体实际相结合”的路径对马克思主义实践观的内涵和外延做了创新性理解。他们的这种创新性理解,在丰富和发展马克思主义实践观的同时,也丰富和发展了整个的马克思主义哲学。

冯契和李达丰富和发展马克思主义实践观的这种“与中国具体实际相结合”的路径,在今天依然有着重要的启迪意义。这种启迪意义就在于,在世界多极化、经济全球化、社会信息化、文化多样化的当今时代,中国实践已经呈现出新的内容、新的姿态、新的特点,在这样的历史条件下推动马克思主义实践观不断向前发展仍然必须遵循“与中国具体实际相结合”这一路径。冯契和李达“与中国具体实际相结合”的这一共同路径,是对教条主义的自觉拒斥,

---

① 《李达全集》第二十卷,人民出版社 2016 年版,第 372 页。

② 《冯契文集》第三卷,华东师范大学出版社 1996 年版,第 11 页。

是对书斋哲学的自觉否定，与那种“两耳不闻窗外事”的自娱自乐式的所谓纯理论研究路径是根本不同的。这就启示我们，面对不断变化着的世界和不断变化着的中国实践，我们要在准确理解和把握马克思主义实践观的本真精神的同时，自觉结合发展着的中国的新的实际、新的问题、新的矛盾、“新的议题”①开展研究，在总结中国特色社会主义建设实践经验的基础上赋予实践概念以新的时代特色，在推动中国传统文化的创造性转化和创新性发展中赋予马克思主义实践观以新的民族元素，在吸收借鉴当代科学技术的新成果和西方优秀文化成果的基础上赋予马克思主义实践观以新的世界视野，进而不断拓展马克思主义实践观的内涵和外延，不断丰富和发展马克思主义实践观。这就是冯契和李达在丰富和发展马克思主义实践观上的“与中国具体实际相结合”的共同路径的当代意义，也是冯契和李达的哲学创新之路的当代意义。

---

① 韩庆祥：《中国议题、中国理论和中国话语》，《人民日报》2017 年 3 月 16 日。

第三章　冯契和李达丰富和发展马克思主义认识论的比较

近现代以来，哲学进入了所谓“认识论转向”的阶段，哲学所讨论的问题更多地是趋向于认识论领域的问题。受这种趋向的影响，在很长一段时间，特别是20世纪50年代到80年代，中国马克思主义哲学主要以探讨认识论的问题为主。李达和冯契的哲学之路都是在这样的环境中形成、拓展和延伸的，因此他们都长期深耕于认识论领域，有着很深的认识论素养，他们都从认识论的角度对马克思主义哲学展开了很多的论述，也都在认识论的领域对马克思主义哲学体系进行了诸多的创新。具体来说，在关于认识的对象、认识的形成机制、认识的本质、认识的运动、真理的特点等认识论诸多问题上，冯契和李达都在遵循马克思主义经典文本的前提下提出了许多创新性观点。冯契和李达在认识论上的这些观点有同有异，共同丰富和发展了马克思主义认识论。

第一节　李达关于马克思主义认识论的基本观点

李达对马克思主义认识论的理解，主要来自于李达对马克思主义经典文本特别是马克思、恩格斯、列宁的著作，体现在李达对包括马克思主义认识论的特征、认识的阶段、真理论等诸多认识论重要问题的看法上。

一、马克思主义认识论是科学的革命的认识论

马克思主义认识论的产生，是对传统认识论的超越，是认识论发展史上的革命性变革。这主要是因为，“传统的认识论基本上是围绕着认识可能性和认识的可靠性的问题展开讨论的，而这种讨论大都是局限在思维（或理论）的范围内思辨地展开”①。与之不同的是，马克思主义认识论跳出了仅仅局限于思维领域的狭隘认识论框架，而把认识论放在实践这一坚实的基础之上，是实践基础上的唯物主义的反映论，彻底超越了传统认识论的那种思辨模式。李达对马克思主义认识论进行了总体阐述，揭示了马克思主义认识论强调反映论、注重实践性、讲究辩证法的理论特质。

1. 认识论是反映论

在哲学史上，认识论理论可谓多种多样，五花八门，反映了人们在不同历史条件下对认识论的不同理解。在马克思主义哲学之前，各种关于认识论的理论交织着唯物主义和唯心主义、辩证法和形而上学的种种复杂关系，但是由于受特定历史时期的特定条件的限制，以及人们特定的立场的不同，这些理论都没能够对认识的本质和规律进行科学的说明，没能够确立为劳动群众改造世界服务的价值指向。马克思主义哲学产生以后，认识论理论才发生了革命性变革。李达指出，马克思主义认识论的实质，正如毛泽东所概括的那样，就是能动的革命的反映论。

马克思主义认识论本质上是一种反映论。反映论所坚持的，是一条从物到思想的认识路线。既然把物摆在第一位，就是把客观世界视为认识产生和发展的决定性因素，这就是唯物主义的认识论。李达指出，唯物主义认识论最

① 夏甄陶：《马克思主义认识论的创新与发展》，《杭州师范学院学报》（人文社会科学版）2001年第6期。

根本的看法,就在于承认物质世界的第一性,把物质世界当做认识的唯一源泉,认为除此再无别的源泉。当然,它也就把认识对象界定为物质世界本身,并且把认识的主体即人也当作物质世界的一个部分。马克思主义哲学承认了物质世界对于意识的先在性,就承认了认识就是客观物质世界作用于人的结果,认识就是人脑对于客观物质世界的反映。李达还指出,唯心主义认识论是与此相反的,唯心主义认识论不仅否认物质世界的客观存在,而且否认客观世界是认识的源泉,它认为认识的源泉在于观念或理念。在这个问题上,主观唯心主义和客观唯心主义的看法不尽相同,主观唯心主义把感觉、观念当做认识的对象,客观唯心主义把认识的对象看成是绝对观念、理念。对于唯心主义认识论的实质,李达作了这样的总结:"总之,在各种形式的唯心论看来,所谓认识,不过是观念认识观念,精神认识精神。"①李达的这个概括,可谓是一针见血,道出了唯心主义认识论的通病。

李达还运用现代科学的成就来证明唯物主义认识论的正确和唯心主义认识论的荒谬。李达指出,现代科学的成果无可争辩地表明,物质世界先于人的生命存在着,人也是物质世界长期发展的产物,认识的发生只不过是有感觉的生命产生之后才成为可能的。所以,在讨论认识论的问题时,要看到这样一点,即离开了物质世界,所谓认识主体和认识对象都是不可思议的,也是不成立的。因此,主张客观物质世界是认识唯一源泉的唯物主义认识论和主张精神实体是认识唯一源泉的唯心主义认识论孰对孰错,是不难一目了然的。李达把对马克思主义哲学关于认识论是反映论的观点的阐述和论证建立在现代科学的基础之上,这就使他对马克思主义认识论的阐述显得非常具有理论说服力。

反映论就内容来说,不仅仅指承认认识来源客观物质世界,它还有一个很重要的方面就是还要承认认识能够准确地反映客观对象。李达指出,在这个

---

① 《李达全集》第二十卷,人民出版社 2016 年版,第 349 页。

问题上，要看清楚康德所谓对“自在之物”的反映的观点的不可知论的实质，康德所说的人的表象源自于“自在之物”并没有以“自在之物”和人表象的同一性为前提，所以必然走向不可知论。还有主张人的感觉就是“外部影响的记号”或“象形文字”之类的所谓“符号论”，其实质跟康德的观点一样，都属于不可知论。而唯物论的反映论强调的是人的认识由客观物质世界所引起，并且人的认识能够正确地反映客观物质世界，它承认世界的可知的，承认人的认识是可以把握客观物质世界的，属于可知论。

唯物论的可知论不可避免地面临着种种质疑，那么，关于唯物论的可知论的质疑是站得住脚的吗？李达认为，那些质疑是站不住脚的，这主要可以从以下两方面来进行理解。

一方面，人的感觉是可以把握客观世界的。针对那种以水中的木棍看起来变形和铁器的手感比木器更冷这样的现象来质疑感觉的可靠性的观点，李达指出，这些现象中，前者正说明了空气和水对光线的折射率的差别，后者正说明了铁器和木器的导热能力的差别，这些都是感觉所感知到的。针对那种认为相同的对象作用于不同的感觉器官引起感觉的不同而不同对象作用于同一感觉器官可以产生相同的感觉因而感觉并不可靠的观点，李达指出，这些现象说明的恰恰是这样一种现实，即不同的感觉器官所把握到的是事物的不同属性，感觉的差异只是对事物的属性的差异的反映，视觉把握的是事物的红、黄、绿、白，而味觉把握的是事物的酸、甜、苦、辣。视觉和味觉的具体不同正是事物的具体不同属性的反映；随着有机界的长期历史演变而形成的感觉器官的特定感知能力使得不同对象作用于同一感觉器官可以引起相同的感觉，这是正常的历史演化的结果，没有什么可以质疑的，不管是什么样的特意曲解都是没有用的。还有那些认为人可以构思狮身人首、牛头马面可见感觉是荒诞的观点，以及人还会产生错觉因而感觉也会犯错的观点，李达明确指出了这些观点是似是而非的，是没有根据的，相反，人能构思荒诞的事物和产生错觉恰恰说明人的认识所反映的正是客观事物自身而不是别的东西。李达通过上述对来自各方面质疑观点的一一反驳,论证了感觉的真实性和可靠性。李达形象地指出,如果人的感觉不可靠不真实,人就不会把水与火、粮食和泥土、悬崖和平地区分开来,就不可能在自然界面前生存和发展下去,那么所谓的改造世界也就无从谈起了。按照李达的逻辑,就可以反过来说,人类认识世界改造世界已经取得了巨大成果,形成了高度文明,还有什么比这一事实更能说明人的感觉的真实性和可靠性呢?

另一方面,人的思维是可以把握客观世界的。与感觉的直观性不同,人的思维是抽象的。但是无论怎么抽象,思维终究是对客观世界的反映。针对那种认为数学和逻辑都与客观世界没有任何关系的观点,李达指出,其实恩格斯早就说明了数学的概念和运算方法是从现实的数量、形状、过程中抽象出来的,列宁也早说明了逻辑并非空洞的外壳,人的思维及其成果都是来自于客观世界并反映客观世界的。感觉是具体的,反映的是客观世界的现象;思维是抽象的,反映的是客观世界的本质。感觉和思维的相同之处也非常显而易见,即二者都是对客观世界的反映。受各种因素的影响,人的思维也有对错之分。但是即便错误的思维否认不了"思维能够提供客观世界的正确映象"①这一事实。人类历史不断向前发展的事实也证明了这样一个道理,即人的思维可以帮助人们实现自己的目的,人的思维是可以把握客观世界的,这是任何人、任何学派都无法否认的。

2. 认识论要坚持实践观点

李达在谈认识论要坚持反映论的时候反复强调,要全面地把握反映论,要深刻地把握反映论。按照李达的观点,仅仅看到反映论是不够的,那至多是"起码的、初步的真理"②。这是因为,形而上学也讲反映论,如果只是仅仅讲到反映论这一步,就有可能陷入形而上学的深渊。所以,要看到马克思主义认

① 《李达全集》第二十卷,人民出版社 2016 年版,第 352 页。

② 《李达全集》第二十卷,人民出版社 2016 年版,第 352 页。

识论的反映论不是讲一般的反映论，而是讲能动的革命的反映论。只有看到这一点，才能真正理解马克思主义哲学的认识论的反映论与唯心主义反映论、不可知论反映论、形而上学反映论的根本的、原则的区别，才能彻底划清唯物辩证法的认识论与唯心主义反映论、不可知论反映论、形而上学反映论的界限。

同为唯物论的反映论，唯物辩证法与形而上学有着原则性的区别。这种区别的首要的表现就是是否承认实践在认识中的基础性地位。因为在李达看来，实践是马克思主义哲学也是马克思主义认识论的首要的基本的观点，而这恰恰是形而上学所忽视和看不到的地方。形而上学唯物论的反映论在认识问题上看不到认识对于实践的依赖关系，看不到认识问题离不开人的活动本身这一事实，因此也不会从人的社会性、历史性方面去考察认识问题。关于这一点，李达以费尔巴哈的认识论为例进行了论证。李达认为，费尔巴哈是发展了唯物论的认识论的，因为费尔巴哈指出了认识的对象是客观存在的自然界，指出了作为认识主体的人是自然界长期发展的产物，指出了认识是人对自然界的反映，这些唯物论的认识论观点有力驳斥了唯心主义反映论、不可知论反映论，树立了唯物论主义认识论的权威，有着很大的功劳。但是费尔巴哈并不能彻底地、完全地驳倒唯心主义反映论、不可知论反映论，因为费尔巴哈缺乏实践的观点，因此不懂得作为认识主体的人不只是生物学意义上的人，还是历史地存在着的并且有着特定社会关系的人。所以，表面上看费尔巴哈抓住了具体的东西，实际上抓住的还是抽象的东西。这就使得费尔巴哈只能把认识理解为关于对象的直观的反映，而不是理解为人关于对象的能动的革命的反映。这就是费尔巴哈的形而上学反映论的缺陷，也是费尔巴哈形而上学反映论的实质，即缺乏实践的观点。

马克思主义哲学的认识论认为，认识的基础是实践，认识问题只有在实践基础之上才能得到科学的理解。李达从认识的主体、认识的对象、认识的过程等三个方面，全面阐述了这一观点。其一，从认识的主体的角度来看，人作为认识的主体,与动物适应自然的生存方式不同,是通过实践活动来彰显自己的存在方式的。人的实践活动,特别是生产斗争实践,形成了生产力、生产关系的特殊状况,由此形成了不同人所处的经济地位、经济关系和其他关系,因而不同时期的人所处的阶级关系是不同的,这就带来人的本质的差别。如果不了解这一点,像费尔巴哈形而上学仅仅停留在人的生物学意义上,是无法真正了解认识的主体的。其二,从认识的对象来看,“自然界只有在作为人的改造对象的时候才成为人的认识对象”①。根据恩格斯的论述,李达强调指出,自然界作为人的认识对象并不是唯一的,除了自在的自然界外,人的生活的物质条件、社会性存在等,也是人的认识对象,并且类似后者的认识对象正是人的实践活动的结果,而且实践活动本身也构成人的认识对象。所以,像费尔巴哈形而上学唯物主义的反映论那样离开人的实践活动来谈认识对象,是不能真正了解认识的对象的。其三,从认识的过程看,人们认识的过程其实是建立在人的实践活动过程基础之上的。客观事物是人的认识的来源,构成人的认识的对象,但是要看到的是,并非所有的客观事物都是人的认识对象,只有那些与人的实践活动相关的客观对象是认识的对象,这些对象在人们的实践活动的过程中才会逐渐暴露其本质,从而被人们所了解和把握,形成人的认识的结果。认识正确与否,最后还得靠实践来检验。而且,人认识对象把握对象获得了关于对象的正确认识之后,不是用来束之高阁,而是为了更好地进行实践活动,也就是认识还是必须回到实践中去。从认识的这一连串的过程来看,不难发现认识离不开实践,实践是认识的基础。如果像费尔巴哈形而上学唯物主义的反映论那样离开人的实践活动来谈认识过程,是不能真正理解认识过程的。因此,李达盛赞毛泽东关于认识和实践关系的表述,对毛泽东所讲的“辩证唯物论的认识论把实践提到第一的地位”的观点深表赞同并给予了高度评价。在李达看来,毛泽东的这句话是对唯物辩证法认识论的精辟论述,是对马

---

① 《李达全集》第二十卷,人民出版社 2016 年版,第 354 页。

克思主义哲学的认识论的反映论的精辟论述。

3. 认识论要坚持辩证观点

认识是对客观事物的反映,而在反映什么、如何反映、反映的实质等问题上的不同回答则构成了不同的反映论观点。在唯物主义认识论中,存在两种根本对立的反映论,即辩证法的反映论和形而上学的反映论。李达对于二者的根本区别作了详细的对比,提出认识论必须坚持辩证观点。

李达首先批判了形而上学的反映论,指出形而上学反映论的实质在于不能辩证地处理反映论问题,并从三个方面概括了其不足之处。其一,形而上学反映论看不到理解思维与存在的辩证关系。形而上学反映论仅仅看到思维和存在之间的反映和被反映的关系,却忽视了思维反作用于存在的能动作用,也就是忽视了思维的改造现实的功能,忽视了思维通过实践变革存在的功能。所以,形而上学反映论是片面的,“它只看到物质变精神,而看不到精神变物质。”①李达的这个阐述,指出了形而上学唯物主义反映论的理论要害,并对它作了一针见血的批判。其二,形而上学反映论不理解认识运动的辩证规律。按照形而上学反映论的观点,认识就是照镜子般的反映,是一次完成的。可见,形而上学反映论根本无法理解认识的运动过程是基于实践基础上的由浅入深的辩证运动过程。其三,形而上学反映论不理解认识过程中的种种辩证关系。例如,形而上学反映论过分夸大感性认识的作用或者反过来片面夸大理性认识的作用,看不到感性认识和理性认知之间的决定作用、反作用的辩证关系及其二者之间质的区别。还有,在真理的绝对性和相对性的关系问题上,在真理和谬误的关系问题上,都存在着这种缺乏辩证观点的问题。而这种问题的最大的根源就在于,它缺乏实践观点,看不到实践的重要作用。

李达接着正面立论,提出唯物辩证法的反映论是坚持辩证法的。唯物辩

① 《李达全集》第二十卷,人民出版社2016年版,第355页。

证法的反映论既批判唯心主义的反映论,又批判形而上学的反映论。按照唯物辩证法的反映论的观点,有两点很重要:一是实践的观点,即人们认识外界事物都是通过实践来实现的,在实践过程中形成理论和方案,这就是所谓物质变精神;二是辩证法的观点,即精神变物质,人们可以依照形成的理论和方案去变革客观世界从而实现人们的目的。认识的过程是充满矛盾的,认识的运动是充满矛盾的,马克思主义经典作家有很多关于这种认识运动过程的阐述,例如,列宁和毛泽东就有很多论述。总之,唯物辩证法的认识论把辩证法运用到认识论之中,正确揭示了认识形成和发展过程中各个因素之间、各个环节之间的种种辩证关系。

通过以上分析,李达得出结论:形而上学唯物论的认识论最大的缺陷就在于缺乏实践观点和辩证观点,而唯物辩证法的认识论的最鲜明的特征就在于始终贯穿着实践观点和辩证观点,二者恰好形成极其鲜明的对比。按照前者的逻辑,人们无须实践,只用坐等即可认识世界,获得认识之后也不用去改变世界;按照后者的逻辑,必须进行实践,并且在实践基础上经过多次反复、由浅入深,才能获得正确认识,实现自己的目的。对于哲学史上的这样两种认识论孰优孰劣,人们由此一目了然。至此,李达经过详细的介绍和鲜明的对比后所给出的答案已不言自明:只有唯物辩证法的认识论才是唯一正确的认识论,只有唯物辩证法的认识论才是唯一科学的认识论,只有唯物辩证法的认识论才是唯一能够指导革命人民进行斗争并取得最后胜利的认识论。

二、认识的发展阶段

在李达看来,认识是一个在实践基础上的物质变精神和精神变物质两个过程的统一。其中物质变精神的过程即“变客观的东西为主观的东西”的过程又可以分为低级和高级两个阶段,即感性认识阶段和理性认识阶段。在关于感性认识的阶段的论述中,李达分析了感性认识的形式,以及感性认识的地位和作用。在关于理性认识阶段的论述中,李达分析了理性认识的形式,以及认识论的思维方法。

1. 感性认识

李达认为,感性认识在形式上可以分为感觉、知觉和表象,在作用上既有积极的一面又有消极的一面。

感性认识的形式包括感觉、直觉和表象。李达指出,所谓感觉就是通过感觉器官的视、听、嗅、触等不同方式获得的关于对象的最初的认识,这些方式与对象贴得如此之近以至于“在感觉和客观世界之间再也没有什么中间环节了”①。李达十分赞同列宁关于感觉是认识的来源的观点,把感觉看成是感性认识乃至整个认识论的起点。李达还指出,对于感觉是认识的起点的命题,唯心论者虽然赞同但是他们不把感觉看成是对外部世界的反映,形而上学唯物论者也赞同但他们不把感觉理解为是在实践基础上形成的,看不到获得感觉只有在实践中才有可能,并且感觉能力是在实践中不断发展的。所谓知觉,就是“关于客观对象的整个形象”②。知觉的形成也离不开实践,因为作为知觉的基础的感觉是建立在实践基础之上的,并且知觉的形成还深受认识主体的阶级地位、价值观念等方面的影响。所谓表象,就是“知觉的再现”③,它比感觉和知觉高级,但反映的仍然是事物的外部形象,还属于感性认识。李达强调,表象虽然相对而言比较高级,但其形成仍然受制于社会实践。

感性认识十分重要,也有其局限性。李达指出,感性认识是认识过程的第一阶段,也是认识过程的必经阶段,离开了感性认识,理性认识就成为无源之水、无本之木。李达十分赞同毛泽东关于否认理性认识从感性认识来就是唯心论者的观点,并指出哲学史上的唯理论的实质,批判了莱布尼茨认为理性认识源于“理性本身”的唯心论的唯理论,也批判了斯宾诺莎认为理性认识依赖

---

① 《李达全集》第二十卷,人民出版社 2016 年版,第 369 页。
② 《李达全集》第二十卷,人民出版社 2016 年版,第 370 页。
③ 《李达全集》第二十卷,人民出版社 2016 年版,第 371 页。

"直觉"的唯物论的唯理论,强调了感性认识之于理性认识的基础性的地位和作用。李达还结合我党历史上的经验教训来说明这个道理,指出教条主义的思想实质是唯物论的唯理论,他们既不懂得马克思主义理论归根结底是来自于人们的实践活动,也不懂得中国革命的理论归根结底是来自于中国革命的实践,"他们否认了感性认识,否认了理性认识的来源"①。李达也分析了感性认识所固有的局限性,认为感性认识即便"十分丰富和合乎实际"也不能揭示事物的本质和规律,所以仅有感性认识还是远远不够的。李达结合我党历史,指出革命中的经验主义者的思想实质是唯物论的经验论,他们"只能使自己的认识停留在低级的感性阶段……变成了庸俗的事务主义者"②。从感性认识本身所固有的局限性来看,人们获得感性认识,只是物质变精神的第一步,只是认识的第一步而已。

2. 理性认识

关于概念、判断、推理这些内容,其实李达《社会学大纲》中就早已进行过阐述,并且是以较大篇幅来进行阐发的。但是,李达那时并没有把这三者放在"理性认识"的框架之内。到后来的《唯物辩证法大纲》中,李达才将概念、判断、推理放在理性认识的框架内,并作为认识发展的高级阶段的三种形式。

所谓概念,在李达看来,就是对感性材料进行一番改造之后,"抽象出贯穿于其中的一般的本质的东西"③,并使用比较合适的"词"将这种一般的本质的东西表达和标识出来。由于概念是抽象出来的,不包含"感性的原子",所以唯心论者把概念看成是主观的符号,形而上学则认为概念不可感知而否认概念的真实性。李达指出,唯心论者和形而上学论者都没看到,概念表面上

① 《李达全集》第二十卷,人民出版社 2016 年版,第 374 页。
② 《李达全集》第二十卷,人民出版社 2016 年版,第 377 页。
③ 《李达全集》第二十卷,人民出版社 2016 年版,第 378 页。

远离了客观对象,但是却更深刻地反映了客观对象。李达分析了概念运动、变化、发展的三种情况:一是当客观世界出现新现象时人们创造新的概念来反映其内部联系,二是当实践活动进入新领域时人们创造新概念来反映其中的新现象,三是当对原有对象的认识更加深入之后人们创造新概念来进行进一步的丰富和精确化。概念具有灵活性,但是这种灵活性是基于实践这一客观基础的。所谓判断,在李达看来,"就是展开了的概念"①,即把一般的、浓缩了事物本质的概念予以展开。李达指出,某一概念,例如,社会主义,只有借助于判断,即它是什么或不是什么,才能呈现其清楚明确的内容。概念表现为一个名词,判断则是一个句子。判断由主词和宾词两个要素组成,它们使事物的矛盾更加明朗化。例如"松树是植物"这一判断,其主词"松树"和宾词"植物"反映的是客观事物的个别和一般之间的矛盾关系。特别是,"辩证判断"这一形式,如"光既具有粒子特性又具有波的特性"这类判断,是对客观事物的矛盾的更深刻的正确反映。李达还指出,随着实践的发展,判断在由特殊到一般、由一般到特殊的循环往复中不断向前发展,从而对事物的矛盾的揭示日益深刻。所谓推理,就是"由已有的判断过渡到新判断的理性活动"②,它既揭示事物的内部联系也揭示事物的发展趋势。推理是有其客观基础的,推理是历史发展的必然性在思维中的反映。李达特别强调,形式逻辑制定了推理的规则,能够避免我们思维上的自相矛盾,但是一定要认识形式逻辑的局限,即形式逻辑是静态的,而事物实际发展过程中的许多特点则是这些规则包括不了的,如果从形式逻辑出发而忽视具体生动的实际情况,就会犯错。李达指出,陈独秀的右倾机会主义遵循了三段论的原则,革命中的"左"倾机会主义也遵循了三段论原则,但是它们由于只是从形式逻辑的简单推理而没有看到中国以及整个世界的具体的现实情况,从而犯下了严重的错误。

---

① 《李达全集》第二十卷,人民出版社 2016 年版,第 381 页。
② 《李达全集》第二十卷,人民出版社 2016 年版,第 383 页。

3. 认识论的思维方法

李达认为,关于认识论的科学方法,总的来说,就是唯物辩证法的思维方法;具体来说,包括归纳与演绎、分析和综合、历史与逻辑的方法。

首先,关于归纳和演绎的方法,李达指出,人们的认识是在从特殊到一般、从一般到特殊的不断运动中实现的,其中的从特殊到一般离不开归纳的作用,从一般到特殊离不开演绎的作用。归纳和演绎相互依赖、互相转化,“没有归纳,演绎的前提就无从产生;没有演绎,归纳的成果就不能扩大和加深”①。认识论发展史上的归纳派和演绎派都夸大自己的作用而贬低对方的作用,都具有片面性,无论是归纳还是演绎,都是很重要的。但是,也要看到归纳和演绎的局限。李达分析指出,归纳的局限表现在三个方面:第一,归纳出来的东西不一定是事物的本质;第二,归纳只能使人“知其然”却不能使人“知其所以然”;第三,归纳推理不能保证一定能得到科学的结论。演绎的局限表现在两个方面:第一,如果没有正确的前提,演绎就得不出正确结论;第二,即便前提正确,如果脱离了对新事物的具体研究,结论也没什么很大意义。

其次,关于分析和综合,李达指出,分析就是从各种各样的表象中抽象出一般的本质性的“单纯的规定”②,而综合则是将这些单纯的规定形成一个逻辑体系,从而“把对象作为整体在思维中再现出来”③。分析和综合是互相依赖的,综合必须以分析为基础,分析又是以之前的综合成果为指导;分析和综合又相互转化,分析到一定的程度就会转化为综合,综合到一定成果后又要进行进一步的分析,如此不断转化以加深认识。李达指出,不管是分析还是综合,作为方法都是要让事物的矛盾暴露出来,即通过分析发现矛盾各个方面的特殊性,通过综合把矛盾整体地再现出来。李达认为,马克思的《资本论》就

---

① 《李达全集》第二十卷,人民出版社 2016 年版,第 386 页。
② 《李达全集》第二十卷,人民出版社 2016 年版,第 389 页。
③ 《李达全集》第二十卷,人民出版社 2016 年版,第 389 页。

是运用这一方法的典范，即从商品入手进行分析，不断增加新的规定性，最后综合成一个逻辑体系揭示了资本主义社会的经济结构的全部内容。从列宁、毛泽东的著作中，都可以发现对这种方法的运用。

最后，关于历史的方法和逻辑的方法，李达指出，辩证法认为任何事物都是由其先行阶段发展而来的，因此，只有了解事物的过去，才能深刻了解事物的现在，也才能准确预见事物的未来。因此，必须对事物进行历史的考察。人们可以考察事物发展的自然历程，但更重要的是要撇开历史中的偶然性去把握事物的内部矛盾，以逻辑的形式再现事物的发展进程，这就是逻辑的方法。逻辑的方法与历史的方法是一致的，“逻辑的方法只不过是撇开了偶然因素的历史的方法而已”①。李达认为，马克思既分析了由简单商品经济到资本主义生产的发展历史，同时又从商品入手逻辑地揭示出了资本主义社会的内在矛盾，就是运用历史与逻辑的方法的典范。列宁对资本主义国家的实质的考察，以及毛泽东对旧中国社会性质的考察，也都是运用了历史和逻辑的方法的结果。

三、真理论

认识的目的是为了更好地改造世界，为此就必须使认识具有真理性。那么，什么是真理？有没有客观真理？真理的特性有哪些？围绕这些问题，李达比较简要地阐述了他对于马克思主义真理观的理解。

1. 真理的客观性

李达指出，真理有无客观性的问题，列宁在《唯物主义与经验批判主义》中将之概括为人的表象中不依赖于人的主观意识的问题。在李达看来，所有的唯物主义者都会对此作出肯定的回答，因为人的认识除了客观世界就再没

① 《李达全集》第二十卷，人民出版社 2016 年版，第 393 页。

有其他来源了,真理一词的内涵也就在于此。李达提出,“所谓真理,就是符合客观实际的认识”①。由此,那种纯粹主观的认识就不能叫真理,真理的特性就是客观性。一种思想、一个定律、一个学说是不是真理,就要看它是不是和客观实际相符合。不符合客观实际的就不能叫真理,只能叫谬误,这就是真理和谬误的区别,这也是由唯物论的前提可以逻辑地推论出来的。

李达还专门批评了哲学上和现实中歪曲真理客观性的理论。在哲学史上,唯心主义者说到底都否认真理客观性。客观唯心主义者黑格尔并不否认真理不依赖于人的主观意识,但依赖于“绝对精神”,把真理看成是绝对精神自我认识的结果,这是对真理客观性的歪曲,实际上是否认了真理的客观性。而主观唯心主义者如俄国的马赫主义者波格丹诺夫把真理理解为“协调起来的经验”,实用主义者詹姆士、杜威、胡适把真理理解为“有用的”、让人“满意的”、供人使用的“工具”,这些观点和论调实质上都是否认真理的客观性的。李达还指出了当时苏联以赫鲁晓夫为代表的现代修正主义者们歪曲真理客观性的情况,认为他们其实是把那些对他们所代表的特权阶层有用的对象称之为真理,他们的观点和言行证明他们否认真理客观性的实质。

2. 真理的绝对性和相对性

仅仅讲真理的客观性是不够的,因为那还无法说明真理是如何发展的,也无法对认识上的诸多复杂情形予以科学解释。为此,还必须讨论真理的绝对性和相对性问题。李达指出,马克思主义经典作家对这个问题论述颇多,例如,恩格斯对杜林的批判、列宁对马赫主义的批判、毛泽东对各种“左”右倾机会主义的批判都深刻地论述了这个问题。

在李达看来,当我们说真理是对客观对象的反映的时候,就意味着承认了我们能够认识绝对的物质世界,即承认了绝对真理。但是人们对客观对象的

① 《李达全集》第二十卷,人民出版社 2016 年版,第 409 页。

认识又不是一次达到、一次完成的，每个阶段的认识又是相对的。李达把真理的相对性理解为认识在特定发展阶段的具体性，把真理的绝对性理解为认识又是对整个宇宙的认识的“颗粒”即一个有机组成部分。在李达看来，真理的绝对性和相对性是同一客观真理的两种不同的因素，二者之间并无任何鸿沟，“相对真理就是绝对真理的成分或阶梯”①。这里，李达用“成分”一词表明相对真理寓于绝对真理之中，用“阶梯”一词表明无数相对真理的总和才能形成绝对真理，认识就是一个个相对真理走向绝对真理的不断上升的过程。李达的这些论述，准确地阐发了绝对真理和相对真理之间的辩证关系。为了进一步说明绝对真理和相对真理的关系，李达批判了唯心论者、形而上学唯物论者和现代修正主义者在这个问题上的观点。在李达看来，唯心论者要么直接否定客观真理，要么通过片面夸大真理的相对性来否定真理的绝对性从而否定客观真理，尤其是在科学发展中出现新概念代替旧概念的情况时，他们便提出真理的崩溃论，从而把一切真理都看成只是相对的，继而把真理看成是符号的假设等非客观的东西。形而上学的唯物主义者则是把一定条件下获得的真理看成僵死不变的教条，这样就否认了不断深化真理的必要性，否定了真理适用的条件性，也给了唯心主义哲学攻击的口实。在革命中就表现为教条主义者把马克思主义的个别结论当成医治百病的药方，从而阻碍了马克思主义的不断发展道路，给革命事业也带来危害。正因为如此，毛泽东在 20 世纪 40 年代发起了延安整风运动，目的就是要清除这种教条主义之风。至于现代修正主义，则借口当前情况的变化提出马克思主义过时论，实际上是否认马克思主义的真理性，否认马克思主义与客观规律相符合的这种绝对性。李达指出，这种企图就通过夸大真理的相对性达到对真理绝对性的否认的目的，以“证明马克思列宁主义……的‘过时’”②，其实质是割裂了真理的绝对性和相对性之间的辩证关系。

① 《李达全集》第二十卷，人民出版社 2016 年版，第 411 页。

② 《李达全集》第二十卷，人民出版社 2016 年版，第 414 页。

3. 真理的具体性和普遍性

真理具有具体性,这是由客观过程的具体性决定的。那种不反映事物的任何具体过程的“抽象真理”,如“一般的社会”、“一般的人类”,都是不存在的。正因为真理是具体的,所以马克思主义强调要具体问题具体分析,毛泽东称具体问题具体分析为马克思主义的活的灵魂。在李达看来,毛泽东把马克思主义同中国具体实际相结合提出中国革命的理论和政策,正是做到具体问题具体分析的典范。但是现代修正主义者看不到这一点,他们认为中国共产党结合中国的具体情况提出来的理论是“抽象推论”出来的结果,而把他们的修正主义理论称作具体真理。对此,李达嘲讽地、一针见血地指出,他们“才真是纯粹的虚构、绝顶的抽象”①。

真理还具有普遍性,这是由真理的具体性决定的,因为“凡是具体真理,就必然同时是普遍真理”②。李达认为,真理的普遍性有两种表现:一是反映某一具体过程规律的具体真理“对于这一过程的全体必然是普遍的”③,二是具体真理对具有相同情况和特点的过程具有普遍的意义。当然,应该注意的是,普遍真理虽然包含具体的个别和特殊,但是并不包括具体的一切东西,只能包含本质的东西,因此在运用普遍真理的时候必须与特殊的情况结合起来。总之,真理的具体性和普遍性是不可分割的,不能把普遍和具体对立起来。李达指出,现代修正主义者把毛泽东思想说成是只适合中国的具体真理,看不到具体真理也是普遍真理,看不到毛泽东思想的国际意义,实际上是割裂了真理的具体性和普遍性的辩证关系。

---

① 《李达全集》第二十卷,人民出版社 2016 年版,第 415 页。
② 《李达全集》第二十卷,人民出版社 2016 年版,第 416 页。
③ 《李达全集》第二十卷,人民出版社 2016 年版,第 416 页。

第二节　冯契对马克思主义认识论的拓展

冯契对认识论问题的研究，始于和导师金岳霖的讨论。金岳霖的著作《知识论》、《论道》都把认识论问题局限于知识领域，而对于“元学”问题则采取“划界”的办法予以对待。冯契不同意金岳霖的观点，认为研究认识论不能离开“整个的人”，强调在认识论研究中不仅仅在理智上而且在情感上都要有收获。循着这样的思路，冯契在走实践唯物主义辩证法的路子的基础上，对认识论问题进行了拓展，形成了独树一帜的广义认识论理论。

一、认识论要研究知识和智慧

在哲学史上，人们最初往往把认识论和知识论等同起来，以至于把人本身排除在认识论的视野之外。近代以后，随着人的自我意识的觉醒，哲学也开始越来越多地探讨人的问题。冯契总结了中西哲学史上认识论的演变，提出自己关于认识论的观点，即认识论不仅要研究知识，还要研究智慧。冯契不仅区分了知识和智慧，而且还指出了由知识通达智慧的途径。

(1)认识论的主要问题

认识论一词，不同时代的哲学家所赋予其核心的内容会有所不同。由于认识的过程有着不同的环节，认识的成果有着不同层次，认识主体也在不停认识和改造自身，等等，使得哲学上认识论的领域十分广泛。而不同时代的哲学家往往都抓住其中一个或几个领域、几个环节、几个层次进行深入思考，从而使得认识论的内容日益多样化和不断深化，也因而充满着各不相同的观点和看法，形成了哲学史上各种各样的对立和争论。列宁在《唯物主义和经验批判主义》一书中曾经提出过三个重要的认识论的结论，分别对应着物和感觉的关系问题、已经认识的东西和尚未认识的东西之间的关系问题、从不知到知的关系问题，也就是认识的来源、知识之所以可能的条件、认识的发展过程等问题。列宁所说的三个结论，实际上反映出哲学史上唯物主义和唯心主义、可知论和不可知论、辩证法和形而上学的长期对立和争论。

那么，究竟应该如何看待认识论呢？冯契认为，认识有一个最原始的基本关系，那就是知和行的关系，也可以称之为心和物的关系。知和行的关系、心和物的关系的展开，就构成了认识的运动过程。显然，在冯契看来，由心和物、知和行的关系构成的认识论，其要素无外乎两大方面：一是认识世界，二是认识自己。那么，认识论的主要问题就围绕这两大方面呈现出来。冯契在考察中外哲学关于认识论的观点之后认为，哲学史上提出过的认识论问题可大致上概括为四个大问题。这四个大问题分别为：

第一，感觉能否给予客观实在？

第二，普遍必然性的知识何以可能？

第三，逻辑思维能否把握具体真理？

第四，理想人格如何培养？

以上四大问题，在哲学史上屡被提及和讨论。有一种观点认为，西方哲学有认识论而中国哲学没有认识论，而且似乎这种观点还被一些人所赞同，但是冯契认为，这样的观点实则是不懂认识论，他们看待认识论所表现出来的是一种狭隘的视野。在冯契看来，不管是中国哲学还是西方哲学，讨论的都无外乎这四大问题。关于第一个问题，中国的孔子、墨子和西方的贝克莱、休谟早有提及；关于第二个问题，中国的庄子和西方的康德都有论述；关于第三个问题，中国哲学的言意关系说、西方哲学的二律背反说都有讨论；关于第四个问题，中国的儒道佛和西方的人的理论都有阐述。虽然中国哲学和西方哲学都讨论了这四大问题，但他们各自的侧重点是不一样的：关于前两个问题，在西方哲学中讨论的较多；关于后两个问题，则在中国哲学中讨论的较多。

对于这四大问题，冯契站在实践唯物主义辩证法的角度，一一给出了自己的答案。首先，感觉能否给予客观实在？冯契基于唯物论和实践论的观点，肯定在实践中获得的感觉能够把握客观实在，肯定所与是客观的呈现，肯定感性经验是人的知识大厦的基础。这种肯定,便是认识的从无知到知的开端。其次,普遍必然性的知识何以可能?冯契借用金岳霖“得自现实之道还治现实”的观点,认为知识就是“以得自经验者还治经验”,也就是用概念来还治经验,从而获得知识。知识主体有康德所说的“统觉”或“我思”,即意识的综合统一性,“我思”就是运用逻辑来把握思想,因此,普遍必然性的知识之所以可能,就是因为有了逻辑。再次,逻辑思维能否把握具体真理?冯契认为,知识成为真理,必须经过实践标准和逻辑标准的双重检验。真理是一个过程,表现为“一致而百虑”的从具体到抽象和从抽象到具体的过程。人通过逻辑思维,可以把握具体真理。最后,理想人格如何培养?关于道的认识是与人的自由紧密联系的,通过化理论为方法和化理论为德性,人就得以获得自由,形成自由人格。

冯契同时强调,哲学史上关于认识论问题的争论,主要就是通过感性和理性、绝对和相对、客观规律和主观能动性这三对范畴或者三个环节来展开的。由于“这些环节就构成了认识的矛盾运动”①,因此,它们也应该被纳入到认识论的视野之中,成为认识论研究对象的重要组成部分,成为认识论研究的重要理论问题。

那么,关于冯契在认识论的对象、问题上的看法,或许可以简单地概括为一句话,即“四大问题”和“三大环节”的统一。

(2)知识和智慧

冯契在表述他对认识论的理解时,特意使用了两个概念,即知识和智慧。那么,究竟何为知识?何为智慧?同样作为认识的内容,知识和智慧二者之间有什么区别和联系?知识和智慧之间的关系作为一个哲学问题有着什么样的时代意义?在冯契看来,这些内容都是认识论要回答的问题。

知识,在冯契那里是一个广义的概念,既指科学,还指常识。作为知识,不

① 《冯契文集》第一卷,华东师范大学出版社 1996 年版,第 87 页。

管是科学还是常识，都有一个共同的特征，就是可以陈述和表达出来的。知识从其产生上看，乃是从感觉到所与到事实，再从事实到可能到评价的实现过程。这种经验性的知识，是名言所能表达的领域。所谓名言能够表达，就是说这些知识经验由命题和判断构成，可以使用语句将它们一件件、一种种、一条条、一个个地清楚无误地陈述出来。从范围上看，知识是有限的世界，它指向的是一个个互相区分开来的特定的领域，而不是宇宙整体。总之，知识可以用概念、命题表达出来，是用语言可以描述出来的一个有限的世界，从这个意义上讲，知识就是名言之域。

智慧，在冯契那里是指一种哲理。但这种哲理不是人们可以通过日常生活发现的一般意义上的浅显的理论，而是一种深层次的理论，类似中国古代的“圣智”、西方古代的“爱智”、印度古代的“般若”层次的理论。如果非要给它一个定义，那么它指的就是“有关宇宙人生根本原理的认识，关于性与天道的理论”①。智慧作为这样一种关于宇宙人生的根本性的理论，与知识最大的区别就在于它的“求穷通”性与“超名言”性。所谓“求穷通”性，就是智慧所探究的对象不是有限的世界，而是整个宇宙万物，要求“穷”其最高本质和万事万物背后的终极起因，“通”其背后的大“道”即贯穿自然界和人类社会的最高境界。所谓“超名言”性，是相对于知识的“名言之域”而言的。知识，无论是科学还是常识，都有概念和命题，并且可以用语言进行表达，是有条件的、相对的和有限的。而智慧则是要把握无条件的、绝对的、无限的贯通天人的大道，因而是难以用语言来进行表达的，是“难以言传的超名言之域”②。

可见，知识和智慧的区别，一在于两者的对象、范围不同，二在于两者的表达方式不同。冯契在早期曾经对此有形象的描述，他认为，知识是“以物观之”，智慧是“以道观之”③。知识是“以物观之”，意味着知识是对客观事物的

① 《冯契文集》第一卷，华东师范大学出版社 1996 年版，第 413 页。
② 《冯契文集》第一卷，华东师范大学出版社 1996 年版，第 414 页。
③ 《冯契文集》第九卷，华东师范大学出版社 1996 年版，第 3 页。

反映。在这个层次上,由于人们对客观事物的把握是一种具体的把握,因而知识就有各自具体的范围,如自然科学研究物理、化学等自然现象,社会科学研究政治、经济等社会现象。智慧是“以道观之”,智慧的大道是“无不通也,无不由也”,是“无物不然,无物不可”(庄子),因为它探寻的是宇宙万物的根本,所以人们常常称之为“元学”。和智慧相比,“知识自然暗淡失色,显得枝枝节节,零零碎碎”①。通过以上这些形象的表述,冯契意在阐发智慧的“求穷通”性与“超名言”性,亦即智慧与知识的根本区分。

冯契把对知识和智慧的这种理解与金岳霖进行了交流,得到了金岳霖的鼓励。金岳霖承认,自己对知识的理解的确只涉及了知识经验也就是所谓的名言世界本身,而认为冯契的思考触及的是超形脱相的非名言之域,这是一个理智无法过问的领域,值得进一步去探究。在金岳霖的鼓励下,冯契不断完善自己的思考,逐渐把智慧思考的问题定位为两个方面,即如何“得”和如何“达”? 所谓“得”,就是实现从知识到智慧的飞跃,也就是得到智慧。所谓“达”,就是用语言进行表达,把超名言之域的智慧说出来。那时,金岳霖重点探讨了第二个问题,即“达”的问题,写了《势至原则》一文。冯契想着重探讨第一个问题,即“得”的问题,并形成了逐步的看法。随着思考的不断深入,冯契从王国维身上“可爱与可信”的矛盾受到启发,并从金岳霖区分知识论态度和元学态度的缺陷中得到启迪,以及从“科玄论战”、中西文化论战的激烈争辩中受到感染,走出了一条解决知识和智慧矛盾的新的哲学道路。这条新的哲学道路,就是立足实践唯物主义辩证法,吸取古今中西各种哲学派别的积极的成果和合理的要素,阐明由知识到智慧的认识过程。而且冯契还发现,苏联教科书马克思主义哲学中,讲辩证唯物主义的时候其实也只是讲了知识理论,而缺乏对智慧的阐发。也正是基于此,冯契决心尽毕生之力,根据实践唯物主义辩证法来阐明知识和智慧辩证关系以及从知识到智慧的辩证运动。

---

① 《冯契文集》第九卷,华东师范大学出版社 1996 年版,第 5 页。

(3)转识成智的飞跃

由于知识重分析和求真,智慧重综合和求穷通,因此知识向智慧的转化就意味着实现了飞跃,达到了一种“天地与我并生,万物与我为一”的新境界。从表达方式看,这种飞跃也就是由名言之域到超名言之域的飞跃。

从知识到智慧,从名言之域到超名言之域,似乎中间经历了什么神秘的转折,听起来有点玄妙。是不是如此呢?冯契认为,从知识到智慧、从名言之域到超名言之域确实经历了某种“顿然实现”的飞跃,这种飞跃表现为“顿然实现”的特征有其理论上的必然性。知识是对部分对象的认识,智慧是对整体对象的认识,对对象的部分的、阶段的、某方面的认识是认识事物不可逾越的阶段,是认识对象整体和宇宙全部的必要的理论准备,然而认识不能仅仅停留在部分认识阶段,必然要实现向整体认识的飞跃。当这个飞跃发生时,人们就会有一种“豁然贯通”的感觉,有一种“顿悟”的感觉。从智慧本身的形成来看,智慧是与人的德性紧密联系的,它表征的其实是人的本质力量,是人的个性的自由发展。从某种意义上讲,智慧的获得也是人的一种生命体验,是人的德性的外在表现。因此从知识到智慧的飞跃,就具有一种“非受之于人,而忽自有之”的特征,这种特征恰恰就表现为那种“顿然实现”之感。从知识到智慧,人的理论思维经历了从对有限、相对的东西到无限、绝对的东西的转变,必然伴随一种“豁然贯通之感的直觉”①,并且这种体验是具体的而不是抽象的。当然,从知识到智慧的飞跃并不意味着智慧对知识的背离,“飞跃不是割裂”②,智慧虽然超越于知识,但依旧保持着与知识经验的紧密联系。

实现从知识到智慧的飞跃,在冯契看来,要重点关注其中的三个环节或三个方面。一是理性的直觉。理性的直觉如灵感、顿悟般难以言传和不易交流,但是也并非神秘难测的东西。艺术上的灵感,其实也是一种直觉,是艺术想象的产物和审美理性的表现,它普遍存在于艺术创作活动之中。科学上的灵感,

---

① 《冯契文集》第一卷,华东师范大学出版社 1996 年版,第 420 页。

② 《冯契文集》第一卷,华东师范大学出版社 1996 年版,第 420 页。

如阿基米德在洗澡时发现浮力定律，牛顿看见苹果落地发现引力定律，其实也都是理性的直觉，它普遍存在科学研究活动之中。所以，理性的直觉，就是“感性和理性的统一，一下子把握到主客的统一”①，它普遍存在于人在各个领域的认识活动之中，甚至包括德行方面的良知，以及宗教方面的体验，等等。冯契强调，理性的直觉不是唯心主义的神秘之说，它把握的仍然是客观实在。知识和智慧不存在两种不同的感性基础，它们的基础只有一个即人的实践。二是辩证的综合。由于知识属于名言之域，是可以用概念言说的，因此与之相对应的是，知识必须遵守形式逻辑，即表达知识的概念必须与反映的对象之间有一种一一对应的相对静止的关系。而智慧是超名言之域，非言意所能传达。然而，作为人的认识活动的结果，即便说不得也还是要说，即便不能表达也还是要表达。那么，问题就变成：如何说出来？在中国古代哲学中，达名所表示的是万事万物的性如大小、有无等的范畴，总名是代表元学如天道、大全的范畴，用来表达不可说的超名言之域的是总名。人们利用达名去表达范畴之间的辩证综合，例如通过“类”的异同揭示相反相成，通过“故”的功用揭示体用不二，通过“理”的分合揭示理一分殊。总之，运用达名来揭示总名，通过范畴的综合来表达元学理论。这个过程就是从具体到抽象、再从抽象到具体的过程，是辩证的综合的过程，也是逻辑和历史的统一过程。金岳霖区分“这个世界”和“这样的世界”，割裂了抽象和具体的辩证关系，没有体现出辩证的综合。而马克思《资本论》则体现出辩证的综合，体现了逻辑和历史的一致。在哲学发展中，新的哲学体系的形成，总是克服了旧哲学的并将其合理成分吸收进来，从而达到了辩证的综合。三是德性的自证。认识的主体是作为人的“我”，而“我”在实践活动中受自然界的“自然之理”和社会的“当然之则”的“大公之理”的影响。这样一来，“我”与自然和社会互动的过程就表现为两个方面：一方面，这些“大公之理”逐渐凝结成“我”的德性的内在组成部分；另一

① 《冯契文集》第一卷，华东师范大学出版社 1996 年版，第 421 页。

方面,“我”的德性又在“我”与自然和社会的接触中外化为一种情态。前者是“凝道而成德”的过程,后者是“显性以弘道”的过程。而“我”的德性如何,则是需要作为主体的“我”去反观和自证的。要实现自证,就要做到真诚,就要主动拒斥异化势力的影响,就要破解思想上的种种蒙蔽。当然,这一切都离不开实践活动,都是要在实践活动中完成和做到的。德性的自证虽然带有个体的特点,但离不开社会实践,离不开群己关系。在社会实践的基础上,做到了德性的自证,就意味着达到了理性的自明、意志的自主和情感的自得,达到了知情意的统一。

二、认识论的研究方法

由于认识论研究的对象不同于具体科学上的研究对象,因此就要有一种研究上的方法论自觉。所以冯契指出,从哲学上研究认识论必须自觉与具体科学的认识论区分开来。在冯契看来,哲学上的认识论虽然离不开具体的科学领域,但是它又不是讲某个特殊领域的知识论,所以并不能直接从具体科学获得方法论。哲学上的认识论要研究的是思维和存在、性与天道的关系,它有属于自己的研究方法。

1. 逻辑与历史的统一

认识论不能不讨论人的认识的历史,而人的认识史包括科学史、哲学史以及其他领域的认识史。人类的认识活动的历史,在理论上存在多个领域和多个方面,而最抽象、最一般的认识论莫过于哲学层次的概括。从这个意义上讲,“哲学史可说是人类认识史的精华,认识论的一般原理最集中地表现在哲学史中”①。因此,研究人类认识史,最重要的是必须研究哲学史。对哲学史的考察,在方法论上就是要坚持逻辑与历史的统一。

---

① 《冯契文集》第一卷,华东师范大学出版社 1996 年版,第 102—103 页。

坚持逻辑与历史的统一，最早是黑格尔提出来的。虽然黑格尔是在颠倒思维和存在关系的意义上阐述这一方法，但是这一方法本身有着合理性。所谓逻辑的方法，就是黑格尔所说的要清除各个体系中基本概念的外在形式和偶然性因素，把握其内在的、本质的因素，对认识的每一个阶段或环节都考察其典型形式，最后综合起来把握其内在的联系、发展之规律。所谓历史的方法，就是要把握人的认识的历史线索，具体考察人的认识的发生、根据、阶段、环节等。在哲学史上，不同时期的哲学家对于如何认识世界与认识自我问题的回答，往往和他们所处的时代、自身的经历、独特的体验密不可分，因而他们建立的哲学体系和哲学学说往往都是各有所偏的。因此，后人往往都要对先驱者留下的思想资料进行批判性总结，如墨子继承孔子又批判孔子，黑格尔继承康德又批判康德，如此就使得哲学史表现为各个不同的学说和体系的不断更迭的历史。研究哲学史，就要全面地研究各个不同时期的各个不同哲学体系，包括唯心主义的哲学体系，也包括唯物主义的哲学体系，以及形而上学的哲学体系，在看到这些哲学体系的阶级基础和社会条件的同时也要看到这些哲学体系的认识论根源，在继承这些体系的同时还要粉碎这些体系，从而把其中作为人类史的必要环节的内容揭示出来，以此来把握哲学史发展的内在逻辑。这样，也就实现了逻辑与历史的统一。

用逻辑与历史统一的方法考察哲学的发展历史，可以发现哲学史的发展是一个不断产生矛盾和解决矛盾的过程。哲学史上的各种问题形成了各种矛盾，各种矛盾的产生、发展、解决促进了哲学史的发展，哲学史就是这个循环往复中不断向前发展，不断呈现新的面貌。这个循环往复的过程，在冯契看来，就"表现为黑格尔、列宁都说过的近似于一串圆圈、近似于螺旋形的曲线"①。在中国哲学的发展史上，在认识世界和认识自己之间的关系这一根本性的哲学问题上，孟子强调通过"尽心"、"知性"来认识天道，而庄子则认为可以通过

① 《冯契文集》第四卷，华东师范大学出版社 1997 年版，第 18 页。

"心斋"、"坐忘"来达到无我，荀子对孟子和庄子都进行了批评，提出应该"明于天人之分"来达到"人与天地参"的状态。荀子对孟子和庄子的哲学进行了批判式继承和继承式否定，在一定程度上解决了特定历史阶段哲学上的矛盾，达到比较全面的认识，形成了认识上的一个圆圈。而秦汉以后，中国哲学在有无、理气、形神、心物等诸多问题上形成了各种各样的争论，最后在王夫之那里形成了一个比较全面的概括和总结，由此形成了中国哲学发展中的又一个圆圈。当然，这中间又可以分成若干个小圆圈，例如程朱、陆王之间的"道学问"和"尊学问"之争，程朱主张格物致知，而陆王则强调通过尊德性来认识世界，他们之间一直争论不休，直到王夫之提出"性日生日成"，把工夫和本体、认识世界和认识自己作为一个过程统一起来了，对这个争论作了一个总结。冯契认为，只有这样来研究哲学发展的历史，才可以很好地把握认识世界和认识自己之间的关系，才能从原理性的角度"提出自己的见解"①。这样的研究方法，就是逻辑和历史相统一的方法。

2. 造就自我与认识自我的统一

冯契始终持有这样一种观点，即认识不仅仅要认识世界，还要认识自己，认识就是认识世界和认识自己的统一。探讨认识论的原理，除了从认识史中总结认识论基本原理以外，还要在对自身的反思中进行探究。

冯契认为，中国有一个在全世界都堪称独特的传统，即哲学家做教师。从中国古代就是如此，例如孔子就是大教育家，相传有 72 弟子，其他诸子百家也多有收徒授课。哲学家从事教育工作，除了要有着丰富的关于世界的知识之外，还有一点很重要，就是他们在认识世界的同时也深刻地认识自我，不仅重视自身思想方面的修养，还要在各种活动中提高对自我的要求，处处做到以身作则。那么在教育活动中，教育主体传道授业解惑的过程，就是和学生分享自

---

① 《冯契文集》第一卷，华东师范大学出版社 1996 年版，第 104 页。

己关于世界和自我的认识体会的过程，也是以自己的德性感染学生的过程。而作为受教育者的学生，在老师的教育引导下培养自己的智力和德育，必须有自己的主观能动性参与其中，只有这样才能从内心深处产生真正的认同感。如果对于老师的教育不是乐于接受，把老师的教育当做强加于自己身上的外来的东西，不能真心诚意地去接受，那么在情感上一定会伴随着不舒服之感，相应地也会不完全接受甚至拒绝接受老师之所教。因此，在教育中除了有老师指导外，还要有一种信任的氛围和集体的帮助，只有具有信任的氛围和集体的帮助，才能通过亲身感受去认同某种理论，从而把理论变成属于自己的有血有肉的东西。冯契在这里就是强调要重视自我的反思，认为无论是怎样的外界环境都取代不了自我的反思，只有注重和加强自我的修养、自我的反思、亲身的感受，才能真正达到对理论的理解、把握和认同。因此，"真正搞理论，还是要在用理论来培养自我的过程中间认识自我，来进行反思"①。显然，冯契在这里大力提倡，无论是教育者还是受教育者，都应该不断重视对自我的认识，不断加强对自我的反思。

那么，如何加强对自我的认识、不断加强反思呢？冯契认为，可以从两个方面入手。一方面，要正确处理好群己关系，融入到集体之中，在集体帮助下加强自身修养，不断完善自我，这也就是说在进行反思时不要脱离人类认识史。另一方面，要努力把理论运用到实践之中，得到亲身体验，获得亲身感受。冯契举了佛教天台宗的例子来说明这个道理：天台宗提出禅观之说，讲究"以定发慧，以慧照定"，主张在自我达到安静的状态时以智慧来反观自身，观照自己的禅定，其实就在于强调讲究自我的修养。不过，这种做法虽然强调了自我修养的重要性，但是它脱离了人类认识史，脱离了实践也脱离了集体，最后毫无疑问就陷入唯心主义的窠臼，包括现代哲学的现象学方法在一定程度上讲也属此类，因为它也把认识自我与认识世界相分离。所以，认识自我，反思

① 《冯契文集》第一卷，华东师范大学出版社 1996 年版，第 105—106 页。

自我，不能采取天台宗那样的方法，要自觉以人类认识史为基础，把对自我的认识与实践活动、与集体的帮助紧密结合，只有这样，才能获得真正的对于时代和自我的体验，时代精神也才可以真正进入到自我的体验之中去，从而获得书本之外的新收获。总之，冯契强调，“各人的亲切体验会有所不同，学问之道以自用得着者为真”①，认识自己一定不能游离于认识世界之外。

3. 认识论与本体论的统一

本体论（ontology）一词，由 ont 加上 ology 组成，即关于 ont 的学问，而 ont 的含义则相当于“being”、“存在”的意思。对此，人们有着不同的说法，也有人习惯称之为存在论。从广义的意义上讲，本体论指的是关于一切实在的最终本性的理论，它与关于人的认识的理论即认识论相对应。从狭义的意义上说，本体论研究宇宙的本性问题，它与研究宇宙起源的宇宙论相对应。不管是广义的还是狭义的本体论，有一点是相同的，即研究本原问题。冯契认为，对于本体论这一概念，我们无须过多纠缠，只要知道它是关于存在的学说、关于性与天道的理论就可以了。

坚持认识论与本体论的统一，就是坚持主观辩证法与客观辩证法的统一。在冯契看来，认识论与本体论是彼此相关、互为前提的，二者之间是一种内在统一的关系。冯契不同意西方哲学中康德、休谟关于本体对于认识是“超越的（transcendent）”这样一种观点，因为这种观点把本体当作认识永远无法达到的一种彼岸世界，这从根本上说属于不可知论。而中国哲学中的“本体即功夫”、“体用不二”说则体现了本体论与认识论的统一，因为它既强调物质本体是在认识中展开的，把事物运动的根据定位于事物自身，又强调“功夫所至，就是本体”，强调在一定意义上“精神越来越具有本体论的意义”②，把主体对客体的认识与客体自身的运动紧密相连。这样一来，中国哲学中的“本

① 《冯契文集》第一卷，华东师范大学出版社 1996 年版，第 107 页。

② 《冯契文集》第一卷，华东师范大学出版社 1996 年版，第 108 页。

体即功夫”、“体用不二”说就事实上承认了客观辩证法与主观辩证法的内在统一性，承认了本体论与认识论的内在统一性。总之，冯契坚持认识论与本体论的统一这一基本思想，他的认识论其实包含着本体论。

按照冯契所遵循的实践唯物主义的思路，他的智慧说的广义认识论恰恰也体现了认识论与本体论统一的思想。认识论要从客观实在出发，人的感性活动能够给予客观实在，实践是认识的基础，可见客观实在是内在于认识过程之中的，成为人的经验的内在组成部分。这样一来，人的认识就开始了从无知到知的历程，这也是一个自在之物化为为我之物的过程，相应地就产生了物质和精神的对立、主体和客体的对立。随着这种对立的不断发展，就出现了由感觉到概念的飞跃，精神就把握了存在，经过感性—理性、绝对—相对、客观规律性—主观能动性这些环节，精神对存在的把握就越来越深刻、越来越全面。智慧是关于性与天道的认识，获得智慧就意味着自由。而自由则意味着人的理想、“目的因”的实现，意味着价值的创造。在创造价值、实现自由、通达智慧的过程中，自我或精神在很大的程度上便具有了本体的性质。按照冯契的理解，这就是“体用不二”的思想，这就是“功夫所至，就是本体”的思想。总之，在冯契那里，认识的辩证法实际上也反映了客观辩证法，认识论与本体论是统一的。

三、中国传统哲学中的认识论问题

冯契讨论认识论问题有一个十分鲜明的特点，就是结合中国传统哲学来进行认识论理论的展开。冯契的广义认识论，本身就是“建立在对中国传统哲学不重视认识论的流俗见解的批评基础上的新概念”①，所以冯契的认识论是与中国传统哲学天然地联系在一起的。冯契总结、概括了中国传统哲学的认识论中的一些有着代表性的重大问题，并专门剖析了中国传统哲学中的天

① 高瑞泉：《在历史深处通达智慧之道——略论冯契的哲学史研究与“智慧说”创作》，《华东师范大学学报》（哲学社会科学版）2017 年第 6 期。

人之辩和古今之辨。

1. 中国传统哲学涉及认识论的重大问题

中国传统哲学究竟有没有自己的认识论理论？有一种观点认为，西方哲学重在求知，因此西方哲学有着丰富的认识论理论，而中国哲学重在认识自己，因此中国哲学没有很多的认识论思想。冯契指出，这种观点是没有道理的，单凭中国古代取得了那么多的科学成就就足以证明中国传统哲学不是仅仅讲究内心修养而缺乏认识论理论的。而且，那种认为西方哲学忽视对自己的认识的观点也是没有道理的，仅看古希腊德尔菲神庙中“认识你自己”的箴言就足以反驳这种观点。冯契认为，西方哲学和中国哲学都讨论了认识论的问题，不同的是，中国哲学和西方哲学各自讨论的侧重点不同。从这个意义上说，那种认为中国哲学没有认识论理论的观点是站不住脚的。在冯契的眼里，中国传统哲学涉及了认识论的重大问题，而且对其中的诸多问题都给出了自己的答案。

冯契认为，在认识论问题上，中国哲学和西方哲学的共同之处在于，二者都认为哲学应该既认识世界又认识自己。但是，为何要认识世界和认识自己？怎样认识世界和认识自己？中国哲学和西方哲学在具体观点上各有所见，也各存偏差。冯契对这种偏差专门进行了分析，他认为，中国哲学比较多地考察了认识论的后两大问题，而西方哲学则是比较多地探讨了前两大问题。之所以造成这样的区别，主要是与科学技术的发达程度有关。西方的认识论理论是在近代以来西方科学技术突飞猛进的历史条件下迅猛发展起来的，而中国古代则没有这样的历史条件，因此无法提出感觉如何给予客观实在和普遍必然性知识何以可能这样的问题，其考察的重点就在于言、意如何把握道，以及人格如何培养等问题。这就是中西哲学在认识论问题上各有所长也各有所偏的重要原因，也是中西哲学在认识论问题上具有不同特点的根源。

冯契特别总结了中国传统哲学的最主要的特点，认为其主要特点就体现在思维方式和价值观念方面。在思维方式上，中国哲学很早就具有了辩证逻辑和辩证法的自然观（气一元论），但忽视了形式逻辑，没有西方的原子论思想。在价值观念上，中国哲学形成和发展了伦理学的自觉原则，重视对人格的培养，但是也忽视了自愿原则和意志自由。在美学上，较早提出了言志说和意境理论。在冯契看来，以上在思维方式、价值观念和美学三个方面，呈现出中国传统哲学的特点，这些特点是优点也是缺点。而呈现出这样的特点，都是和中国哲学在人与自然关系上的一贯的观点息息相关的，这就是天人之辩的中国传统哲学观。

2. 中国传统哲学认识论对天人之辩的回答

中国传统哲学的认识论是如何回答天人之辩的呢？冯契认为，在中国传统哲学中，天人交互作用的观点是一个最基本的观点。自然界是一个有机的整体，是一个大宇宙，人是这个宇宙的缩影，因此，从根本上讲，人与自然是合一的、和谐的。这就是人们通常所说的天人合一的观点，它是中国人的一种根深蒂固的观念。前面所说的代表中国哲学特点的三个方面，即思维方式上的辩证原则、价值观念上的直觉原则、美学上的意境理论，都是和天人关系密切相关的，也都是旨在阐发天人合一这一核心要义的。

当然，中国传统哲学天人合一的认识论，并不是一味强调天人的合一性，而是还要强调天人的交互作用。冯契指出，如果把以董仲舒为代表的正统儒家的思想作为中国传统哲学的代表的话，那么天人合一就意味着天人一体，因此人得顺天，人要完全归顺、服从自然界的安排，这就必然走到宿命论的路子上去。为了反对那种宿命论式的天人合一观，说明天人之间的交互关系，有人提出中国传统哲学其实还有天人相分的观点，但是这个说法是不准确的。的确，荀子提出过“明于天人之分”，但荀子讲的是天和人各有各的职责，并不是把天和人割裂开来，荀子所追求的目标还是“人与天地参”的天人合一的境界。所以，应该看到，中国传统哲学的天人合一观，是包含着天人交互作用的天人合一，不是唯心的、宿命的天人合一，不是形而上学的天人合一，而是充满了辩证法的天人合一。与正统儒家的天人合一观不同，张载、王夫之等哲学家都把天人合一理解为天人的交互作用，刘禹锡、柳宗元提出天人不相预、天人交相胜的思想，强调的正是天人之间的交互作用，即天人之间的辩证关系，人与自然的动态的“合一”。

那么如何评价中国传统哲学的这种天人交互作用的认识论观点呢？冯契认为，这种认识论观点构成了中国传统哲学一种好的传统，即讲究辩证法。正是由于有这样一种辩证法的传统基因，中国在近代很容易就接受了进化论，接受了唯物史观，并且由此形成了能动的革命的反映论的观点。这是其积极的一面，但是也要看到其缺点。无疑，这种辩证法观点还是比较朴素的，在形式逻辑并不发达的情况下，很容易成为权术和阴谋的理论外衣。应该看到，西方哲学有原子论的传统，而这恰恰是中国传统哲学所缺乏的。那么这种缺失会带来什么样的不利后果呢？冯契认为，对比西方哲学就不难发现，西方的伊壁鸠鲁学派研究自由意志正是从唯物论的观点出发的，这一点深为黑格尔所称赞，他认为原子论的意义不仅仅是物理学上的，更是政治学上的，因为强调个人意志本身就是国家的创造原则。西方讲市民社会，其哲学依据就在于原子论。而在中国，由于这种原子论传统的缺乏，就使得人的自由问题无论是在理论上还是在实践上都变成一个难以实现的问题。在正统派儒家那里，天人合一的思想暗含着个人顺应天命的逻辑，那么在政治上就演变为个人要顺应、服从于最高统治者的意志即封建的“王道”、封建的政治伦理规范，其结果就是个人被淹没在宿命论的汪洋大海之中。中国传统哲学中的这种天命论、宿命论经过长期的积累和传承，变得根深蒂固而难以消除。

天人合一的观点其实也包含着与天命对抗的因素和与天命斗争的因素，并非完全不讲斗争。冯契指出，陶渊明在《读山海经》中写道：“精卫衔微木，将以填沧海；刑天舞干戚，猛志故常在。”这首诗体现出来的就是一种与命运抗争的精神，我国历史上还有无数这样的典故和表述，在美学方面有“金刚怒目”的传统这一点也已经深深渗入中国文化的深处。但是，即便具有这种与天相争的精神，我们应该看到，中国传统哲学天人合一的认识论最后强调的还是“和”的一面，各家各派强调“争”的思想家，他们最后都强调和谐，认为“经过斗争也还要达到和谐”①，把和当做“天下之达道”的孔子如此，认为万事万物“冲气以为和”的老子如此，讲要达到“人与天地参”的荀子也是如此，最后还是要回到人与自然和谐统一的境界。在冯契看来，关于“争”与“和”的关系问题，王夫之解决得比较好。王夫之认为矛盾的发展会“极其至而后返”，最后会转化为自己的对立面，正所谓“物极必反”；但是要看到，矛盾的转化更多的是在保持动态平衡中实现的，就如“静即含动，动不舍静”，矛盾双方在动态平衡中进行往复转化。冯契认为，王夫之这个思想“是中国哲学的朴素辩证法传统的一个总结性的意见”②，也是适合认识论领域的。这是因为，如果我们分析一下人的认识的发展就会发现，认识论领域的矛盾发展也确实就是如此，例如从感觉发展到概念，但是概念无法脱离与感觉的联系；同理，科学理论无法割断与经验的密切联系。

3. 中国传统哲学认识论对古今之辩的回答

认识论离不开对历史的认识，从这个意义上讲，认识论也是历史观。作为历史观的认识论，回答的是古今之辩。

在中国传统哲学中，一直存在辩证法与经学的相互纠缠和对立。在中国哲学的长时期发展中，儒学一直居于“定于一尊”的地位。这固然与儒学中有着许多积极的、合理的思想有关，但是由于其 2000 多年的思想统治地位未曾动摇过，因此“儒家特别是正统儒家有一种独断论倾向，形成了一种经学传统”③。这种经学传统最为明显的，就是把孔孟之道置于最高的地位，认为儒

---

① 《冯契文集》第一卷，华东师范大学出版社 1996 年版，第 96 页。
② 《冯契文集》第一卷，华东师范大学出版社 1996 年版，第 97 页。
③ 《冯契文集》第一卷，华东师范大学出版社 1996 年版，第 98 页。

家典籍中的“圣人之言”包含着关于世界、社会和人的全部真理，一切其他的思想都只能成为它的旁出和附庸。对于儒家所提供的这些真理，后人不能质疑，也无须发展，孔孟之道就是永恒的真理，后人所能做的就是对四书五经进行不断的注解和阐释。如果要有什么创新，那也只能用“六经注我”的方法。这种独断论经过几千年的发展，变得越来越精致和理性化，极不容易克服。

上述经学传统的负面作用，直到近代以后才开始逐渐被认识和逐渐得到消除。在经学传统中，理想的社会不是在现在，也不是在未来，而是在古代的尧舜禹时代，在孔孟所设想的那个社会。而近代以后，人们接受了进化论的观念，不再迷恋古人所津津乐道的远古社会状态，而是追求未来更加美好的社会，认为我们可以通过革命和建设来逐步实现和达到未来的美好社会。在观念层面，强调生产力的决定作用、把认为人类必将进入共产主义的唯物史观思想在中国逐渐深入人心，这对于经学传统也是一个很大的突破。但是，由于经学传统的力量不是一下子就可以得到清除的，加之在有意识地清除经学传统方面还做得不是很好，以至于在后来又出现反复，竟然进入另外一个经学的时代，这就是“文革”时期利用语录互相批斗的时代。在这个变相的经学时代，以前的“子曰”、“诗云”变成了马克思主义说、毛主席说，随之而来依旧是那种附和式的解读、说明和补充，这仍然没有摆脱经学方法的束缚。实际上，这就是运用国家政权的力量把某种理论提高到至上的地位，将它定于一尊，后人所能做的就是引经据典加以说明，虽然也提倡进行研究，但是并没有太多创造性。这样所造成的不良后果，就是毛泽东和中国共产党多次批判和历来反对的教条主义。今天，经学传统已不再是主流，但是清除独断论余毒的任务还远未完成。在这个问题上，我们要正确处理好对待马克思主义的问题。马克思主义著作是经典，这是不能否认的，但是马克思主义经典著作绝不是束缚人的“范型”。冯契直言，他自己就是搞马克思主义走过来的，深知研究马克思主义理论必须摆脱经学独断论，只有这样才能真正推动马克思主义理论的发展。在冯契看来，中国的马克思主义哲学理论实际上从一开始就实现了和中国传统的结合，中国马克思主义哲学的发展也是一个不断实现这种“结合”的过程，因此，要想继续前进，就不能越过这种“结合”，而必须经过这种“结合”，并将这种“结合”传承和发扬下去。总之，只有做好这种“结合”，才能克服经学独断论的束缚和影响，马克思主义哲学才不至于变成“变相的经学”①。

当然，批判中国哲学的经学论传统并不意味着几千年的中国哲学没有其优良的传统。冯契指出，应该看到，与中国经学论传统延续相对应的是，有一种批判经学论的辩证法的精神也在延续。“中国的辩证法有它自己的特色，这尤其表现在它的宽容精神。”②这种宽容精神是和天人之辩问题相关联的，天人之辩问题上的天道与人道对应的分别是自然和谐和宽容精神。在冯契看来，我们应当反对四书五经自命不凡的独断论，但是也承认它有合理因素，这种合理因素表现为一种宽容精神，这种宽容精神构成了中国传统哲学的辩证法。正如《易传》所言：“天下同归而殊途，一致而百虑，仁者见之为仁，智者见之为智”，其中所体现的正是一种海纳百川的宽容精神。《易传》六十四卦中第六十三卦是“既济”，而第六十四卦是“未济”，“既济”而又“未济”，所阐发的正是辩证法的精神和辩证法的态度。冯契认为，把真理看成是开放的而不是封闭的，把完成的只看成是相对而不是绝对，这就是宽容精神，这就是中国传统哲学中的辩证法。

第三节　冯契和李达在马克思主义认识论上的一致性

冯契和李达以各自的理论构架阐述了马克思主义认识论，体现出了不同的内容和不同的风格，共同丰富和发展了马克思主义认识论。冯契和李达虽然存在一些内容上的不同，但是他们在马克思主义认识论的基本观点方面是

① 《冯契文集》第一卷，华东师范大学出版社 1996 年版，第 100 页。
② 《冯契文集》第一卷，华东师范大学出版社 1996 年版，第 100 页。

一致的。冯契和李达的这种一致性体现在他们的认识论思想的各个方面，这里主要想突出的是，他们都承认认识论和辩证法、逻辑学的统一性，都在认识的基础、认识的运动、认识的发展等认识论的诸多具体问题上有相同的观点，都高度评价了毛泽东的认识论思想。

一、在认识论和辩证法、逻辑学关系上的一致性

认识论和辩证法、逻辑学的关系，马克思主义经典作家特别是列宁有过较多的论述，把认识论和辩证法、逻辑学看成是一种内在统一的关系。冯契和李达都传承了这种观点，他们在阐述这种观点的时候虽然有着不同的表达，但是在观点上是完全一致的。

1. 都首先阐述了思维和存在的关系

冯契和李达都认为，要讲清楚认识论和辩证法、逻辑学的关系问题，首先必须讲清楚思维和存在的关系问题。

在李达看来，认识与存在是什么样的关系？这是认识论的一个前提性问题。这个问题涉及认识规律与存在规律的关系问题，二者是同一的还是可以割裂开来的？对认识规律一词，李达表述为思维规律，他把思维规律当做认识规律的同义语。李达认为，思维规律与存在规律在本质上是同一的，二者是不可割裂开来的。李达指出，从哲学史上看，虽然 17 和 18 世纪的欧洲哲学家把思维的内容和存在看成是具有同一性的，但是由于受形而上学的束缚，他们把认识看成是一次完成的，没有把认识看成是一个过程，因而没有也不可能提出思维规律和存在规律的关系问题。康德是把思维规律和存在规律割裂开来的典型，他把存在看成是人无法抵达的彼岸世界，把思维的形式看成是超验的东西，当然也就无法理解思维规律和存在规律的关系问题。在西方思想史上，最先提出思维和存在关系问题的人不是早期的思想家苏格拉底、柏拉图或亚里士多德，而是后来的黑格尔。但是在黑格尔看来，绝对观念外化为自然界和人

类社会，自然界和人类社会都服从于逻辑的规律，这就肯定了存在规律和思维规律的同一性，不过黑格尔是在绝对观念这个先验的创造主的前提下肯定思维和存在的同一性的。马克思主义哲学则揭开了黑格尔哲学中绝对观念主宰和笼罩一切的唯心主义面纱，在唯物主义的基础上对思维规律和存在规律的内在同一性进行了全新的阐发。

在李达看来，思维规律和存在规律的内在同一性，不仅体现在思维规律和存在规律在本质上是同一的，而且体现在思维过程具有不同于现实过程的具体特点。一方面，思维规律和存在规律在本质上是同一的。列宁早就指出，只有在认识论领域里，意识和物质的对立问题也就是何为第一性何为第二性的问题才具有绝对的意义，而从本体论的角度来看意识和物质的对立是相对的，因为意识无外乎是物质发展的产物而已。因此，思维就其产生而言，是物质世界发展的结果。相应地，就其内容而言，思维是对物质世界的反映，不仅思维的内容而且思维的规律都是“来源于存在的”。① 思维规律离开了存在规律，思维就无法反映存在。所以，在思维领域中起支配作用的还是存在规律，而绝不是脱离了存在规律的另外一套不相干的规律。另一方面，思维过程具有不同于现实过程的具体特点。首先，思维规律来源于存在规律，但思维并不是对存在的简单仿写。李达举例指出，在现实世界中本质和现象是同时存在的，但在思维过程中感性认识和理性认识却是有先后的；在现实世界中特殊与一般是同时存在的，但在思维过程中特殊认识和一般认识却有先后之分。可见，思维过程有着与现实世界不完全一致的特点。其次，思维规律与存在规律起作用的方式不同。存在规律是不以人的意志为转移的客观规律，通过无穷无尽的偶然性为自己开辟道路；而思维规律则是在人的头脑中发生的那些过程的规律，人在认识了这些规律之后就可以避开各种各样的偶然性的干扰。以上这些启示我们，正确认识思维规律和存在规律的关系，就要做到：既要看到二

① 《李达全集》第二十卷，人民出版社 2016 年版，第 340 页。

者本质上的同一性，又要看到二者表现上的不同。

冯契也认为，认识论、辩证法和逻辑学这三者的同一是以唯物地和辩证地解决思维与存在的关系问题为前提的。在冯契看来，既然哲学的基本问题是思维和存在的关系问题，那么不管是哪一个哲学派别或哪一种哲学，就必须把物质或精神何者为世界的本原的问题以及世界是什么样的状态的问题都纳入自己所要解决的基本理论问题的范围之中。思维和存在的关系问题，按照黑格尔、列宁的观点，涉及自然界、人脑、概念范畴三个方面；按照中国古代哲学的看法，就是理、气、心三者的关系问题。而这三个方面的关系表现在哲学上，就是客观辩证法、认识论和逻辑学的关系问题。关于精神和物质何者为第一性的问题，在哲学史上，本体论根据对何为世界本原问题的不同回答通常划分两相对立的阵营，两大阵营所进行的争论“表现在认识论、逻辑学上，就是讨论知识的来源和逻辑的客观基础问题”①，也就是在认识论上讨论知识的先天性和后天性问题，在逻辑学上讨论规律的主观形式和客观基础问题。关于世界的状态的问题，主要体现为辩证法和形而上学的对立。在冯契看来，这个辩证法的问题，也是认识论和逻辑学的问题。从认识论上看，辩证法就是对思维和存在的同一的认识看成是一个由不知到知、由浅到深的发展过程，而形而上学则把对思维和存在的同一的认识看成是一次就完成的，不可知论则将思维和存在割裂开来。从逻辑学上看，辩证法就是把概念范畴看成是流动的、发展的，形而上学则把概念范畴看成是固定的、不变的。这样，冯契就阐释了认识论、辩证法、逻辑学之间的内在统一关系，并认为这是辩证唯物主义的一个基本观点。

可见，冯契和李达都把思维和存在关系问题视为在对认识论、辩证法、逻辑学的同一性进行讨论的一个前提问题。其实，这也恰恰是马克思主义哲学本身的逻辑性的内在要求。因为，如果不承认思维和存在同一性，那么要证明

---

① 《冯契文集》第二卷，华东师范大学出版社 1996 年版，第 8 页。

认识论和辩证法、逻辑学的同一性就失去了理论上的合法性和自洽性。冯契和李达在这个问题上虽然在论述上有所不同，但是看法一致，结论一致，这正说明了他们作为马克思主义哲学家在认识论的基本理论问题上的一脉相承，即都是对马克思、恩格斯、列宁在这个问题上的观点的继承和发展。

2. 都论证了认识论与辩证法、逻辑学的同一性

冯契和李达都继承了经典作家关于认识论和辩证法、逻辑学之间的同一性的思想，都对认识论、辩证法、逻辑学的同一性进行了阐发。李达集中论述了认识论与辩证法的同一性，李达和冯契都论证了认识论与逻辑学的同一性，冯契则集中分析了逻辑学与辩证法的同一性。

首先，李达论述了认识论与辩证法的同一性。

在李达看来，认识论与辩证法是统一的，认识论就是辩证法，反之亦然。关于这一点，李达主要从两大方面展开。一方面，认识论和辩证法是统一的，认识论就是辩证法。李达指出，所谓辩证法，就是关于物质世界的最一般规律，就是探讨存在规律的。而存在是一个辩证的发展过程，因而受存在决定的认识也就表现为一个辩证发展过程。马克思主义哲学的认识论，就其研究内容来说，主要探讨认识和实践之间的辩证关系，探讨认识产生发展过程中感性认识和理性认识之间的辩证关系，探讨认识过程中分析与综合的辩证关系、归纳和演绎的辩证关系、抽象和具体的辩证关系，探讨真理的绝对性与相对性之间的辩证关系，探讨真理与谬误之间的辩证关系。由此可以看出，马克思主义哲学的认识论其实就是关于认识的辩证法，是辩证法在认识过程、反映过程中的体现。而这种体现也正是马克思主义哲学和旧唯物主义哲学的根本区别之一，因为旧哲学特别是形而上学唯物主义是看不到认识过程的辩证法的。从这个意义上讲，认识论就是辩证法，是认识的辩证法。另一方面，辩证法和认识论是统一的，辩证法就是认识论。所谓辩证法，在不同的语境中有着不同的含义。第一，作为贯穿于自然、社会和人类三大领域的规律而言，辩证法就是

恩格斯所说的关于外部世界运动和人类思维运动最一般规律的科学。既然是贯穿于自然、社会和人类三大领域的科学,辩证法就当然地把我们所探讨的专门考察认识领域规律的认识论包括在其中,因为认识论只不过是自然、社会和人类三大领域中的一个组成部分而已。正是在这种意义上,列宁曾经指出,辩证法本身包括现时所谓的认识论。这是第一种语境。第二,作为物质世界本身运动的规律性,那么辩证法就是关于客观世界运动和发展的科学,即我们通常所说的客观辩证法。如果在这种意义上理解辩证法的话,那么认识论显然就是对辩证法的一种反映,认识论就是恩格斯所说的"头脑的辩证法",是被列宁称之为由事物的辩证法所创造的"观念的辩证法",辩证法和认识论其实还是内在同一的关系。这是第二种语境。第三,作为主观认识的规律性,辩证法就是思维运动的规律性,是概念的辩证法,是主观辩证法。在这种意义上,辩证法和认识论是同义语,二者没有任何的区分,在内容上是同一的,在形式上也是同一的。这是第三种语境。总之,"无论上述哪一种意义上的辩证法,在内容上、本质上都是和认识论同一的"。① 因此,李达的观点就是,在马克思主义哲学当中,认识论与辩证法是同一的关系,是等同的关系。

其次,李达和冯契都论证了认识论与逻辑学的同一性。

李达认为,认识论与逻辑学是同一的。李达指出,逻辑学可以分为形式逻辑和辩证逻辑,如何理解逻辑学与认识论的关系,取决于把逻辑学理解成何种逻辑。把逻辑学仅仅等同于形式逻辑,那么,由于形式逻辑的研究对象是思维的外部形式,而不关心思维的内容,因此形式逻辑只是逻辑学的初等水平的状态。并且,形式逻辑在研究思维的现实时带有孤立、静止的形而上学特征,这也使得形式逻辑不可能成为真正哲学意义上的认识论。李达指出,在哲学史上,黑格尔之前的哲学把逻辑学和认识论是截然分开的。黑格尔看到了逻辑学和认识论的关联性,他批判了以往哲学在逻辑学和认识论关系上的错误立

---

① 《李达全集》第二十卷,人民出版社 2016 年版,第 345 页。

场，批判了形式逻辑仅仅是关心思维形式的片面性，主张逻辑学要回答主体和客体的关系问题、概念的来源问题、概念的发展问题、真理问题、实践问题等一系列理论问题。显然，关于这些问题的研究，其实就是认识论领域的研究，也就是说，黑格尔看到了逻辑学和认识论之间的内在关系。正如列宁所指出的那样，黑格尔天才地认识到了逻辑学和认识论的一致性，是哲学上一个了不起的贡献。李达指出，在逻辑学和认识论关系问题上，有观点认为，逻辑学研究的是认识的理性认识阶段，而认识论研究的对象既有感性认识阶段也有理性认识阶段，那么是否可以说，认识论包括逻辑学，逻辑学只是认识论内容中的一个组成部分？李达认为，这种观点已经被列宁批判过。因为在这种观点中，逻辑学是只研究理性认识因而是远离生命问题的，而在列宁看来，谈认识必须谈到生命，生命问题理所当然地应该包含在逻辑学之中。也就是说，认识涉及主体客体关系问题，逻辑学也必须研究主体对客体的关系，因而必然涉及主体问题也就是生命问题。总之，那种把一般认识论问题排除在辩证逻辑的研究对象之外而把辩证逻辑的研究对象仅仅局限于人的理性认识的观点，不过是“早被黑格尔和马克思主义批判过了的”①过时的狭隘的观点，甚至是低于普通常识性认识水平的观点。李达通过上述分析，为认识论和逻辑学是统一的观点进行了辩护。李达还特别指出，由于列宁过早去世，以至于来不及对认识论的全部问题进行系统的正面的阐述，接力完成这一任务的是毛泽东。李达认为，毛泽东在《实践论》、《矛盾论》、《关于领导方法的若干问题》、《关于正确处理人民内部矛盾的问题》、《人的正确思想是从哪里来？》等一系列著作和文章中对认识规律所作的系统而深刻的阐发，“代表着当代马克思主义认识论的伟大发展”②，是认识论的新境界。因此，研究马克思主义认识论，就要研究毛泽东的著作，就要“学习毛泽东同志对马克思主义认识论的创造性的论

① 《李达全集》第二十卷，人民出版社2016年版，第346页。
② 《李达全集》第二十卷，人民出版社2016年版，第347页。

述”①,并把认识论的原理运用到解决社会主义建设新形势下的复杂情况和复杂问题之中。

冯契也认为,逻辑学与认识论是同一的。在冯契看来,认识是对世界、对象的反映,但是人不能像上帝那样“直接地、完全地”从整体上把握住对象,人只能借助一个一个具体的概念、范畴或者某些规律去把握外部世界。而概念必须用语言来表达,这就要求所使用的词的含义要明确,使概念和对象保持一致的关系,就好比马的概念代表马,而不能代表牛,不能混淆概念,也不能偷换概念。这就是形式逻辑的同一律,不能违背,“违背同一律,概念的含义就要混乱”②,人们之间的思想交流就无从谈起,人们对现实的观念把握也就难以真正实现。同时应该看到,概念、范畴具有抽象性,所以又是片面的、不完全的,也是不纯粹的甚至是虚幻的,这就使得我们在运用概念、范畴反映世界时面临一个不可克服的矛盾,即用静止的思维形式反映运动的事物,用抽象的思维形式反映具体的事物,用有限的思维形式来反映无限的事物,而且“这个思维的矛盾运动表现为无止境的发展过程”③。这就要求运用辩证逻辑的思维来把握对象,只有通过实践来检验和发展概念,把逻辑与实践检验密切结合,才能不断克服认识的片面性。可见,逻辑学与认识论是密切相关的。当然也要注意,作为认识成果的逻辑学与认识过程中的概念、范畴之间虽然有着密切的联系,但是它们之间也存在区别,不能把二者完全直接等同起来。总之,逻辑学与认识论的关系是密切的,也是复杂的。

最后,冯契分析了逻辑学与辩证法的同一性。

冯契指出,逻辑作为认识的成果,它也是对客观世界的反映,因此,概念的辩证法也就是客观事物的辩证法的反映。从这个意义上讲,逻辑学就是辩证法。不过应该看到,“逻辑作为概念的辩证法,与事物本身的辩证法也是既相

① 《李达全集》第二十卷,人民出版社 2016 年版,第 347 页。
② 《冯契文集》第二卷,华东师范大学出版社 1996 年版,第 10 页。
③ 《冯契文集》第二卷,华东师范大学出版社 1996 年版,第 11—12 页。

一致又有区别的"[1]。也就是说,事物本身的辩证法是客观辩证法,相对而言逻辑就是主观辩证法;事物本身的辩证法是内容的辩证法,相对而言逻辑只是思维形式的辩证法。冯契指出,由于人的实践是一个客观过程,实践基础上人的认识也表现为一个客观过程,那么就可以说认识的辩证法也就是客观辩证法。其中错误的产生和认识的发展一样是一个自然过程和自然现象,"一切怪异的现象都可以从事物本身的规律性得到说明"[2],所以逻辑对错误的排除,就必须结合客观规律来说明其原因。但是,逻辑对错误的排除必须遵循实践检验的原则,每一步都离不开实践的检验。还要看到,逻辑学可以分为形式逻辑和辩证逻辑,形式逻辑主要讲思维形式,辩证逻辑既讲思维形式也讲思维内容。由于事物本身的辩证法比概念的辩证法要丰富得多,那么可以说"作为逻辑对象的思维辩证法是在人的认识过程中逐步发展起来的"[3]。另外还要看到,人们以概念的形式把握了规律,当人们用概念来"还治"现实时,概念本身就具有方法论的意义。这些都表明,逻辑学和辩证法是一致的。

总之,冯契和李达都把认识论、辩证法、逻辑学看成是统一的整体,把它们看成是一种同一性的关系。应该说,在这个问题上,李达和冯契无论是在重点内容上还是在叙述方式上还是有所不同的。在内容上,李达和冯契论证的重点有所不同,李达主要分别论证了认识论和辩证法的同一性、认识论和逻辑学的同一性,冯契分别论证了逻辑学和认识论的同一性、逻辑学和辩证法的同一性。也就是说,李达没有论证逻辑学和辩证法的同一性,冯契没有论证认识论和辩证法的同一性。但是,他们都论证了认识论和逻辑学的同一性。在叙述方式上,李达主要借助阐述马克思同黑格尔的关系、借助引用马克思、恩格斯、列宁、毛泽东等经典作家的文本来阐述认识论、辩证法、逻辑学的同一性。而冯契在阐述认识论、辩证法、逻辑学的同一性的过程中,更多借助中国古代哲

---

① 《冯契文集》第二卷,华东师范大学出版社 1996 年版,第 16 页。
② 《冯契文集》第二卷,华东师范大学出版社 1996 年版,第 17 页。
③ 《冯契文集》第二卷,华东师范大学出版社 1996 年版,第 18 页。

学来进行论证。例如,讲逻辑学与认识论的一致性的时候,冯契专门讲到了老子“反者道之动”的哲学观。冯契认为,老子在《道德经》中提出“反者道之动”,在中国古代哲学开创了“否定”思想之先例。但是,老子又把“无”作为世界的第一法则,最后必然走向唯心主义。辩证法怎么走向了唯心论呢?冯契指出,“这就包含了一个深刻的道理:如果停留在否定原理,辩证法就要半途而废”①。老子同时还讲一些“国之利器不可以示人”的关于权谋的观点,但是这同辩证法的否定原理没什么必然关联性。后人在批判老子的哲学以后,老子的辩证法思想被保留下来了,而把无作为第一原理的思想以及讲权术的思想被抛弃掉了。对老子思想的这个批判过程就揭示了概念的发展过程:“先是提出一个肯定的论点,接着否定它;同时批判把否定绝对化,进而提出否定与肯定的统一。”②冯契以此来说明这样一个观点,即逻辑学与认识论是一致的也是相区别的。总的来看,在认识论、辩证法、逻辑学的关系问题上,冯契和李达在虽然存在一些有所不同的地方,但是他们的基本观点是一致的,即都把认识论、辩证法、逻辑学看成是同一的。这表明,冯契和李达都继承了马克思主义认识论关于认识论、辩证法、逻辑学关系问题的基本观点,都以自己的方式对马克思主义认识论关于认识论、辩证法、逻辑学关系问题的基本观点进行了丰富和发展。

二、在马克思主义认识论主要内容上的一致性

在马克思主义认识论的主要内容上,冯契和李达有着相同的见解。这种相同性体现在认识的起源、认识发生发展的机制、认识的基础、认识的阶段、认识的运动、认识的形式、认识的方法、真理等许许多多具体内容上。在此,仅就冯契和李达在认识的基础、认识的运动、真理三个主要内容上的一致性展开论述。

---

① 《冯契文集》第二卷,华东师范大学出版社 1996 年版,第 15 页。

② 《冯契文集》第二卷,华东师范大学出版社 1996 年版,第 16 页。

1. 在认识的基础问题上的一致性

认识的基础问题，就是认识和实践的关系问题。按照马克思主义认识论的基本观点，实践是认识的来源、发展动力、检验标准和最终目的，认识的基础就在于实践。作为中国的马克思主义哲学家，冯契和李达都接受了这些基本观点，都是坚持这些基本观点的，虽然他们的表述方式各有不同。

李达对认识对于实践的依赖关系的理解，主要体现在三个方面。第一，实践是认识的动力。李达批判了以往哲学家们把推动人们进行认识互动的动力归结为好奇心、理论兴趣等的观点，认为认识始于实践的需要，并在人们对自然现象的认识方面以古代天文学、数学、力学的发展为例进行了论证，在人们对社会现象的认识方面以阶级社会的各种学说为例进行了说明。李达还指出，有些科学研究的课题表面上出于理论体系自身的发展需要，但归根结底还是实践的需要。第二，实践决定认识的内容。李达指出，只有在实践中人的肉体器官接触客观对象才能反映客观对象。李达以马克思主义经典作家们的理论的形成为例，指出他们的科学理论都是由于亲身参加了实践活动的结果。李达也指出，对亲身参加实践的强调，并非否认间接经验的重要性，但是在接受间接经验时也必须“同自己的直接经验联系起来，从自己的直接经验中考证它们”①，只有这样间接经验才能真正变成自己的认识。在这里，李达其实还阐明了实践是认识的来源这一道理。第三，实践是检验认识的标准。李达批判了圣人意见标准论、自我意见标准论、多数人意见标准论、效果标准论等哲学史上的各种观点，认为他们的共同问题就是把认识的检验标准放在主观范围之内，实际上就是没有标准，而只有马克思主义的社会实践标准才第一次真正解决了认识的检验标准问题。李达还强调，对于实践标准要有一个辩证的、历史的视野，并且不能轻视逻辑证明的作用。

---

① 《李达全集》第二十卷，人民出版社 2016 年版，第 362 页。

冯契对实践是认识的基础的理解，主要体现在冯契对于知行关系、逻辑证明、人的自我发展等方面内容的阐述之中。首先，冯契把从知行关系的角度证明了实践是认识的基础。在冯契看来，以前的哲学家虽然肯定“行”对于“知”的第一位的作用，但是他们并没有辩证唯物论的实践观点，不懂得实践是社会的、革命的、要求自由的活动。冯契批评金岳霖的观点的时候指出，金岳霖在写《知识论》的时候“还不懂得对象的实在感首先是由实践取得的”①，由此阐发实践是人的认识的来源和动力。其次，冯契阐述了逻辑思维是植根于实践的。冯契分析了实践与感性直观的内在统一性，认为马克思对费尔巴哈不把感性当作实践活动去理解这样一种观点的批判，意在阐明感性的概念和实践的概念之间的内在关系，“实际上是说感性直观和实践活动是统一的”②。也就是说，从认识的基础这个角度来说，它们是同一个东西，是同一个过程。在冯契看来，马克思对实践与感性直观的内在统一性的强调，实际上是阐明了实践与逻辑思维之间的内在关系，这也就在很大程度上夯实了逻辑思维的唯物主义基础。最后，冯契创造性地阐释了实践作为真理标准的问题。冯契认为，实践作为真理的检验标准问题在认知领域还显得比较简单，但是在人的自我发展领域则比较复杂。因为“作为真理检验标准的实践也就是改变世界与发展自我的统一的活动”③，这就使实践作为真理的检验标准这一问题就变得复杂起来。因为，不仅在评价的时候会牵涉到人的利益和人的主观愿望，而且由于真理性认识与人性发展相联系的，这就使得“是否合乎人性发展”变成了超出理论理性范围的问题，还由于实践活动是改变世界和发展自我两者的统一，中间有一个偏重于谁的问题，这使实践标准更带有不确定性。

在以上冯契和李达对认识的基础问题的阐述中我们不难看到，李达的阐述是教科书般的条理性分析，冯契则是基于其广义认识论结构进行论述的。

---

① 《冯契文集》第一卷，华东师范大学出版社 1996 年版，第 117 页。

② 《冯契文集》第二卷，华东师范大学出版社 1996 年版，第 51 页。

③ 《冯契文集》第三卷，华东师范大学出版社 1996 年版，第 196 页。

冯契和李达的论述的不同，并不妨碍他们在这个问题上的内在一致性。就冯契所阐述的那些内容来看，知行关系其实就是实践和认识关系，逻辑思维也属于人的认识范畴，真理检验标准属于认识论的真理问题，其实这些都和李达所阐述的立场是完全一致的，都是对于马克思主义认识论的阐发、展开和延伸。

2. 在认识的运动问题上的一致性

在认识的运动问题上，冯契和李达都坚持马克思主义认识论的基本观点，把认识的运动理解为实践基础上的一个不断向前发展的过程。具体表述上，李达提出了关于认识的"圆运动"理论，冯契提出了关于认识运动的"总秩序"理论。虽然表述不一，但是二者是内在一致的。

李达把认识看成是一个发生于实践并与实践相统一的过程，认为在这个过程中由于人的思维也同实践一样和客观世界建立起了各种各样的联系，于是就产生了一个从"直接的具体"进入到抽象的思维的实际认识过程。在这个认识过程当中，人们针对这个"直接的具体"，运用抽象的思维进行一种既分析又综合的把握。这个认识过程不是一条直线，"这分析的路线与综合的路线，形成为一个统一的认识的曲线"①。李达用"曲线"一词来表明认识的过程，就意味着在他看来，认识的运动是一个复杂的、充满曲折的过程。李达认为，在认识的曲线的运行过程中，充满着概念之间的联系，包含着概念内部的本质与现象、个别与普遍、偶然与必然、形式与内容、原因与结果等矛盾，蕴含着概念之间、矛盾之间的渗透、融合与转化，体现着认识从实践到思维、从思维到实践的运动变化。于是，在李达的视野中，认识的运动就表现为这样一种状态："'实践直接的具体→抽象的思维→媒介的具体→实践'——这是采取圆形运动而发展的②。"李达的这个概括，包含两层意思：一是认识的运动是实践基础上的运动，二是认识的运动表现为从实践到认识、从认识到实践的不断

① 《李达全集》第十二卷，人民出版社 2016 年版，第 201 页。
② 《李达全集》第十二卷，人民出版社 2016 年版，第 202 页。

的“圆形运动”。在李达那里，实践和认识构成一个圆，在这个圆中，随着实践的发展，客观对象的“新矛盾、新关联、新属性和新侧面”不断进入到人的抽象思维之中，形成主客观之间的新的矛盾关系，推动认识运动的新发展，促使认识深入到新领域，进入到新层次，由此更深刻、更准确、更全面地把握客观对象，不断由相对走向绝对。从这里我们可以看出，李达关于人的认识的圆运动的观点其实就是对辩证法的一种深刻的表达。李达的“圆运动”观点无疑就意味着承认有一个认识的“回路”，认为认识是一种循环，但是李达把圆运动理解为相对真理发展到绝对真理的无止境过程，理解为一种更高级的回归，这就和那种认为循环就是简单的回复的形而上学观点划清了原则界限，体现了认识的辩证法。总之，在李达看来，认识的运动就是从实践到认识、从认识到实践的不断循环往复的永无止境的过程。

冯契谈到认识的运动时，强调认识运动的“总秩序”。冯契认为，毛泽东在《实践论》中讲的实践、认识、再实践、再认识之不断循环往复的认识过程非常精辟地概括了人类认识的总过程。冯契强调，在实践和认识的反复中发生错误是不可避免的，并由此导致行动上的失败，只有经过多次的成功和失败，才能达到人的主观认识和客观规律的基本一致。即便达到了主观认识和客观规律的基本一致，“这种认识的完成也只具有相对的意义”①。因为新的矛盾又会产生，已经获得的认识只是为不断探索新的认识开辟了道路而已。这样一来，人们正是通过不断的主观与客观的统一、不断的理论和实践的统一、不断的知和行的统一来不断深化、扩展真理性的认识，这种不断的过程就使得认识表现为一个螺旋式向前发展的过程。冯契还指出，这个循环往复的运动也是个别和一般、观察和思维的循环往复运动，“从总体上、从其发展方向上看，就表现为由个别、特殊逐步扩大到一般的过程”②。这是因为，感性经验所捕捉到的只是事物的个别的方面，而理论思维则必须通过对事物的多个方面进

① 《冯契文集》第一卷，华东师范大学出版社 1996 年版，第 177 页。
② 《冯契文集》第一卷，华东师范大学出版社 1996 年版，第 178 页。

行把握才能达到关于事物的本质性的认识。并且，在对该事物本质性的认识的基础上，不断拓展认识范围，进而达到对于其他事物的本质性认识。这样反复多次的拓展，就会对事物的运动规律的认识变得越来越深刻、越来越全面，以至于达到对于宇宙人生的本质性认识，达到智慧。当然，即便达到对于宇宙人生的本质性认识，达到哲学上的智慧，也不能说认识至此已经最终完成。从人类的认识长河来看，所有的认识都是“既济”和“未济”的统一，仍需要复归于实践，并在实践基础上再继续深化，这是一个永远没有完结的过程。

3. 在真理发展问题上的一致性

冯契和李达都对真理问题有丰富的论述。虽然相比较而言，两人论述的角度和范围有所不同，例如李达只讨论真理本身，而冯契还讨论了真理和价值，并对价值作了丰富的展开，但是，冯契和李达在认识的发展问题上是有着非常一致的地方的，比如都把认识的发展看成是一个充满争论甚至斗争的过程。李达认为，真理同错误相比较而存在，相斗争而发展，冯契则认为，真理是一致而百虑的充满着疑问、意见、观点等环节的过程。两者在精神实质上是一致的，从真理形成和发展的规律性来看，李达和冯契的观点相互补充，相得益彰。

李达把真理的发展理解为一个同错误相比较而存在、相斗争而发展的过程。首先，真理总是和错误相比较而存在的。认识中错误的出现是有其原因的，主要原因来自两个方面。一方面，阶级社会中反动阶级为了维护自己的利益而歪曲事物的真实情况；另一个方面，在人民内部，由于不正确的方法论的影响，或者主客观条件的限制，导致认识不到事物的本来面貌。错误作为真理的对立面，是客观存在的，看不到这一点就是形而上学的观点。其次，真理还是同错误的斗争中发展的。真理是不可能“和平地”的发展的，如果不同错误进行斗争，真理就不能发展。一种新的真理刚出现的时候，往往会面临两方面的压力，一是反动阶级的压迫，一是人民群众的不理解，只有通过斗争才能彻底批判错误思想，通过不断解答新的问题显示出自己的正确性，最终解除这两方面的压力，也使自己更完善、更深刻、更丰富。

如果说李达阐述真理的发展过程是一种宏观的揭示的话，那么冯契相比之下更微观一些。冯契提出了疑问、意见、观点等范畴，用以说明认识如何一步步走向理论化、系统化的。冯契认为，因为疑问“包含有知与无知的矛盾的意识”①，是认识产生、发展的重环节，所以从孔子和苏格拉底开始，中西方哲学都把疑问作为认识的开端。按照冯契的理解，疑问这个环节，从内容上看就是指问题。对问题的发现就表明认识主体发现了知与无知的矛盾，但对于这一矛盾的解决不是一次就完成了的，它表现为一个永无止境的过程，所以人的思维的矛盾运动也就没有终点。冯契进一步指出，在研究问题的过程当中，就会出现意见的分歧和争论，从而引导人们获得真理。而意见往往是由这样那样的判断构成的，表现为用语句来表达某些命题，所以人们发表意见就是做了各种各样的判断，表达了这样那样的命题。在人类的认识发展过程当中，各种不同的判断、不同的命题的出现，以及它们之间的矛盾、斗争，构成了认识不断向前发的环节和动力，认识的发展过程就是不同的判断、不同的命题的相互纠缠的无止境的过程。冯契指出，古希腊的哲学家们早就注意到了意见这个环节和真理的形成之间的关系，认为如果把与自己不同的意见视为错误，就会走向独断论的深渊。在冯契看来，古希腊哲学家们的这种观点是极具启发性的。在实际的认识发展过程中，人们通过争论，意见的分歧达到一致，又引起新的分歧，复又达到新的一致，如此不断的“‘一致’和‘百虑’的循环往复运动”②就推动了问题的不断解决，推动了认识的不断发展。冯契还指出，观点也是认识中一个重要的环节。所谓观点，指的是“一贯性的看法”③，它意见不是一回事，但又和意见关系密切，对意见具有统帅的作用。当我们说人们持有某种观

① 《冯契文集》第一卷，华东师范大学出版社1996年版，第219页。
② 《冯契文集》第一卷，华东师范大学出版社1996年版，第227页。
③ 《冯契文集》第一卷，华东师范大学出版社1996年版，第228页。

点，是指人们在分析问题和发表意见时有着一种一以贯之的态度。观点体现在各个学科和各个领域，有政治、经济、艺术等各个领域的观点，也有科学、哲学等各门学科的观点。关于观点要注意的是，“观点的斗争不仅有认识论的意义，而且有社会学的意义”①。因此，既要看到观点的认识论根源，又要看到观点的社会存在的根源，也就是其背后社会集团的利益，看到其背后的各种社会关系。从这里也可以看到，冯契其实是把唯物史观和真理观结合起来了。

总之，就认识论的视角而言，冯契和李达都对认识的发展过程进行了讨论。李达主要通过真理、错误两大对立的范畴来阐述认识的发展，而冯契则在其中加入了疑问、意见、观点等范畴，这样就对认识的发展过程的揭示更加细致、更加丰富。

三、在对毛泽东认识论评价上的一致性

毛泽东的认识论思想是毛泽东哲学的重要组成部分，是中国化马克思主义哲学关于认识论思想的重要组成部分。李达和冯契作为马克思主义哲学家，都对毛泽东的认识论思想给予过评价。由于所处历史年代的不同，切入的角度不同，他们的评价各自有所侧重。当然，同为中国马克思主义哲学家，李达和冯契评价毛泽东认识论思想的出发点和目的都是一致的，即宣传、介绍、阐释毛泽东认识论，同时借助毛泽东的认识思想阐发马克思主义认识论的基本理论。而且，冯契和李达在评价毛泽东认识论方面许多观点都是一致的，这些一致性体现在认识论的方方面面，难以一一列出。在此只从三个方面进行比较，即冯契和李达都高度评价毛泽东认识论的意义，高度评价毛泽东的主观能动性思想，高度评价毛泽东将认识论转化为群众路线的工作方法。虽然他们在表述上有差异，但精神实质相同，最终殊途同归。

---

① 《冯契文集》第一卷，华东师范大学出版社1996年版，第242页。

1. 高度评价毛泽东认识论思想的形成

毛泽东的认识论思想是毛泽东把马克思主义认识论同中国实际相结合形成的,是马克思主义哲学中国化的重要理论成果,是对马克思主义认识论的重大理论贡献,在马克思主义认识论中有着重要的地位。冯契和李达都大力肯定毛泽东认识论思想的理论意义,也高度肯定毛泽东认识论思想的现实意义。

李达指出,"毛泽东同志的认识论,是马克思主义认识论的发展"①,这显然是已经将毛泽东认识论作为马克思主义认识论的有机组成部分和马克思主义认识论的重要创新性内容。冯契则指出,近代以来受中西之争的制约,哲学讨论主要是围绕历史观和认识论的重大问题展开的,毛泽东"对历史观和认识论中心物之辨作出正确的回答"②,因此毛泽东认识论是中国近代中国哲学发展的重大积极成果,这其实也是肯定了毛泽东在马克思主义认识论中的重要地位。李达概括了毛泽东认识论的三个基本原则:一是用马克思主义理论作为研究历史和革命实际的理论指导,二是把事物的矛盾法则作为认识的法则,即把对立统一规律运用于认识论,三是把群众在生产斗争和阶级斗争中的丰富经验作为认识的基本资料。在此基础上,冯契指出,这些原则就是毛泽东对马克思主义认识论所作的新贡献的重要表现。李达还把毛泽东的哲学论著都理解为认识论,他认为,毛泽东的三部专论哲学的著作中,《实践论》其实就是认识论,《矛盾论》和《关于正确处理人民内部矛盾问题》的"基本精神实是矛盾的认识论"③。可见,李达是站在哲学认识论理论的高度来评价毛泽东认识论的。冯契也是如此。冯契把毛泽东认识论看成是中国共产党人对"中国向何处去"的时代大问题进行理论探索的认识结晶,认为"毛泽东的认识论具

---

① 《李达全集》第十九卷,人民出版社 2016 年版,第 351 页。
② 《冯契文集》第七卷,华东师范大学出版社 1997 年版,第 636 页。
③ 《李达全集》第十九卷,人民出版社 2016 年版,第 353 页。

有强烈的历史感。同时,他又把历史观提高到一般的辩证发展观”①,是对自“五四”运动以来中国共产党人不断探索的认识论理论的借鉴和发展。总之,冯契和李达都对毛泽东认识论进行了高度评价,而且都是从哲学发展的角度来进行高度评价的。

2. 高度评价毛泽东对认识的能动性的强调

毛泽东认识论思想一个很重要的特点,就是自始至终都强调认识过程中主观能动性的作用。冯契和李达都看到了毛泽东认识论的这一鲜明特征,并给予了高度的评价。

李达指出,毛泽东在《实践论》中谈到了“认识的能动作用”的重要作用,把认识的能动作用理解为从实践到认识和从认识到实践的双向运动过程,“包括客观规律性的认识和生产的、革命的斗争两个有机组成部分”②。李达还指出,毛泽东在《论持久战》中谈到了“自觉能动性”,包括“根据和符合于客观事实的思想”和“根据于正确思想的做或行动”两个方面,即思想和斗争。在李达看来,毛泽东特别强调的“自觉的能动性”和“认识的能动作用”其实是一个同一语,因为“自觉的能动性”和“认识的能动作用”这两个表述“都包括关于客观规律性和根据于客观规律性认识的实践(即生产的或革命的斗争)”③,在内容所指上是完全一致的。李达认为,毛泽东的主观能动性思想是共产党人的科学精神和革命精神的高度统一,是建设社会主义和共产主义的强大动力。冯契则大力赞扬毛泽东在《新民主主义论》中提出的“能动的革命的反映论”的观点,从实践和理论两个层面分析了其重大意义。在实践上,毛泽东的“能动的革命的反映论”坚持了主观和客观、理论与实践的具体的历史的统一,因而克服了革命过程中各种“左”的和右的错误倾向,转变为党的实

① 《冯契文集》第七卷,华东师范大学出版社 1997 年版,第 691 页。
② 《李达全集》第十九卷,人民出版社 2016 年版,第 392—393 页。
③ 《李达全集》第十九卷,人民出版社 2016 年版,第 393 页。

事求是的思想路线，从而准确回答了“中国向何处去”的问题，并被历史证明是正确的。在理论上，毛泽东的“能动的革命的反映论”一词把客观过程的反映、主观能动性作用和革命的实践这三个环节统一起来，科学总结了中国哲学史上长期争论的认识论问题特别是“心物之辨”的问题，“这在中国哲学史上也是‘第一次’”①。可见，和李达一样，冯契也是高度评价毛泽东认识论思想对主观能动性的强调。

3. 高度评价毛泽东将认识论转化为群众路线的工作方法

众所周知，毛泽东认识论的一个独特之处是将认识论原理转化为党的群众路线工作方法，这一工作方法至今仍然在我党的工作方法系统中处于无比重要的地位。冯契和李达都对此有过专门的论述，进行过高度的肯定。

李达指出，毛泽东在领导中国革命的过程中“创造了领导和群众相结合的领导方法（或工作方法）的认识论的理论”②，这也就是毛泽东提出的从群众中来、到群众中去的群众路线工作方法。李达引用了毛泽东在《关于领导方法的若干问题》中的相关表述，并对之进行了详细分析，指出了从群众中来、到群众中去两个过程的认识论含义。李达指出，从群众中来，就是收集群众的意见，领导者把这些分散的、个别的，不成系统的意见进行具体分析和改造制作，形成集中的、系统的意见，这也是一个形成概念、作出判断、进行推理的过程。到群众中去，就是制定出计划和方案，让群众乐意接受并自愿去实行，转化为群众的实践活动。然后再从群众中来，再到群众中去，如此循环往复下去。在李达看来，毛泽东实现了马克思主义认识论同党的群众路线工作方法有机结合、科学统一，这是毛泽东丰富和发展马克思主义哲学的“又一伟大贡献”③，在实践活动中“不仅解决了必须依靠群众的问题，而且解决了如何

① 《冯契文集》第七卷，华东师范大学出版社 1997 年版，第 640 页。

② 《李达全集》第十九卷，人民出版社 2016 年版，第 387 页。

③ 《李达全集》第二十卷，人民出版社 2016 年版，第 404 页。

依靠群众的问题"①。这样，李达就从理论意义和现实意义两个方面，对毛泽东将认识论转化为群众路线的工作方法进行了高度评价。冯契也是如此。和李达一样，冯契也引用并首先解读了毛泽东在《关于领导方法的若干问题》一文中表述群众路线工作方法的那一段文字，认为从群众中来的群众的意见丰富多样但也分散无系统，领导要做一番比较和鉴别、分析和综合，形成科学的概念和判断并推理出合乎逻辑的结论，再经过逻辑论证和事实验证转化为大众的意见，转化为他们的实践。从这里也可看出，冯契和李达的解读是完全一致的。冯契还指出，毛泽东讲分散和集中的循环往复、特殊和一般的循环往复、实践和认识的循环往复，用了三个"循环往复"来阐述认识论问题，"这在马克思主义文献中是新的理论概括"②，进一步凸显了毛泽东对马克思主义文献的创新性发展。可见，与李达完全相同，冯契是既从理论意义上又从现实意义上对毛泽东将认识论转化为群众路线的工作方法作出了高度评价。

① 《李达全集》第二十卷，人民出版社 2016 年版，第 407 页。
② 《冯契文集》第七卷，华东师范大学出版社 1997 年版，第 653 页。

第四章　李达和冯契丰富和发展唯物辩证法的比较

唯物辩证法理论是马克思主义哲学的重要组成部分，在马克思主义哲学中占有举足轻重的地位。李达和冯契在创新中国马克思主义哲学体系的过程中，都极其重视对唯物辩证法理论的阐发和运用，在阐发和运用唯物辩证法理论的过程中丰富和发展了唯物辩证法理论。值得注意的是，李达对唯物辩证法的论述中专门考察了唯物辩证法的前史，并对唯物辩证法的三大规律和五大范畴进行了全面系统的教科书般的展开，而冯契则着墨更多的是对立统一规律，把质量互变规律和否定之否定规律作为对立统一规律的展开放在对立统一规律框架内进行阐述，在范畴问题的理解上有着独树一帜的见解，并构建了中国式的逻辑范畴体系。从中我们不难看到，虽然李达和冯契同样都丰富和发展了唯物辩证法理论，他们在关于唯物辩证法重大问题上的基本观点是完全一致的，但是他们在阐发唯物辩证法理论的侧重点、运用唯物辩证法理论的着力点、拓展唯物辩证法理论的生长点等方面都不尽相同，这就使得他们在丰富和发展唯物辩证法理论上表现出不尽相同的特征，也因此构成了他们在创新马克思主义哲学体系方面的不同特色。

第一节　李达对唯物辩证法的丰富和发展

李达在唯物辩证法方面的理论贡献体现在,李达不仅详细梳理了唯物辩证法的前史以及唯物辩证法的发展,对唯物辩证法的三大规律进行了系统的阐述,对唯物辩证法的主要范畴作了丰富的论述。在李达之前,中国的马克思主义哲学家们还尚未作出如此系统的阐述和表达。

一、对唯物辩证法前史的详细考察

李达系统分析了哲学的几千年的发展历程,把唯物辩证法的出现视为哲学史长期发展的结果,提出了"唯物辩证法的前史"这一概念。李达特别强调,唯物辩证法这一理论形态的出现,与近代科学的发展有着极其深刻的紧密联系。正是在通过对哲学史的详细考察和科学史的全面考察的基础之上,李达对唯物辩证法的产生和唯物辩证法自身发展逻辑进行了系统的说明,由此"赋予了马克思主义哲学理论以厚重的历史感"①。

1. 唯物辩证法前史的五个阶段

李达把人类思维从原始时代到近代的发展历程分为五个阶段,认为这五个阶段的依次演进最后促使了唯物辩证法这一理论形态的产生。

第一阶段,原始时代的人类思维。李达指出,原始人类在改变自然的劳动中也使自己发生了改变,特别是劳动和语言促使了人的反映能力不断提高,以至于人能够使用概念来进行表达,人就产生了最原始的思维。在这种原始的思维中,人把自然界看成与人类似的存在,并且认为自然物的本性能传达于人类。在原始时代,人们认为自然界的状态是变动不居的,"这就已经包含着辩

① 李维武:《李达对唯物辩证法的阐释》,《北京日报》2010年8月9日。

证法的世界观的萌芽”①。随着这种原始思维的发展,认为万物都有灵魂的万物有灵论出现了,代表着人类能够把自己从自然界中区分出来。到后来,这种万物有灵论逐渐演变为原始的宗教世界观,成为“宗教的意识形态上的来源”②。随着原始社会不断向更高级社会形态的不断发展,原始的宗教世界观就变为各个发展阶段的宗教观。

第二阶段,古代自然哲学中的辩证法和唯物论。李达指出,古希腊的自然哲学就是批判原始的宗教世界观的结果。古希腊自公元前 10 世纪以后进入奴隶制社会,随之在手工业、航海业、农业、天文学、力学、数学等方面有了一定的进步,从而使得人们开始用一种与宗教不同的自然科学的观点去看待世界。也正是因为如此,早期的希腊哲学家也是自然科学家。而且,在这个时期商业也跟着发展起来了,商业交换活动扩展了人的视野也发展了人的抽象思维能力,商人们身处不同的民族文化之中,身受科学知识和生产技术的熏染,积累了新的哲学思想所需要的思想材料。总之,当时的工商业奴隶制民主派在实践活动中形成了包含有辩证法和唯物论的因素在内的新的世界观,这是一种不同于宗教世界观的进步的世界观,并且在和奴隶主贵族的唯心论世界观的斗争中不断发展,由此出现了几个有代表性的哲学家。泰勒斯是古代自然哲学的创始者,他从单一的物质的本原出发去说明世界,提出水是万物的始基,认为一切事物和现象都可以互相转变,包含了朴素的唯物论和辩证法。另一主要的自然哲学家是赫拉克利特认为宇宙万物的根源是永恒的燃烧的火,并提出人不两次踏进同一条河流的观点,还猜测到了事物变化的原因是对立面的相互作用,蕴含着矛盾是事物运动的泉源的辩证法观点,被列宁称之为“辩证法的奠基人之一”。德谟克利特提出了“原子论”,认为宇宙万物都是原子结合的种种特殊形态,运动和物质不可分,物质是永恒的,因而运动也是永恒

① 《李达全集》第二十卷,人民出版社 2016 年版,第 71 页。
② 《李达全集》第二十卷,人民出版社 2016 年版,第 72 页。

的，它在时间上没有开端，也没有终止，他还提出了空间和时间概念。伊壁鸠鲁发展了德谟克利特哲学，使德谟克利特的“原子说”更加完善，有力抨击了唯心论。古代自然哲学家虽然还带着幼稚的、猜测性的缺点和不足，但是他们有着伟大的贡献，一是坚持从物质世界本身去说明世界，二是把世界了解为一个相互联系的整体，这些也是马克思和恩格斯非常注重古希腊自然哲学的原因。李达指出，这个阶段，也出现了苏格拉底和柏拉图等唯心论哲学家，不过苏格拉底的“助产术”的方法、柏拉图对“概念”的重视还是有着积极意义的。而作为古希腊哲学集大成者的亚里士多德则推动和发展了逻辑学，他的《工具论》一书影响深远。李达指出，亚里士多德很早就看到了主观逻辑和客观逻辑的统一性，在亚里士多德的逻辑学中，“到处都提出了辩证法的问题”①。

第三阶段，古代观念论哲学中的辩证法。李达指出，在中世纪的阿拉伯哲学家中著名的有伊朋—西拿和伊朋—路西德，他们对哲学的研究主要表现为对亚里士多德哲学的注解，伊朋—西拿研究了亚里士多德的逻辑学，伊朋—路西德则发展了亚里士多德的唯物主义思想。与此同时，西欧还处在基督教神学的统治之下，经院哲学的目的就在于论证基督教教义。而随着封建社会的瓦解，经院哲学也瓦解了，分化为相互对立、彼此论争的唯名论和唯实论。其中唯名论认为只有个别事物才是真实存在的，提出了个别先于一般的观点，却有着唯物主义的要素。到了13、14世纪，出现了二重真理论，主张可以把知识和信仰区分开来，提出这样的命题：神学看来是真理的，哲学看来是虚伪；哲学看来是真理的，神学看来是虚伪。这在当时有助于科学在一定程度上的发展，也有利于哲学的发展，所以有进步和积极的作用。

第四阶段，近代初期的辩证法和唯物论。16—17世纪，欧洲逐渐进入资本主义社会。李达指出，“16—17世纪的时期中，新的思想界，开始站在反教会的立场，把新的社会关系与科学及技术的成果普遍化起来，建立了崭新的哲

① 《李达全集》第二十卷，人民出版社2016年版，第82页。

学体系。”①李达认为，这些哲学体系主要包括这一时期英国的唯物论、西欧大陆的各国哲学、法国的唯物论，李达对这些理论进行了详细的分析。这一时期英国的唯物论者，主要包括培根、霍布士、洛克。培根认为，不能像经院哲学引证圣经那样去获得知识，而应该老老实实研究自然界，培根还唯物地解释了知识的起源问题，不过培根还带有神学的不彻底性，而且重视归纳却忽视了演绎。霍布士将培根的观点作了进一步的系统化，并消除了培根的神学不彻底性，但是他将一切运动都归于机械运动，带有机械性。洛克继承了培根和霍布士的唯物论，但带有折中和妥协的特点。这一时期西欧大陆的各国哲学主要包括法国的笛卡尔、荷兰的斯宾诺莎、德国的莱布尼茨，其中笛卡尔的二元论反映了资产阶级在反封建斗争中的妥协性，斯宾诺莎的“实体”学说在论述实体和样态的关系时论述了一般和个别的辩证关系，莱布尼茨的“单子”理论有能动性的思想和辩证法的因素。这一时期法国的唯物论主要包括狄德罗、拉美特利、爱尔维修、霍尔巴赫等，他们在总结当时自然科学的基础上主张世界的物质性，认为物质是运动的，唯物地回答了物质和精神的关系问题，发展了感觉论，提出了彻底的无神论思想，虽然总体属于机械的唯物论，但是包含有辩证法的因素。

第五阶段，德国古典哲学的辩证法和唯物论。在李达看来，从 18 世纪中叶到 19 世纪中叶的所谓德国古典哲学经历了从康德到黑格尔的唯心论再到费尔巴哈的唯物论的发展历程。康德的“批判哲学”承认“物自体”的存在，有唯物主义的因素，但康德提出的“物自体”是不可知的观点又使其哲学理论陷入唯心主义。康德提出了“二律背反”说，本是为了论证他的不可知论，却不自觉地揭示了人类思维中的矛盾，阐述了辩证法的思想，“对以后唯心辩证法的发展起了一定的推动作用”②。黑格尔则在哲学史上“第一个全面地、系统

① 《李达全集》第十二卷，人民出版社 2016 年版，第 21 页。

② 《李达全集》第二十卷，人民出版社 2016 年版，第 95 页。

地阐述了唯心论的辩证法”①，也充分表现出了其唯心的体系和辩证的方法之间的矛盾。李达指出，黑格尔的绝对观念的发展过程经历了逻辑阶段、自然阶段和精神阶段，虽然本质上是一种装扮成哲学的神学，但却包含非常丰富的“合理内核”，不仅天才地猜测到了思维规律和客观现实规律的内在一致性，而且表达了运动的、变化的、联系的、发展的思想，还提出了辩证法的三大规律，以及揭示了本质和现象、自由和必然等多对范畴之间的联系。“正是因为黑格尔的唯心辩证法具有这样一些积极的成分，所以它能够成为马克思主义哲学的先导。”②黑格尔之后，黑格尔学派分裂为革命的左派和保守的右派，属于左派的费尔巴哈逐渐脱离了唯心论的阵营，恢复了唯物主义的权威。费尔巴哈主张物质第一性、意识第二性，坚持唯物主义认识论，反对康德的不可知论，坚持唯物论的感觉论，批驳了唯心论和宗教。李达指出，列宁虽然批判了费尔巴哈哲学的缺陷，但也指出费尔巴哈的唯物主义理论“毕竟是马克思主义哲学的直接先导”③，在一定程度上肯定了费尔巴哈哲学对马克思主义的辩证唯物论的形成所具有的重要意义。

2. 唯物辩证法的自身逻辑发展

李达把唯物辩证法产生的根据理解为时代的发展的需要，理解为无产阶级革命的需要。在李达看来，唯物辩证法产生于特定的时代，即资本主义基本矛盾不断充分展开的时代，也是无产阶级不断反对资产阶级剥削和压迫的时代，唯物辩证法就是“适应着无产阶级革命斗争的需要而诞生”④的因而为无产阶级服务的一种理论。

李达分析了 19 世纪前半期资本主义政治上的矛盾和意识形态上的矛盾，

① 《李达全集》第二十卷，人民出版社 2016 年版，第 95 页。
② 《李达全集》第二十卷，人民出版社 2016 年版，第 98 页。
③ 《李达全集》第二十卷，人民出版社 2016 年版，第 101 页。
④ 《李达全集》第二十卷，人民出版社 2016 年版，第 102 页。

说明了唯物辩证法产生的历史根据，然后分几个方面揭示了马克思恩格斯创立唯物辩证法的过程。第一，马克思和恩格斯改造了费尔巴哈的唯物论，于1845年写成《关于费尔巴哈的提纲》，“大大超过了费尔巴哈，而达到历史唯物论了”①。李达指出，马克思在批判费尔巴哈时，特别重要的事情是把革命的实践概念引入唯物论的认识论，建立了崭新的世界观。第二，马克思和恩格斯批判地改造了黑格尔的辩证法。李达分析了黑格尔辩证法为什么是唯心辩证法的时代根据，指出当时德国资本主义落后于英法的现实、资本主义的内在矛盾还没有完全显现、自然科学还不够发达等众多实际因素决定了反映那个时代精神的黑格尔哲学“只能透过唯心论的窗户去窥测自然界的客观辩证法”②。马克思和恩格斯克服黑格尔哲学的体系与方法的矛盾的路径主要体现在四个方面：一是把颠倒的东西颠倒过来，把观念的东西看成是物质的东西；二是把头向下倒立的辩证法变为脚向下竖立的辩证法，使主观辩证法符合客观辩证法；三是否定了黑格尔哲学作为终结性的“绝对真理”，把认识理解为无限发展的过程；四是批判了黑格尔将实践概念当作抽象的精神活动，把实践理解为社会生产和社会斗争。随着1845年《德意志意识形态》的诞生，唯物辩证法就完全展开了。第三，辩证的唯物的自然观的形成。李达指出，马克思恩格斯的哲学活动路线体现在1842年以后他们的著作之中，例如恩格斯的《反杜林论》、《路德维希·费尔巴哈和德国古典哲学的终结》、《自然辩证法》等展现的是辩证唯物的自然观。费尔巴哈的唯物论由于没有自然科学的支撑，所以存在严重缺陷。与费尔巴哈不同的是，马克思和恩格斯大量搜集、充分占有当时以“三大发现”为代表的自然科学的全部新成果，在此基础上形成了辩证的唯物的自然观。在李达看来，这就意味着“自然观的革命变革的开始”。③ 第四，唯物史观的创立和哲学革命。李达分析了马克思如何由发表政

① 《李达全集》第二十卷，人民出版社2016年版，第108页。

② 《李达全集》第二十卷，人民出版社2016年版，第110页。

③ 《李达全集》第二十卷，人民出版社2016年版，第113—114页。

治论文到研究政治经济学、社会主义学说的思想转变过程，以及恩格斯沿着不同途径得出了和马克思相同的结论的思想发展过程，以此说明马克思和恩格斯在1845年合著的《神圣家族》和《德意志意识形态》中共同提出了辩证的唯物的历史观即唯物史观。李达认为，唯物史观克服了以往历史科学从思想动机方面理解历史和把历史前进动因归结于伟大人物的缺陷，揭示了历史发展的物质动因和群众力量，把唯心论从最后的避难所即历史领域驱逐出去了。也因此实现了辩证的唯物的自然观和辩证的唯物的历史观的统一，从而实现了哲学革命。这是李达对唯物辩证法的产生的分析。

李达还专门论述了唯物辩证法的发展。在李达看来，马克思恩格斯创立的唯物辩证法不仅在马克思恩格斯他们自身那里得到了发展，而且在列宁、毛泽东那里得到了继续发展。李达指出，马克思恩格斯发展历史辩证法的著作首先是《共产党宣言》，其次是《资本论》，再次是《哥达纲领批判》，以及《家庭、私有制和国家的起源》，发展自然辩证法的，主要是《自然辩证法》。在列宁那里，列宁所著《唯物主义和经验批判主义》总结了恩格斯逝世后自然科学的最新发现，《哲学笔记》则主要阐述了辩证法，提出辩证法是认识论，也是逻辑学，使唯物辩证法发展到高级阶段。毛泽东发展唯物辩证法主要体现在他所著的《实践论》和《矛盾论》，这两部著作批判了经验主义和教条主义，把马克思主义哲学具体化为党的工作方法，把辩证法运用于分析中国的殖民地半殖民地革命问题，运用于社会主义革命和建设问题，把唯物辩证法推进到一个新的阶段。

二、对唯物辩证法规律的系统阐发

从李达阐述唯物辩证法规律的篇章布局来看，李达对唯物辩证法的对立统一规律、质量互变规律、否定之否定规律这三大规律着墨是比较平均的。李达分别对这三大规律进行了系统性的阐述，这些阐述在今天看来依然是教科书般的经典。不过，由于冯契并没有专门展开关于质量互变规律和否定之否定规律的具体内容，出于对李达和冯契“比较”的需要，本书在此就不对李达关于质量互变规律和否定之否定规律的阐述进行详细的介绍，而主要介绍李达对对立统一规律的阐发。也就是说，李达对唯物辩证法的三大规律都是进行了全面系统的阐发的，只不过在本书中重点展开的是李达关于对立统一规律的论述，对李达关于质量互变规律和否定之否定规律的阐述则采取概述的方式，并非认为李达对唯物辩证法的阐发只包括对立统一规律或只是重点阐述了对立统一规律，这是需要再次强调的。

李达在阐述唯物辩证法的时候，非常准确地抓住了唯物辩证法的核心问题。我们知道，在苏联教科书马克思主义哲学中，辩证唯物主义和历史唯物主义一直被当做彼此互不关联的两大块内容，并且把唯物辩证法的三大规律视为平行并列的关系，对立统一并没有被当做唯物辩证法的核心。李达发挥了列宁在《哲学笔记》中关于对立统一规律是辩证法实质的命题，提出并阐明了对立统一规律是唯物辩证法核心的观点，“开辟出一条有别于苏联模式的马克思主义哲学阐释之路”①。李达对于唯物辩证法的核心的理解一直成为人们理解和阐述唯物辩证法的重要依据，可以说，李达的阐述堪称解读唯物辩证法的经典阐释，以至于长时间以来马克思主义原理的教科书都因循李达的表述。那么，具体来说，李达是如何论述唯物辩证法的核心的呢？

李达在《唯物辩证法大纲》中专门讲道：“对立统一规律是唯物辩证法的核心。”②李达认为，在哲学史上，黑格尔虽然是在唯心主义的哲学框架内对对立统一规律、质量互变规律、否定之否定规律进行阐述的，但是黑格尔是对这三大规律作出系统阐发的第一人。后来马克思、恩格斯把三大规律建立在唯物主义的基石之上，把三大规律视为自然、社会和思维的基本规律，而不仅仅是思维的规律，这无疑是辩证法的革命性变革。但是应该看到的是，马克思、

① 汪信砚、刘秉毅：《〈唯物辩证法大纲〉所赋予马克思主义哲学的中国风格》，《马克思主义研究》2015年第10期。

② 《李达全集》第二十卷，人民出版社2016年版，第206页。

恩格斯并没有阐述三大规律之间的内部关系，没有对三大规律中有无根本性的、核心的规律这一问题进行进一步的说明。列宁看到了这一点，对这个问题作了回答，第一次明确指出了：唯物辩证法三大规律中，对立统一规律是核心，认为可以把辩证法归纳为对立面统一的学说。但是，列宁关于这方面的思想也仅仅是以札记的方式进行了简单的表达，并无系统的、详细的、专门的论述。那么，首次全面、专门论述唯物辩证法的核心的是谁呢？李达在对马克思主义哲学发展史进行考察之后指出，这个“首次”的完成者是毛泽东。李达明确指出，毛泽东的《矛盾论》就是这样一部专门论述唯物辩证法核心的著作，它“第一次对唯物辩证法的核心作了全面、系统、深刻的解释和发挥”①。李达进一步指出，作为首次明确、系统地阐述了唯物辩证法规律的马克思主义经典作家，毛泽东在唯物辩证法方面的哲学贡献之一在于，毛泽东十分强调对立统一规律的重要性，将之提升到唯物辩证法的根本性地位的高度。不仅如此，毛泽东还详细阐述了关于矛盾的种种理论，系统全面地阐发了矛盾学说，认为弄懂了矛盾学说就弄懂了唯物辩证法。

李达对于对立统一规律之所以是唯物辩证法的根本规律的依据进行了理论上的阐述。首先，对立统一规律揭示了事物发展的源泉，是辩证法与形而上学相区分的根本之处。李达指出，辩证法认为矛盾是事物发展的源泉，把联系理解为事物内部和事物之间的矛盾关系，把发展（量变和质变）理解为事物内部的矛盾运动，认为“事物发展的根本原因还是事物内部的矛盾性。”②这里，李达阐述了这样一个道理，即矛盾构成了事物发展的深层动因，这也就从根本之处揭示了事物发展的源泉。同时，这也揭示了唯物辩证法之所以区别于形而上学的实质所在，即唯物辩证法承认对立统一规律，而形而上学是否认对立统一规律的。在揭示矛盾是事物发展的根本原因时，李达结合了中国革命的发展进行了理论的展开和阐述。其次，对立统一规律规定了辩证法其他规律

① 《李达全集》第二十卷，人民出版社 2016 年版，第 207 页。
② 《李达全集》第二十卷，人民出版社 2016 年版，第 208 页。

和范畴的表现形态。也就是说,辩证法的其他规律和范畴"都只有从对立统一规律的观点才能得到理解"①。所谓唯物辩证法的其他规律,指的是三大规律的另外两个规律,一是质量互变规律,一是否定之否定规律。按照质量互变规律,在事物的量变阶段,事物的性质没有发生变化,而在事物的质变意味着事物的性质发生了变化,而事物总是由量变过渡到质变并由此变成他事物。而要理解事物之所以呈现这样的发展,归根结底还是要"拿起对立统一规律这把'钥匙'"②,舍此别无其他的钥匙。李达进一步指出,事物处于量变阶段,这是由于矛盾双方的主次地位还没发生根本性的变化,而当矛盾双方的主次地位发生根本性的变化的时候,事物就获得了新的质的规定性。所以,只有从对立统一规律的观点看,才能正确理解质量互变规律。又如否定之否定规律,事物的发展道路之所以表现为肯定、否定、再肯定、再否定这样的曲折性,也是由于事物内部的矛盾双方及肯定因素和否定因素相互作用、相互转化所导致的。至于本质和现象、内容与形式等唯物辩证法的一系列范畴,本质上也都是对立统一规律的表现形式,因此,要理解这些范畴也必须同样回到对立统一规律。离开对立统一规律这把"钥匙",所有的范畴都无法得到理解和说明。

在论述对立统一规律是唯物辩证法的核心这个根本问题的时候,李达还列举了马克思主义经典作家们自觉运用对立统一规律并取得了巨大成就的事实,以此来强调对立统一规律的核心地位和重大作用。李达认为,正是由于自觉运用了对立统一规律,马克思写就了《资本论》这一鸿篇巨制深刻揭示了资本主义内部的矛盾运动,列宁提出了帝国主义理论揭示了资本主义经济形态的矛盾运动,毛泽东提出了关于中国革命建设的理论揭示了中国社会的矛盾运动。这里,李达其实就是想指出这样一个道理:马克思主义经典作家对于对立统一规律的成功运用,给我们学习和运用唯物辩证法的对立统一规律既坚

① 《李达全集》第二十卷,人民出版社 2016 年版,第 209 页。

② 《李达全集》第二十卷,人民出版社 2016 年版,第 210 页。

定了信心又指明了道路。

关于对立统一规律的具体内容，李达从四大方面进行了详细的阐述。第一个方面，关于矛盾的普遍性和特殊性。关于矛盾的普遍性，李达引用毛泽东在《矛盾论》中的阐述，认为矛盾的普遍性表现在两个方面：一是任何事物都充满着矛盾，不存在不包含矛盾的事物；二是事物在发展过程中存在自始至终的矛盾运动，不存在不包含矛盾的阶段。关于矛盾的特殊性，李达指出了四种特殊的情形：各种运动形式的矛盾、同一物质运动形式的矛盾、不同阶段的矛盾不同、矛盾的不同双方其表现都是不一样的。李达进而分析指出了矛盾的普遍性和特殊性的辩证关系，认为它们之间是一般和个别、共性和个性的关系。李达还结合现实，更加具体形象地阐述了矛盾的普遍性和特殊性的理论。李达尖锐地批判了苏联修正主义者的错误观点，指出了修正主义者害怕矛盾、否认矛盾、掩盖矛盾、"否认社会主义社会基本矛盾的存在"①等错误之处，认为现代修正主义者们从根本上讲是彻头彻尾的教条主义者，但是与之前的教条主义者不同的是，"他们的'教条'不是从马克思主义的书上抄下的，而是从伯恩斯坦、考茨基之流的书上抄下来的而已。"②李达尖锐地批判了修正主义者的错误倾向，指出各种各样的修正主义者借口某些特殊情况以各种方式否认马克思主义真理的普遍性，并把自己吹嘘成"以'创造性的态度'对待马克思列宁主义的人"③。通过这些批判，李达阐发了矛盾的普遍性和特殊性的深刻含义，为马克思主义的矛盾学说作了辩护和正名。第二个方面，关于主要的矛盾和主要的矛盾方面④。关于主要矛盾，李达指出，事物包含的多种矛盾居于不同的地位和作用，其中起着"领导的、决定的作用，规定或影响着其他矛盾的存在和发展"⑤的矛盾就是主要矛盾。李达分析了主要矛盾的变与不变：

---

① 《李达全集》第二十卷，人民出版社2016年版，第214页。
② 《李达全集》第二十卷，人民出版社2016年版，第217页。
③ 《李达全集》第二十卷，人民出版社2016年版，第219页。
④ 这里，李达把"主要的矛盾方面"和"矛盾的主要方面"当作一个意思。
⑤ 《李达全集》第二十卷，人民出版社2016年版，第220页。

有些主要矛盾的地位不起变化，比如生物有机体中的同化和异化的矛盾以及资本主义社会的无产阶级和资产阶级的矛盾；有些主要矛盾却可以改变，例如，旧中国在革命不同时期的主要矛盾是变化的，帝国主义时代的不同时期的主要矛盾也是变化的。李达认为，依据这个理论，我们党就要以解决一定历史时期的主要矛盾为主要工作目标，并且在进行任何一项具体工作时也要抓主要矛盾，还要能够预见下一个阶段将要出现的主要矛盾。当然，也绝不可以轻视非主要矛盾。关于主要的矛盾方面①，李达认为，任何一种矛盾，其双方的力量也具有不平衡性，其中取得支配地位的方面就是矛盾的主要方面。矛盾双方这种主次上的不平衡性就要求我们在工作中一定要分清主次，在主次关系上的错位甚至颠倒，都会影响对事物性质的正确理解，都会引起工作中的失误，导致实践上的失败。还应该看到，矛盾双方的主次地位并非一成不变，随着主次易位，事物的性质就随之而变。第三个方面，矛盾双方的同一性和斗争性。李达认为，矛盾的同一性问题由毛泽东作了很好的说明："矛盾双方在一定条件下的共居和转化，就是矛盾同一性的全部意义。"②共居，就是在一个统一体中；转化，就是一定条件下转向对立面。李达强调，对于共居和转化这两个方面，把其中任何一个方面否定掉，或者增加其他什么来补充进去，都是不行的。矛盾的斗争性，就是矛盾双方互相排斥、互相对立的性质。李达指出，矛盾斗争性的重要意义在于，否认斗争性，就无法理解事物的变化，包括最基本的数量上的变化都无从谈起。因此，"否认斗争，就是否认事物的发展，特别是否认革命变革。"③关于同一性和斗争性之间的关系，李达认为，第一，两者都是矛盾不可或缺的属性，任何一个矛盾都不能缺少任何一方；第二，同一性是相对的，斗争性是绝对的。相对静止的状态是矛盾双方共居一个统一体中的状态，这种矛盾的同一性不可能永远保持下去，最终要被矛盾的斗争所打

---

① 同前注，"主要的矛盾方面"就是指"矛盾的主要方面"。

② 《李达全集》第二十卷，人民出版社 2016 年版，第 229 页。

③ 《李达全集》第二十卷，人民出版社 2016 年版，第 231 页。

破，而最后达到矛盾的解决。李达认为，现代修正主义赞成资产阶级和无产阶级的和平共处，这实际上是意味着“把矛盾的共居状态绝对化、把同一性的一种情形绝对化”①，从实质上讲是一种形而上学的思维。第四个方面，对抗性矛盾和非对抗性矛盾。李达指出，这是根据矛盾斗争的形式对矛盾进行的区分。通过外部冲突的形式才能解决的矛盾，叫做对抗性的矛盾；通过非外部冲突的形式解决的矛盾，叫做非对抗性矛盾。李达举例来对此进行说明，提出前者如根本利益相反的阶级和利益集团之间的矛盾、炸弹的爆炸等，后者如劳动人民内部的矛盾，并特别提出对敌我矛盾要通过对抗的斗争形式比如专政才能解决，对人民内部矛盾则要运用非对抗的形式如民主的“团结——批评——团结”的方式来解决。而现代修正主义者则与此相反，他们看不到两类不同性质的矛盾的本质区别，甚至混淆二者之间的关系，以至于走向某种极端，提出用对抗的方式解决人民内部矛盾，而用非对抗的方式解决敌我矛盾，这显然是十分荒谬的。李达强调，作为革命的政党，既要重视矛盾的性质及斗争形式，又要看到两类不同性质的矛盾在一定条件下会相互转化，在这种情况下对于斗争的形式就必须做相应变化，不然就会犯错。

李达在阐述对立统一规律的核心地位的基础上，接着系统阐述了质量互变规律和否定之否定规律。关于质量互变规律，李达阐述了质、量、度的概念，对于从量变到质变、从质变到量变、量变过程中的部分质变、质变过程中的量的扩张、量变和质变的辩证关系进行了系统的阐述，对事物飞跃的形式和过程进行了描述。值得一提的是，其中李达对质与属性的辩证统一关系的阐述、对量的内涵与外延的论述、对新生事物的度的阐述，都包含着富有新意的理解。关于否定之否定规律，李达阐述了唯物辩证法的否定观及其实践意义，阐发了由肯定到否定和由否定到肯定的过程，对于“波浪式前进”的规律进行了阐述并专门批判了曲解“波浪式前进”观的若干论点，指出了这一规律的实践意义，

① 《李达全集》第二十卷，人民出版社2016年版，第236—237页。

阐述了新生事物的含义以及新生事物不可战胜性，阐发了这一原理的实践意义。

应该说，李达对于质量互变规律和否定之否定规律的阐发是全面的、系统的，即便今天的马克思主义理论的教科书也大致是进行了与此相仿的表达。这也说明，李达对于唯物辩证法规律的理解是十分准确的。不过应该看到的是，李达在阐述这两个规律的时候，明确表示都是把它们当做对立统一规律的具体表现形态来进行阐发的。从这里也可以看出，李达始终认为，对立统一规律是唯物辩证法的核心，这就避免了苏联教科书的“并列论”的片面性，是李达在马克思主义哲学体系创新方面的重要建树。

三、对唯物辩证法范畴的全面介绍

什么是唯物辩证法的范畴？李达指出，人们在实践活动中通过反复接触同一种类的事物，对于某一种类的事物就逐渐有了越来越多的认识，就会在头脑中形成关于该种类事物的属性、特征、联系等各个方面的抽象和概括，经过了这些抽象和概括的工作，就会产生关于该种类事物的概念，继而在概念的基础上展开思维的活动。所谓范畴，就是指借以开展思维活动的概念，就是“那些比较深刻、比较普遍的概念”①。可见，在李达那里，范畴就是概念，而概念则浓缩和包含了事物之间的某种内在联系。

李达指出，既然范畴是概念，而概念一般都从属于不同的学科领域。那么，在不同的学科领域，范畴就都具有特定的学科内涵，都反映的是本学科独特的对象和独特的联系。也正是在这个意义上，我们可以说，数学、物理学、生物学、经济学的范畴都各不相同。这也就意味着，各门学科的范畴都只适用于该学科的研究领域和研究范围，而不能套用到别的学科领域和别的学科范围。而作为唯物辩证法的范畴，与上述具体学科的范畴在内容和性质上都是不同的。李达指出，如果说具体科学的范畴是对某一具体领域的特殊的本质的揭

① 《李达全集》第二十卷，人民出版社 2016 年版，第 290 页。

示因而只适用于特定的对象和范围，那么唯物辩证法的范畴则是“整个世界的最普遍的本质联系的反映”①。因而适用于一切领域、一切学科、一切问题。既然唯物辩证法的范畴关乎整个世界的本质，那么反过来讲它就具有极其重要的方法论意义，因此，正确对待和运用唯物辩证法的范畴就成了一件十分重要的事情，能否正确对待和运用唯物辩证法的范畴甚至决定着人的认识活动、实践活动的成败。如果能够做到正确地运用、自觉地运用，就是遵循了科学的世界观和方法论，就会取得成功；如果错误地或者不自觉地运用，那么就会远离科学的世界观和方法论，就会犯下各种不应有的错误。李达指出，唯物辩证法的范畴有很多，不过他最着重要探讨的是那些在三大规律之外的成对的范畴。李达重点阐释了本质和现象、内容和形式、原因和结果、必然与偶然、可能与现实这五对范畴，探讨了这些范畴如何揭示了事物发展的内在逻辑，并把这些范畴视为对立统一规律的具体化。

1. 本质和现象

李达指出，本质和现作为同一客观过程的两个不同侧面，它们各有所指。本质，是“事物的相对稳定的内部联系”②。这种内部联系，也就是事物的内部矛盾的反映。例如，自然界中化学运动的本质是化合和分解的矛盾，人类社会中社会运动的本质就是生产力和生产关系、经济基础和上层建筑的矛盾，等等，事物内部矛盾的存在决定了事物运动过程的本质。李达批判了主观唯心论者如贝克莱的“虚无论”、雅斯贝尔斯的“虚幻的假象”论，以及实用主义、逻辑实证论、语义哲学等学派否认事物本质的论调。现象，就是“为人们的感官可以感知的表面特征和外部联系”③，其中，与本质相一致的现象叫真象，与本质相反的现象叫假象。李达指出，唯物辩证法把本质和现象理解为一种既对

---

① 《李达全集》第二十卷，人民出版社 2016 年版，第 291 页。
② 《李达全集》第二十卷，人民出版社 2016 年版，第 291—292 页。
③ 《李达全集》第二十卷，人民出版社 2016 年版，第 292 页。

立又统一的关系。本质与现象相互关联着,没有离开本质的现象,也没有离开现象的本质。但是“现象并不等于本质,本质也不是现象的堆砌”[①]。此外,“本质显现为现象有一个过程”[②],本质是在矛盾的斗争中逐步表现为现象。李达认为,在马克思主义哲学产生之前,关于本质和现象的关系一直没有得到科学的说明。例如,经验论和唯理论避而不谈本质和现象的关系,康德哲学把事物的本质理解为永远在彼岸的“自在之物”,黑格尔却又是在唯心论的基础上阐述本质和现象的辩证关系。只有唯物辩证法才正确解释了本质和现象的辩证关系,并提供了认识事物的科学方法,即通过现象看本质。通过现象看本质,也表现为一个过程。李达结合当时赫鲁晓夫的修正主义的种种表现,提出要识别其假象,认清其本质。

2. 内容和形式

李达指出,内容和形式是对构成事物的要素的不同称谓,内容就是指这些要素的总和,形式就是这些内在要素的“结构或表现。”[③]例如,就国家而言,国体就是内容,政体就是形式。内容和形式的区分有着相对性,在一定条件下二者可以相互转化。李达还指出,形式可以分为“内在形式和外在形式”[④],前者指同内容有不可分割联系的形式如无产阶级专政下的民主集中制,后者指同内容没有必然联系的形式如书的装帧。一般情况下,形式是指内在形式,并且内在形式也是多样的。在形式与内容的关系问题上,李达指出,首先是内容决定形式,其次是形式对内容有着巨大的反作用力量,两者关系表现为一个从适合到不适合再到新的适合和新的不适合的矛盾运动的过程。李达强调,唯物辩证法关于内容和形式的辩证关系的原理,对指导无产阶级实践活动的重要

① 《李达全集》第二十卷,人民出版社 2016 年版,第 294 页。
② 《李达全集》第二十卷,人民出版社 2016 年版,第 295 页。
③ 《李达全集》第二十卷,人民出版社 2016 年版,第 298 页。
④ 《李达全集》第二十卷,人民出版社 2016 年版,第 298 页。

意义主要体现在以下三个方面。一是根据内容的需要来决定形式的取舍、改造和创造，善于透过形式的外衣看到其背后的内容，正确地把握住新事物。形式主义的错误就在于只看到事物的形式而脱离事物的内容，例如，工作中出现的文风上的“党八股”就是这样的一种错误。二是要善于选择、创造和利用最适当的形式来促进内容的发展，不要犯忽视形式的错误。要根据内容的需要创新形式，创新形式还包括革除旧形式，因为旧形式是束缚新内容发展的枷锁。但是要注意的是，对于旧的形式这个枷锁的破除，并非意味着将它们不加分析地弃之不用，在彻底抛弃那些完全阻碍内容发展的形式的同时还要自觉地对那些有借鉴意义的形式继续加以利用，当然也必须是经过批判地改造之后加以利用。三是在以不断革命的精神改革形式的同时，以革命阶段论的精神充分发挥一切形式的应有作用。李达指出，对那些正在发挥积极作用的形式不能过早废除，如果在条件不成熟的情况下勉强地采用新的形式，那就必然会犯“左”的错误；如果以为一劳永逸地采取某些形式便可以通吃天下，认为无须进行形式的革命就可以高枕无忧，那就必然会犯右的错误。

3. 原因和结果

李达认为，原因和结果是现象间的普遍联系的一种，是指现象之间的那种引起和被引起的关系，引起的就叫原因，被引起的就叫结果。从时间上看，原因和结果之间的关系表现为一种“先行”和“后续”的关系，但并非所有“先行”和“后续”的关系都是因果关系。如果“先行”并非“引起”，而“后续”并非“被引起”，那么这样的关系不能被断定为因果关系，因果关系一定是引起和被引起的关系。因果联系具有客观性，还具有普遍性。李达指出，承认因果联系的客观性、普遍性是唯物论的决定论的一个非常重要的原则，“这个原则是同唯心论的非决定论根本对立的”①。在李达看来，休谟、康德、马赫、黑格尔等

① 《李达全集》第二十卷，人民出版社 2016 年版，第 307 页。

唯心论者都是反对因果联系的客观性的，而旧唯物论的经验论者却认为因果联系的普遍性和客观性仅仅只能靠经验的观察，这些都不是科学的因果观。李达还论述了因果联系的辩证性，阐明二者是对立统一的关系。二者的对立在于，原因和结果是相互排斥的，不能倒因为果，也不能倒果为因，好比帝国主义的侵略是因殖民地人民的革命是果这种因果关系不能颠倒一样。二者的统一在于，原因和结果互相依存并在一定条件下相互转化，无论是从事物的发展链条上看还是先行和后续两个现象的变化来看，原因和结果都是经常相互转化的。因果联系还具有多样性和复杂性，因果联系都是具体的、特殊的因而也是多样的，也表现为一因多果以及一果多因的复杂情况，这些都要求我们对它们进行具体分析。李达指出，唯物辩证法的因果性原理对于破除唯心论和形而上学有重要理论意义，而且对于无产阶级和革命人民的实践活动有重大现实意义，比如要制定正确的路线和政策以及正确的工作计划，就要基于在事物的因果联系深入考察的基础上具有科学的预见，并且争取有利的结果，避免不利的前途。

4. 必然与偶然

李达指出了事物发展中的两种不同情况，一是事物确定不移的趋势和方向，二是构成过程的单个事件可以发生也可以不发生、可以这样发生也可以那样发生，这两种情况分别就叫做必然性和偶然性。李达强调，必须从对立统一规律的观点来解释必然性与偶然性，也就是说，必然性是由事物内部的根本矛盾所规定的确定不移的趋势，而偶然性则不是由事物的根本矛盾所规定的。当然偶然性也有其根据，这种根据要么在于过程内部的非根本矛盾，要么在于其他过程对本过程的影响。二者之间的关系在于，一方面，必然性与偶然性相互依赖。必然性与偶然性互为条件，“必然性只有通过大量的偶然性才能表现出来，偶然性则是必然性的表现形式和补充”①；另一方面，必然性与偶然性

① 《李达全集》第二十卷，人民出版社 2016 年版，第 317 页。

相互转化，李达指出，在事物发展过程的前后之间、某一过程与相邻过程之间、大范围与小范围之间等三种情况下，必然性与偶然性都可以相互转化。李达还指出，必然性和偶然性在事物发展过程中表现出不同的作用，必然性决定着事物发展的总方向，偶然性赋予事物发展的外貌并对事物的发展起着加速或延缓的作用。李达指出，哲学史上的许多哲学流派，它们在承认必然性的情况下却否定偶然性，在承认偶然性的情况下却否定必然性，把必然性与偶然性视为互不相干的东西，而“只有唯物辩证法才第一次对必然性和偶然性的概念及其辩证关系问题作了科学的解决”①。李达进一步指出，必然性和偶然性关系原理对于无产阶级的实践活动具有重要意义。一方面，我们党的路线、方针、政策的提出，必须以科学认识事物发展的必然性为前提，在这样的重大问题上“绝不可以跟在偶然性事件的后面就事论事，敷衍应付”②。另一方面，对偶然性也要给予必要的重视，对于起积极作用的要加以利用而对于起消极作用的要减少其影响。

5. 可能与现实

李达指出，现实这一范畴所指的是“当前存在着的事物或现象”③，现实可以区分为“生长着的现实”和“衰亡着的现实”，而可能这一范畴指的是事物发展前途、方向的“种种趋势”④。所以，现实与可能是不同的，要把二者区分开来。特别是，无产阶级政党在制定政策的时候，必须从现实出发，而不能从可能出发，因为可能只是一种趋势，尚未实现，所以“它不能作为我们当前活动的立足点”⑤，而只有对现实的矛盾进行科学的分析才能正确估计事物发展的种种可能。还要把可能同不可能区分开来，如果并不存在某种特定的矛盾，或

① 《李达全集》第二十卷，人民出版社 2016 年版，第 323 页。
② 《李达全集》第二十卷，人民出版社 2016 年版，第 324 页。
③ 《李达全集》第二十卷，人民出版社 2016 年版，第 325 页。
④ 《李达全集》第二十卷，人民出版社 2016 年版，第 325 页。
⑤ 《李达全集》第二十卷，人民出版社 2016 年版，第 326 页。

者事物矛盾的特殊性尚未发生改变,事物的变化都是不可能的。如果把可能误认为不可能,或者把不可能误认为可能,都不能有效达到实践的目的。此外,还要把现实的可能同抽象的可能区分开来,抽象的可能是指"在事物发展的下一个阶段不会变成现实的那种可能"①,它也有其根据,但是往往因为根据还没有展开到足以解决矛盾的程度,或者工具本身并不是现实的主要矛盾,或者其展开还缺乏一定的必要条件,因而使其成为抽象的可能。对这种抽象的可能的认识,有利于我们作出比较长远的预见。当然,要把这种客观的抽象的可能同主观虚构的抽象的可能区分开来。要实现由可能到现实的转化,要重视事物内部矛盾的斗争及其结果,也要重视事物所处的外部环境或条件。此外,还要看到主观能动性在这种转化中的两个重要作用:一是在不同的可能之间进行选择,要争取较好的可能性,避免最坏的可能性;二是加速或延缓转化的过程,无产阶级和革命的劳动群众要"以最高的速度实现好的可能"②。

以上,李达系统阐述了唯物辩证法的五对范畴。在李达看来,这五对范畴从哲学的层面揭示了事物之间的联系,而这些联系都是对立统一规律的具体展开。

第二节　冯契对唯物辩证法的丰富和发展

和李达不同的是,冯契对唯物辩证法的论述没有作体系性的介绍,而是立足辩证逻辑的发展进行了专门性的阐发。冯契系统考察了中国古代逻辑的历史发展,将对立统一规律放在辩证逻辑的理论视域中加以深度展开,建构了中国式的逻辑范畴体系。

① 《李达全集》第二十卷,人民出版社 2016 年版,第 328 页。
② 《李达全集》第二十卷,人民出版社 2016 年版,第 332 页。

一、对中国古代辩证逻辑的历史考察

冯契对唯物辩证法历史的考察，主要体现在对辩证逻辑的发展历史的考察，并且是结合中国哲学的发展来进行阐发的。

关于中国古代逻辑，冯契指出，西方的哲学和科学的发展与形式逻辑联系紧密，与之不同是的，中国的哲学和科学的发展与辩证逻辑的联系更为紧密，这种情况形成了中国逻辑思想的独有特点。当然，这也是由于中国古代的特殊情况决定的。由于中国古代是一个农业国家，中国人长期的农业实践决定了中国的科学、语言、文化的特点，哲学长期处于朴素辩证法阶段，从而使得"中国人有较多的辩证思维的习惯"①。对于这种辩证思维的特点，中国古代的哲学家有着丰富的总结和概括。荀子的"辨合"、"符验"的思维运动观就带有辩证法的特征，《易经》"一阴一阳谓之道"的对立统一观是中国古代辩证逻辑的典范和标志。冯契指出，王夫之有过这样的分析，认为"合二以一者，既分一为二之所固有矣"，其中"一"是道或易，"二"是指阴阳、乾坤，"分一为二"并且"合二以一"便是辩证法。在冯契看来，这种辩证法从方法上讲，就是分析和综合的统一。分析有助于对事物的各个方面进行清楚的研究，但是不能把分析绝对化，因为要从整体上把握事物还必须进行综合，就好比研究五音固然重要，但是五音和谐才能成为乐曲。"穷理"是必要的，但不能把一个个规律、一个个范畴弄得割裂开来，造成不"和顺"。总之，冯契认为，"概念、范畴必须是灵活的、生动的、对立统一的"②，否则就不能正确地把握客观对象，就不能获得关于世界的真理性认识。冯契对王夫之关于分析与综合相统一的观点的解读，对王夫之关于概念对立统一的观点的分析，其实就是对辩证法在思维中的表现的阐述。

接着前面的阐述，冯契考察了中国古代哲学对于怎样才能做到"辨合"、

① 《冯契文集》第二卷，华东师范大学出版社1996年版，第141页。

② 《冯契文集》第二卷，华东师范大学出版社1996年版，第143页。

实现分析与综合的统一这个问题的回答，说明中国古代辩证逻辑是如何发展的。在冯契看来，中国古代哲学最早提出了类、故、理范畴的当属荀子和墨家，他们很早就提出了形式逻辑的原则，以及辩证逻辑的因素。例如，荀子提出了“一统类”、“尽故”、“以道观尽”等要求，分别代表着要用一贯的道理看待问题、全面地阐明道理、从道的观点全面地看问题等所指，其实都是包含着辩证逻辑的思维。特别是要求在看待各家观点时既要看到“所见”，又要看到“所蔽”，这恰恰就是辩证逻辑所要求的全面分析问题的原则。冯契指出，中国古代哲学在各个时期所关注的逻辑思想的重心有所不同，在不同时期所探讨的范畴各有侧重。在先秦时期，对“类”的探讨比较多一些，而对“故”和“理”涉及较少。这个时期主要讨论“比类”，探讨如何全面地比较不同事物之间的异同来把握事物运动发展的内在规律，探讨的领域主要在医学和历法方面，特别是在医学领域。秦汉以后，除了对类的研究不断深化以外，对“故”的研究也不断深化，特别是体和用的关系成为重点。唐宋以后，对于“理”的研究不断推进，最重要的是道和器的关系、理和势的关系。总之，从荀子和周易直到王夫之，关于辩证思维的研究不断发展，对于分析方法、综合方法的理论不断丰富，以象数关系、理势关系等为辩证逻辑的重要内容不断得到拓展，使辩证逻辑的发展到了一定的水平。

在对上述关于中国古代的辩证逻辑的发展进行一个历史线条的阐述之后，冯契指出了中国古代辩证逻辑的局限性。这种局限性就在于“它没有取得严密的科学形态，缺乏自觉性。所以运用辨合、比类、体用不二等方法时容易主观地运用，甚至导致荒唐的见解。”①那么如何克服这种局限性呢？冯契认为，中国古代辩证逻辑自身其实提供的有效的方法，那就是坚持荀子所提出的“符验”的方法，从事实出发，从唯物主义的原则出发。冯契特别提到了宋代沈括对“符验”方法的贯彻，认为沈括非常重视通过实验手段得到的数据，

---

① 《冯契文集》第二卷，华东师范大学出版社 1996 年版，第 149 页。

并且还运用数学方法对这些数据进行分析和处理,使辩证逻辑和科学有了深度的结合,这有着非常重要的意义。但是,由于中国古代历来缺乏研究自然的内在动力,使得实验手段长期未能真正发展起来,加之自《墨经》之后关于逻辑的学问一直不受重视,这种传统使得沈括对"符验"方法的贯彻在后来并没有真正发展起来,确实是一种很大的遗憾。而西方则不一样,西方自希腊时代就产生了形式逻辑,在文艺复兴时期发展了实验科学方法并开始兴盛,这使得西方哲学家注重逻辑思想的研究,例如,"培根强调归纳法,笛卡尔强调演绎法,洛克注重分析,斯宾诺莎注重综合"①,这些都大大拓展了逻辑思维方面关于方法和范畴的研究。而随着元素周期表的发展等化学研究领域的不断发展,随着胚胎学、生物进化论等生物学领域研究的不断发展,逻辑和方法论方面就随之从片面到全面不断发展,进入越来越高级的阶段。后来到了黑格尔、马克思,在西方哲学就确立了自觉的辩证逻辑。

由以上可见,冯契是通过考察了科学和哲学的发展过程之后,认为科学和哲学的发展都经历了一个从具体到抽象再由抽象到具体的过程,并从中推出这样一个结论的,即逻辑也遵循着同样的过程。

二、对对立统一规律的深刻阐发

冯契对唯物辩证法的基本规律的理解跟李达是一致的,他也强调对立统一规律是宇宙的根本规律,它普遍存在于自然界和人类生活的各个领域。但是,在阐述对立统一规律的时候,与李达主要将之运用于分析我党的历史和党当时的路线方针政策不同的是,冯契主要将之运用于分析人的思维的运动。

冯契指出,辩证逻辑的基本观点就在于,要在对立面的统一中把握对立面,具体概念都内在地包含着对立面的统一。在冯契看来,老子提出的"正言若反"的观点,以及《易传》提出的"一阴一阳谓之道"的观点,都是对立面统一

① 《冯契文集》第二卷,华东师范大学出版社 1996 年版,第 151 页。

的思想的体现。对立统一规律对于把握思维运动的过程有着重要意义，因此，“思维不仅需要遵守同一律，而且需要遵守对立统一规律”。[①] 只有遵守对立统一规律，思维才能把握客观世界的变化发展，才能把握关于事物的本质规律。那么，如何把握概念的对立统一呢？冯契引用了列宁在《哲学笔记》中的阐述，指出概念的辩证法表现在三个方面，即“概念的相互依赖”、“概念的转化”、“概念之间对立面的同一”。在冯契看来，“概念的相互依赖”意味着把握概念不能脱离概念之间的“有机联系”，要从概念的“内在联系”中来对概念予以具体地把握。以爱因斯坦的物理学为例，在那里，时间概念不仅与空间概念而且还与运动概念紧密相连，因此把握时间概念离不开对整个物理学概念的把握。“概念的转化”意味着不能像形式逻辑那样用互不相容的态度对待概念之间的关系，而应该看到概念向对立面转化的可能性。例如，有限与无限、主观和客观等在概念上是相互转化的，这就是“概念的辩证法”。“概念之间的同一”意味着概念之间的对立具有相对性，概念的联系和转化最后都是达到对立面的统一，它要求把概念之间的联系和转化理解为一个具有内在统一性的过程，也就是理解为概念之间的矛盾运动的过程。所谓“物极必反”，就是这个道理。冯契以《资本论》中马克思论述商品的发展创造出矛盾在其中运动的形式这一道理为例，指出“概念的矛盾发展创造出矛盾能在其中运动的形式”[②]，认为这就是解决概念之间矛盾的方法。例如，唯物主义和唯心主义、社会主义和资本主义都是作为概念而存在，但这些对立概念的矛盾运动，正是唯物主义克服唯心主义、社会主义战胜资本主义的客观过程的反映。

冯契也讲否定之否定规律，但是冯契也是主要把这一规律用来分析思维的运动。冯契认为，概念的发展过程就是一个对立统一的过程，这一过程表现为“判断的肯定、否定的矛盾运动”。[③] 冯契以三段论为例来阐述这一点。冯

---

① 《冯契文集》第二卷，华东师范大学出版社 1996 年版，第 276 页。

② 《冯契文集》第二卷，华东师范大学出版社 1996 年版，第 280 页。

③ 《冯契文集》第二卷，华东师范大学出版社 1996 年版，第 281 页。

契指出，在三段论中，由前提推出结论时，必然要对大前提给出一个判断，同时对小前提也要作出判断，没有对大前提和小前提给出的判断就无法得出最后的结论。无论是肯定还是否定，都是一种判断。但是，与形式逻辑不同的是，辩证逻辑不是就形式作出判断，而是就内容作出判断，即根据内容本身的运动来作出肯定或否定。这种辩证法，正如马克思所指出的那样，就是指在肯定的理解中同时包含着否定的理解，也正如列宁指出的那样，指的是在否定第一个论点的同时用第二个论点去代替它。因此，冯契所说的概念的对立统一表现为判断的运动，就其实质而言，指的就是概念内部的矛盾运动，这种运动表现为“肯定的论点向否定的论点的转化和运动”①。

冯契在阐述概念的运动规律时，把对立统一规律和否定之否定规律紧密结合起来加以运用。冯契指出，列宁之所以强调对于一个肯定的论断的考察必须联系差别、联系、转化，其内在机理就在于：“客观事物在自身同一中包含有差别，肯定中包含有否定……一切事物都有其固有的矛盾……所谓固有矛盾，即事物在肯定中孕育着否定自己的因素。”②事物的运动过程就是一个肯定因素和否定因素的联系和转化的过程，这种现实的客观过程就要求对第一个肯定论断指出其差别、联系和转化。只把肯定看成是肯定，而不把肯定看成肯定中的否定，那么这种肯定就是一个僵死的论断。冯契还指出，列宁所说的对第二个否定的论断要求指出“统一”，就是因为在辩证法那里，否定不是简单的、建立在怀疑论基础上的否定，而是“在否定中保持着肯定东西的否定”③。事物的发展表现为新事物对旧事物的否定，这是一个现实的客观过程，认识的发展也是这样，概念的运动也表现为这样的辩证法。如果看不到否定的东西里包含肯定的因素，那么否定的论断就会导致怀疑论，最后的结果就是一步步坠入虚无主义的深渊。通过对列宁的“第一个肯定”和“第二个否

---

① 《冯契文集》第二卷，华东师范大学出版社 1996 年版，第 282 页。

② 《冯契文集》第二卷，华东师范大学出版社 1996 年版，第 282—283 页。

③ 《冯契文集》第二卷，华东师范大学出版社 1996 年版，第 283 页。

定”的论述的解读，冯契阐述了自己对于概念运动的辩证法的理解，即“判断的肯定、否定的运动就概念互相联系、互相转化、达到对立面同一的过程”①。在冯契看来，判断的运动正是否定之否定规律的生动体现，判断的矛盾运动包含否定之否定的三个阶段，即肯定、否定、否定之否定。这是客观事物发展的辩证法，是认识发展的辩证法，也是概念、判断运动和发展的辩证法，它内在体现着客观辩证法和认识辩证法的统一。针对那种认为马克思通过理论研究得出社会主义必然代替资本主义的结论是因为马克思运用肯定中包含着否定的原理的结果的观点，冯契指出，这种认为马克思是把肯定否定原理作为模式套用在分析资本主义社会的观点是站不住脚的，事实是，马克思是在详细分析了资本主义社会的发展过程和认识发展的矛盾过程的基础上得出来的结论，只不过马克思研究出的结论，用概念、判断表述出来，便取得概念在对立中统一的形式和判断中肯定否定统一的形式。

由于所有概念都具有对于现实的摹写和规范作用，因而概念在一定意义上讲就具有了方法论的功能。冯契认为，作为概念的辩证法的对立统一规律也是如此，也具有摹写现实和规范现实的作用，它“既是现实和过程的辩证法的摹写，又是对现实和认识过程的规范”②正是因为如此，对立统一规律就转化为一种方法。作为方法，概念的对立统一就体现为分析与综合相结合。分析是分别考察事物的各个部分和要素，综合则是将各个部分和要素作为一个整体统一起来进行考察。在如何看待分析和综合的关系这个问题上，形式逻辑与辩证逻辑有着不同的视野。在形式逻辑那里，分析和综合是不能混为一体的两种各不相同、互不相关的方法，而在辩证逻辑那里，则强调分析和综合二者之间的互补和结合。强调分析与综合的结合，就是强调它们作为“同一方法的不可分割的环节”③的内在统一性，也就是说，不仅要看到分析和综合

① 《冯契文集》第二卷，华东师范大学出版社 1996 年版，第 285 页。
② 《冯契文集》第二卷，华东师范大学出版社 1996 年版，第 286 页。
③ 《冯契文集》第二卷，华东师范大学出版社 1996 年版，第 287 页。

的“对立”，也要看到还有一个“统一”的一面。换言之，就是要从对立面的统一中把握事物，用分析的方法考察事物的各个方面，用综合的方法把各个方面统一起来。从这个意义上讲，分析和综合其实是从根本上是同一方法的不同环节而已。在冯契看来，还应注意的是，强调分析和综合相结合并不是要交替使用分析和综合，不能把分析和综合看成是并列的方法，而应该把分析和综合看成是思维的每一步都同时具有的，综合中包含着分析，分析中包含着综合。所以冯契认为，在辩证思维的过程中，人们最后所形成的一切论断都是这种分析和综合的有机结合的结果。冯契强调，在这个问题上，要防止将分析和综合相结合的方法视为强加给事物的一种思维，而是要将分析和综合相结合看成是从对象本身的矛盾运动来把握对象的方法，即是“以客观现实之道还治客观现实之身”。

关于概念的辩证法，黑格尔曾经指出存在“开始”、“进展”、“目的”三个环节。在冯契看来，黑格尔的这三个环节的观点在分析和综合相结合的方法上可以得到很好的说明。第一个环节是辩证思维的“开始”的环节，在这个环节就是全面考察全部要素，把握最基本的最原始的关系，提出问题的依据。例如，《资本论》一开始对商品的考察，《论持久战》一开始对中日双方战争要素的考察，都是如此。把握这些基本要素，就是把握了事物的基本矛盾和事物发展的基本依据。第二个环节是辩证思维的“进展”，就是对占统治地位的关系进行分析，并进行综合，研究解决矛盾的根本方式。例如，《资本论》考察商品，就对商品所包含的主要社会关系进行了分析和综合的考察，包括使用价值与价值，具体劳动和抽象劳动，来把握商品交换过程中商品矛盾运动的过程以及矛盾的解决。而后又阐述商品转化为货币，货币转化为资本，再运用分析和综合相结合的方法对它们予以考察。总之，辩证思维的过程及思维的辩证法展开为这样一种状况：矛盾的产生——矛盾的两个方面的考察——分析和综合。当然，运用分析和综合相结合的方法本身依然还是有一个前提的，即仅仅依据现实过程，每一步都用事实材料来加以验证和说明。第三个环节是辩证思维的“目的”环节,就是要促成事物的转变,达成人的目的。实现人的目的,就是要使有利于人的可能性变成现实,达到主观愿望与客观现实的统一,这也是一个分析和综合的过程。以上三个环节的情况表明,辩证思维的运动过程无论经历哪一个环节,“每一步都是分析和综合的结合,每一步都是对立统一规律的运用”①。可见,对立统一规律不仅存在于人的思维过程之中,还贯穿在人的思维过程的始终。

如果说前面所述讲的是推理的辩证法的话,那么,关于论证的辩证法又是怎样的呢? 冯契认为,在论证、反驳这个问题上,形式逻辑和辩证逻辑的区别在于,形式逻辑只看到了静态的关系,而辩证逻辑还看到了动态的关系。辩证逻辑在承认形式逻辑的合理性的基础上,强调要进一步“通过判断的矛盾运动”②、通过分析和综合来进行科学的论证,以达到肯定和否定、主观和客观的统一。辩证逻辑的论证,不仅要求遵循科学的理论,而且要求“每一步用事实即实践验证”③。这样,就既要从理论上阐明正确的观点,又要在理论上反驳错误的观点,不管是阐明正确的还是反驳错误的,都要回到实践上去,通过实践来进行验证,这种论证、反驳就比形式逻辑的论证、反驳更加复杂。在冯契看来,中国古代哲学其实早就看到了这一点,古代的“别宥”、“解蔽”之说就是讲观点的批判的,特别是清代的王夫之批判了在分析和综合问题上的那种典型的片面观点:“或曰,抟聚而合之一也;或曰,分析而各一之也。呜呼,此微言之所以绝也。”④这也就提醒人们,如果看不到分析与综合的对立统一关系,就无法获得关于事物运动发展之“微言”,也就无法把握客观世界的本质和规律。冯契特别指出,在对观点、理论进行辩证分析的时候,因为必须对该观点和理论的社会历史根源、认识论根源、社会意识性以及其具体特征进行全面的

---

① 《冯契文集》第二卷,华东师范大学出版社 1996 年版,第 292 页。
② 《冯契文集》第二卷,华东师范大学出版社 1996 年版,第 293 页。
③ 《冯契文集》第二卷,华东师范大学出版社 1996 年版,第 293 页。
④ 转引自《冯契文集》第二卷,华东师范大学出版社 1996 年版,第 295 页。

把握，因此其难度要远远超出形式逻辑意义上的诸如偷换概念、循环论证等的批判。尤其是，在“解蔽”的时候，常常遇到“弊”与“见”同在的情形，如何通过克服消极因素去其“弊”、通过继承合理因素扬其“见”，的确是一件十分不容易的事情。而且，在去其“弊”、扬其“见”的每一个环节，仍然必须最后诉诸于实践来进行验证。

由上不难看到，冯契十分强调概念的辩证法也是对客观现实的运动过程的“如实反映”。也就是说，不能像杜林那样认为把否定之否定规律往事物那里一套就可以了，而是应如恩格斯对杜林所做的批判指出那样，马克思从来没有在主观上运用否定之否定规律来证明什么，而是用历史事实证明了资本主义自身矛盾运动的历史必然性，马克思只是“如实反映”了现实的矛盾运动过程，虽然在概念上、在阐述上表现为分析和综合相结合的方法。总之，概念的辩证法并非只是用来进行理论论证的单纯工具，而是“如实反映”客观现实的矛盾运动的方法。所以，辩证逻辑的论证从本质上讲不是单纯的人的思维的逻辑运动，而是对各种事实的反映，是对现实的如实的反映。对此，冯契明确指出，辩证逻辑“无非是现实历史本身的肯定否定的矛盾运动的反映……每一步都要用事实来检验”。[①] 这就是冯契关于概念的辩证法的观点，也是冯契对分析和综合的辩证思维方法的看法。从中我们可以看到，冯契在分析和阐述中始终把握住了对立统一规律这一核心。

三、对唯物辩证法范畴的中国式构建

对唯物辩证法的范畴的阐述，冯契并未像李达那样将几大主要范畴罗列出来予以系统的揭示，而是研究了范畴的本性，在认识的运动过程中考察范畴的演变，并将中国古代的范畴予以了新的阐释，形成了一套中国式的范畴体系。

---

① 《冯契文集》第二卷，华东师范大学出版社 1996 年版，第 297 页。

1. 范畴与逻辑范畴

与李达把范畴理解为“比较深刻、比较普遍的概念”①相同，冯契也把范畴理解为“哲学和科学的基本概念”②。也就是说，在冯契看来，每一门学科所独有的基本概念就是范畴，如哲学中的物质和意识，政治经济学中的生产力和生产关系，生物学中的同化和异化，这些范畴就是每一门学科体系的骨干，构成了该学科的理论体系。中国古代的哲学范畴就是围绕名实关系开始的，逐渐形成言、象、意、道之间的争论。无论是《易传》，还是张载、王夫之，都用“象”来表达范畴之意。那么，在唯物辩证法那里，范畴的重要性体现在何处呢？冯契指出，“唯物辩证法也认为科学的具体真理必须通过范畴的联系才能把握”③，也就是说，只有对范畴有了全面而深刻的认识，才能真正把握科学真理。因为，正如列宁所说，范畴是人类认识之网上的一些“网上纽结”，作为主体的人就是通过一个个这样的“纽结”来不断丰富对对象的认识，从这个意义上讲，范畴体现为人的认识过程中的一些阶段。也正因为如此，一旦出现一个新的范畴，也就意味着科学发展新的阶段来到。

冯契比较了哲学的范畴和科学的范畴之间的关系，认为二者都具有“一般性”的特征。不过冯契也指出，科学的范畴只是在该门科学领域内带有一般性，并且由于哲学的范畴是从科学的范畴中概括出来的，故而哲学的范畴是最一般的范畴。那么，作为最一般的范畴，哲学范畴当然也适用于各门科学。哲学范畴有着非常重要的方法论意义，不仅表现在它是人类认识总过程中的一些阶段，而且表现在它是客观实在最一般的形式。就前者而言，范畴的运动推动着人的认识不断进入更高的阶段，例如，每一次的从现象到本质的运动就是如此；就后者而言，哲学的每一对范畴都是各门科学所共有的范畴，每一门

① 《李达全集》第二十卷，人民出版社 2016 年版，第 290 页。
② 《冯契文集》第二卷，华东师范大学出版社 1996 年版，第 298 页。
③ 《冯契文集》第二卷，华东师范大学出版社 1996 年版，第 300 页。

科学的发展都要这样那样地运用到这些范畴，因此对具体科学而言哲学范畴也就具有方法论的意义。

冯契指出，“范畴具有辩证的本性”①。其根据在于，范畴人作为对现实的反映，作为人把握现实的理论工具，在认识发展过程中都代表了认识的某一发展阶段，因而都是必须随着现实的发展而不断向前发展，必须随着人的认识的提高不断发生变化。关于自然界的范畴、关于社会历史的范畴都并非一经产生就永远不变了的，都要经历由旧到新不断发展、不断更替的过程。自然科学的范畴是这样，哲学范畴也是这样。例如，在中国哲学中，“气”这个用来表示客观物质的范畴在古代较长一段时间被广泛使用，但是近现代以后则被“物质”这个范畴所取代。还比如“阴”和“阳”这对范畴，也是中国古代长期被用来揭示事物的对立面的范畴，到今天我们已经用“对立统一”这个范畴取代了它们。还有中国哲学中的“五行”、“八卦”这样的范畴，在现代科学比较发达的历史条件下，也逐渐不再被人们像从前那样普遍使用。也就是说，随着历史的发展和社会的进步，范畴也随着不断变化发展着。从这个意义上讲，在范畴问题上，要坚持范畴是流动的辩证法观点，要自觉反对恩格斯也曾经批判过的那种“固定范畴的形而上学派”，因为形而上学的范畴观是把范畴看成是固定不变和不能转化的。因此，冯契强调，我们要重视对范畴的本性的研究，通过认识范畴的辩证本性、通过把握范畴的矛盾运动来揭示关于世界的一般法则。而且，在这个问题上，要自觉同康德、黑格尔唯心主义的范畴观划清界限，坚持唯物辩证法的范畴观。

针对有人提出能否把范畴分为本体论、认识论和逻辑三个层面进行剖析的问题，冯契认为，答案是肯定的。同时冯契也指出，从这三个不同的层面进行分析是必要的，但是要防止将三者割裂开来作分析。有些范畴如意见、观点和真理，感性和理性、能和所，最初是以认识论的范畴出现，但是由于逻辑范畴

① 《冯契文集》第二卷，华东师范大学出版社 1996 年版，第 304 页。

本身是总结人类认识历史的结果,因此在考察逻辑范畴时也要涉及这些范畴。有些范畴属于本体论层次的,如中国古代哲学的“性”和“天道”,但是考察逻辑范畴时也离不开这些本体论层次的范畴,因为把握这些本体论范畴也要通过许多的逻辑范畴。从这个意义上讲,如果非要硬性主观地把范畴割裂成本体论、认识论和逻辑学这样的不同的场面,那么从方法上讲是不科学的,从效果上讲是不如人意的,从结果上讲最终也一定是走向形而上学的。当然,从不同的层面分析范畴,也可以看到范畴的多方面的特点。比如,从逻辑这个侧面来看,范畴就具有至少三个方面的特点。第一,从产生看,逻辑范畴是从思维形式中概括出来的。逻辑范畴是从对命题的概括中得出来的,因为命题本身都包括现象与本质、一般和个别等逻辑范畴,在形式逻辑中这些范畴就早已存在。第二,从演化看,逻辑范畴的变化体现了人的正确思维的运动。逻辑是要求排除思维错误的,形式逻辑和辩证逻辑都是如此,尤其是辩证逻辑,它要求在排除错误的时候必须“通过观点的批判和实践的检验”①这两个环节。也正是因为如此,考察范畴的变化就要认识到范畴在观点批判和逻辑论证方面的功能,通过看范畴的变化而发现正确思维的运动规律。第三,从方法看,科学范畴都蕴含着逻辑范畴。当运用科学范畴来规范现实的时候,科学范畴也就成为方法。例如,当运用元素周期律来进行预测的时候,元素周期律便成为方法,元素周期律本身蕴含着本质与现象、个别与一般等逻辑范畴。

2. 认识的运动与范畴演变

冯契对逻辑范畴的考察不仅仅是在逻辑学的视域内进行的,而是和对认识论的考察紧密联系在一起。冯契提出,“考察逻辑范畴应当以辩证唯物主义认识论作为前提”②。由此出发,冯契把逻辑范畴视为与认识的不断运动过

---

① 《冯契文集》第二卷,华东师范大学出版社 1996 年版,第 310 页。

② 《冯契文集》第二卷,华东师范大学出版社 1996 年版,第 311 页。

程相伴的阶段和环节，并得出“逻辑范畴体系和认识辩证运动是一致的”这一基本观点。

为了论证这一基本观点，冯契从黑格尔谈起，再谈到马克思。关于黑格尔，冯契指出，正如列宁所概括的那样，黑格尔的《逻辑学》从“存在论”到“本质论”到“概念论”的层层推进，正是从质、量等现象的认识再到同一、差别、原因、结果等本质的认识再到绝对观念即真理的概念的认识演进过程，也即是相关的逻辑范畴的推移的过程，从这一意义上讲，“整个黑格尔的《逻辑学》正体现了逻辑范畴体系与人的认识过程的一致”①，这也是黑格尔哲学体系中有生命力的东西。当然，应该看到黑格尔哲学体系自我标榜为绝对真理的独断性。人的认识总是受特定历史条件的限制，故而任何人都不可能建立起包罗一切的完美无缺的最终的逻辑范畴体系。对于那些已经被揭露出来的范畴体系而言，它们也还有待于进一步的发展和深化。据此，我们应当自觉把逻辑范畴体系建立在唯物辩证法的基础之上。虽然建立逻辑范畴体系是必要的，但是建立的逻辑范畴体系必须是开放的，而不是封闭的。

那么，究竟怎样来构建逻辑范畴体系呢？这的确是一个长期以来有待于解决的问题。对此，冯契提出了自己的构想。

冯契的观点是：要解决这个问题，必须分两步走。第一步就是要明确逻辑范畴体系的起点何在，第二步就是要明确逻辑范畴如何展开。就第一步而言，黑格尔提出的范畴从存在开始是很有道理的，但是我们应该把从存在开始理解为从客观实在开始，从唯物主义的角度去理解从存在开始。范畴、概念所反映的都是客观实在，例如“这是白马”这一判断中，“这”指客观存在的事物，“白”是标志事物性质的范畴，“马”是客观实在的事物，因此，“一切概念、范畴都可以看成是实在的谓词（宾词）”②，范畴就是摹写现实的形式。人在实践活动中所接触的，是一个个实在的事物，感觉给予客观实在，首先把握住的就

① 《冯契文集》第二卷，华东师范大学出版社 1996 年版，第 313 页。
② 《冯契文集》第二卷，华东师范大学出版社 1996 年版，第 315 页。

是事物的现象，而现象以色彩、声音、温凉等呈现出来，认识必须通过这些现象、通过各种感性材料达到本质，反过来只有把握了本质才能对现象有清楚的认识。总之，逻辑范畴的建立必须以客观实在为起点。就第二步而言，逻辑范畴的展开，也应该在扬弃黑格尔的基础上予以安排。在黑格尔那里，存在论是直接性范畴，本质论是间接性范畴，概念论则是直接性和间接性统一的范畴，黑格尔把存在和本质分割开来的做法以及把逻辑范畴分为直接性范畴和间接性范畴的做法不过是从客观唯心论来构造逻辑范畴体系的。冯契认为，对于黑格尔的观点和做法，我们应该予以扬弃，采取唯物主义的方式，即我们把实在作为最基本的出发点，通过对实在本身蕴含的各种对立统一关系的考察抽象出逻辑范畴，通过对逻辑范畴的矛盾运动的考察来揭示逻辑思维的辩证法。如此一来，就"把黑格尔的体系颠倒过来了"。①

在明确了逻辑范畴体系的起点和逻辑范畴的展开之后，下一步就是具体怎样构建逻辑范畴体系的实际问题了。对于究竟如何建立起具体的逻辑范畴体系这一问题，冯契认为必须到人类以往构建逻辑范畴体系的实践中去寻找答案。冯契指出，在中外哲学史上，出现过不同的逻辑范畴体系。在中国哲学史上，出现过"类"、"故"、"理"的范畴体系；在印度哲学史上，出现过"宗"、"困"、"喻"的逻辑范畴体系；在西方哲学史上，康德提出了三对范畴：个别与一般、原因和结果、必然与偶然。由此可见，中外哲学有一个共同的特征，就是把逻辑范畴分为三组。通过以上分析，冯契提出了他构建逻辑范畴体系的具体思路：从客观实在的现象中把握客观实在的本质，"通过类、故、理等主要范畴的矛盾运动来把握'性'与'天道'"②。

3. 中国式的范畴体系：类、故、理

类、故、理的逻辑范畴体系是由中国古代墨子首先提出来的，这一逻辑范

---

① 《冯契文集》第二卷，华东师范大学出版社 1996 年版，第 319 页。

② 《冯契文集》第二卷，华东师范大学出版社 1996 年版，第 324—325 页。

畴体系经后来的思想家们不断丰富和发展，内容日益丰富。冯契认为，中国这一古老的范畴体系有着重要的现代价值。这是因为，从人类认识的发展历程来看，类、故、理范畴体系的发展体现的正是人的认识从现象到本质、从不甚深刻的本质到更加深刻的本质的从低级向高级的演变过程。

（1）关于“类”的范畴

“类”的范畴回答的问题，主要是“是什么”这个问题。冯契指出，回答“是什么”的问题就必须给出清晰明确的界定。在冯契看来，“类”作为范畴主要要解决的是以下五个方面的关系。第一，同一和差异。考察事物的类首先就要辨同异，辨同异才能解释事物的本质，实现从个别到一般的飞跃。中国古代惠施和公孙龙关于“坚白同异”的争论，形成了《墨经》对同和异关系的比较准确的看法，以及后来荀子“同则同之，异则异之”的关于概念和对象之间关系的逻辑原则，奠定了对于“类”范畴的基本认识。与形式逻辑把“类”理解为事物共同属性的“归类”不同，辩证逻辑把“类”理解为同一中包含差别，例如，《老子》提出“正言若反”，《易传》提出“正言断辞”，所以正是因为概念自身的内在矛盾性，概念才能把握充满矛盾的现实。第二，个别、特殊和一般。在中国哲学史上，“共”与“殊”的问题因“白马非马”的诡辩论引起众多争论而备受关注。《墨经》把名分为“达名”、“类名”、“私名”，分别代表最高的普遍性、类对象和个别对象，也就是一般、特殊和个别，特殊是一般和个别之间的中间环节。恩格斯曾经指出，黑格尔的“概念运动”包含个别性（E）、特殊性（B）、普遍性（A）三个规定性，逻辑思维的演变就表现为从个别到特殊、从特殊到普遍的不断上升过程，即 E——B——A，思维的推理形式也就表现为 E、B、A 之间的不同组合样式。当然，这些不同的样式反映的正是事物的类属关系，而不是虚构出来的主观模式。第三，整体和部分。在《墨经》中，“体同”是指四肢是身体的一部分，“类同”是指分子包含在类当中，类似于我们今天讲的“整体是各部分的总和，整体大于部分”的意思。对于部分和整体的关系，我们不能视整体为部分的机械总和，“整体就是对立统一体，部分也就是统一物的各个对立面”①。部分、整体的辩证法就是分析和综合的方法，为了把握矛盾总体，就必须对矛盾的各个方面进行分析，再通过综合来把握矛盾整体。至于全局和局部，也是这样的一种关系，“纲举目张”就是讲全局性和局部性的关系。第四，质和量。首先，从认识的发展来看质和量，某一类的概念反映的是这一类事物的质的规定性，质规定量。在科学发展的特定阶段，或侧重考察事物的质进行定性研究，或侧重考察事物的量作定量研究，都是十分必要的。其次，从矛盾角度认识质和量，马克思主义经典作家都注重对矛盾进行质和量的分析，如马克思对商品的分析、毛泽东对抗日战争的分析都是基于对矛盾的分析而达到对于事物的质和量的分析的，这样就能够把握矛盾总体。最后，既要从量把握质，又要从质把握量。科学史上的无数例子都可以充分证明，通过从量把握质和从质把握量的大量不断的反复，理论思维才不断加深到更高的层次，理论才不断由抽象上升到具体。第五，类和关系。类和关系是不可分割的，类的个体总在一定的关系当中，关系则总属于一定的类，辩证逻辑要求从本质的联系来把握类。

(2)关于“故”的范畴

“故”的范畴回答的问题，主要是“为什么”的问题。冯契指出，回答“为什么”的问题就必须要给出根据和理由。在冯契看来，“故”作为范畴主要要解决的是以下四个方面的关系。第一，因果关系和相互作用，条件和根据。世界是一个由普遍联系构成的图景，包含有无穷多的链条，我们说其中两个事物构成因果关系，不过是在相对封闭的意义上说的，从整个无限多样的联系之网上看那种因果关系又是片面的，因果联系只是普遍联系和相互作用之网的世界的极小部分。把握因果联系，就必须把握事物的相互作用，“不仅要从普遍的相互作用出发，而且需要具体考察相互作用的各个方面、各种因素，并且也不能不分主次地把各种因素同等对待”②。也就是说，既要考察事物的各种条

---

① 《冯契文集》第二卷，华东师范大学出版社 1996 年版，第 336 页。

② 《冯契文集》第二卷，华东师范大学出版社 1996 年版，第 355 页。

件,还要通过对事物的全面考察中把握其中最根本的原因,即根据。逻辑思维就是研究如何分析事物多种多样的条件,包括内部条件和外部条件、历史条件和环境条件、客观条件和主观条件、有利条件和不利条件,分清楚其中经常起作用的、主流的东西,以此去把握事物变化的根据,正如毛泽东在《论持久战》所体现出来的那样。第二,实体和作用。正如斯宾诺莎把实体看成是自身的原因,事物运动的原因就是事物自身。而中国哲学提出"体用不二"的观点,也是承认事物运动是自己运动,这一唯物主义的观点对于逻辑思维意义重大。其意义体现在,既要从联系、发展中把握住实体,即"由用得体",又要从实体出发来把握联系和发展,即"因体显用"。我们不论是研究微观物体还是宏观物体,既不能把作用看成是脱离实体的,也不能把实体理解为超验的东西。从这个意义上讲,"体用不二"的观点对于今天的科学研究也非常有意义。第三,内容和形式。在古代,这对范畴也被称为质料与形式。从客观辩证法的角度看,内容决定形式,内容发展了就要抛弃旧形式;形式反作用内容,或其促进作用或起阻碍作用。从主观辩证法的角度看,逻辑思维最终还是要以内容为根据。例如,一个时代变化的依据在于物质生活的内在矛盾,经济是其中根本的原因,但各种意识形态的作用也是不能忽视。第四,客观根据和人的目的。讲根据,就是讲人的主观目的要和客观事物的发展规律和发展方向相一致。讲目的,是说目的规定着人的活动,目的就是人的实践活动的根据。在这个问题上,要把二者结合起来,既要批判唯意志论,又要批判目的论,也要批判机械论。

(3)关于"理"的范畴

"理"的范畴回答的问题,主要是"如何做"的问题。冯契认为,回答"如何做"的问题就必须涉及"必然"与"当然"之间的关系问题。在冯契看来,"理"作为范畴主要要解决的是以下四个方面的关系。第一,现实、可能与必然。形式逻辑把现实理解为现存的事物,把可能理解为一种判断,把必然理解为演绎推理的结果。而辩证逻辑则把现实理解为同时是必然的东西,合乎规律的东西一定会存在现实的东西,这好比中国哲学中的“理”和“势”,“理”就是必然性,“势”就是发展趋势。事物未来的发展趋向就是可能性,可能有虚假的可能和现实的可能,我们要通过对现实的各个方面和各个环节进行把握,以此来把握现实的可能性。第二,必然与偶然。两者的基本关系就是,它们之间互相依赖和互相转化。从逻辑思维的角度来说,要从必然性和偶然性的对立统一中把握现实,反对机械决定论和非决定论,既要把握必然,也要把握偶然,使事物向有利于人的方向发展。第三,目的、手段和当然之则。人的实践活动总是有其目的的,而客观世界不会自发地满足人,由此就产生了目的和现实之间的矛盾,解决这个矛盾就要通过手段这一中介。既要目的合理,又要手段有效,才能实现如黑格尔所说的“行动的推理”,这两个方面也可以称之为行动的法则,体现在社会层面就是社会行为的准则和规范,即“当然之则”①。所谓合理,体现在两个方面都相“合”,就是既合必然之理,又和当然之则。第四,必然和自由。自由和必然不是截然对立的,而是对立统一的。只有真正认识了必然,才能在实践活动中处于主动。如果能够作出必然性的判断,就是自由的;如果只能作出可能性的判断,就是不自由的,因此,不仅要根据必然性的认识对待自然,还要根据必然性的认识对待人自身。

第三节　冯契和李达在唯物辩证法问题上的一致性

从上述李达和冯契各自对唯物辩证法的丰富和发展的主要贡献来看,李达和冯契的不同之处还是比较明显的。李达透过哲学史的宏大视域所理解的唯物辩证法,既包括辩证的唯物的自然观,也包括辩证的历史的历史观,从这个意义上讲,唯物辩证法就是马克思主义哲学。而在冯契所重点关注和实际

① 《冯契文集》第二卷,华东师范大学出版社 1996 年版,第 388 页。

研究的辩证法,主要是辩证逻辑,指的是思维领域中的辩证法。就此而言,李达和冯契研究唯物辩证法的路径有着较大的不同。这种不同,也许是由于冯契和李达所处时代的不同所决定的。也就是说,李达主要是经历了中国革命和社会主义发展初期的历史时期,其历史任务是重在介绍马克思主义哲学和传播马克思主义哲学;冯契虽然说也经历了革命战争时期,但大部分时间还是生活在社会主义建设时期,主要面临的是深化马克思主义哲学研究、推进马克思主义哲学发展的学术任务。所以,与李达把唯物辩证法完整系统地表达给中国人进而力图把马克思主义哲学的丰富理论转化为中国人的思想武器这一现实路径不同,主要生活在社会主义建设和发展时期的冯契则基于对世界性的哲学发展趋势的了解,看到了在中国的社会主义实践的演进过程中马克思主义哲学的发展存在的一些现实问题,包括唯物辩证法理论发展不足而变成马克思主义哲学发展的薄弱环节这一重要问题,等等,力图通过在唯物辩证法理论上的创新性阐发来丰富和发展唯物辩证法理论,在此基础上实现马克思主义哲学体系的创新进而丰富和发展马克思主义哲学。这种路径选择的不同从而带来理论架构和具体内容上的差异,也使得冯契和李达对唯物辩证法的丰富和发展呈现出各自不同的特色。

但是,更应该看到的是,冯契和李达在唯物辩证法问题上的这种不同是在他们对唯物辩证法的理解在根本上具有一致性这一前提和基础之上的。事实上,冯契和李达在唯物辩证法的诸多问题上的观点都是根本一致的。下面主要讨论的是,冯契和李达在唯物辩证法的研究对象、主要内容和叙述方式上是如何具有一致性的。

一、在唯物辩证法的研究对象上的一致性

不管研究任何理论,都应该首先明确回答该理论以什么作为研究对象的问题。研究唯物辩证法也应该首先回答这个问题,即唯物辩证法的研究对象问题。在这个问题上,冯契和李达虽然切入的角度有所不同,但是在观点方面

是有着内在一致性的。

在李达看来,唯物辩证法的研究对象的产生,是哲学史长期发展的结果。李达在系统考察了哲学的发展历史的基础上指出,唯物辩证法是哲学从古代的知识总汇经历了科学从中分化出去、科学有了自己的研究对象这一长期的发展历程之后出现的,是"哲学和科学长期发展、无产阶级和资产阶级长期斗争的产物"①。只是在这个阶段,唯物辩证法才有了自己的研究对象。具体而言,李达认为,作为德国古典哲学的集大成者的黑格尔在他的哲学体系中早已论述过对立统一规律、质量互变规律、否定之否定规律,但是他将这些规律的发现置于绝对精神决定一切的唯心论基础之上。唯物辩证法是把黑格尔颠倒了东西又颠倒过来,它研究的是物质世界的发展规律,正如恩格斯在《自然辩证法》中所阐述的那样,唯物辩证法是关于外部世界和人类思维的运动规律的科学。李达认为,恩格斯的阐述是对唯物辩证法研究对象的最准确、最经典的表达。而且,在李达看来,有了唯物辩证法之后,在历史领域也就有了唯物史观,并且唯物史观有着特别重要的意义,它不仅粉碎了唯心论最后的避难所,而且同被压迫群众的解放斗争紧紧联系了起来。正是因为如此,人们往往把马克思主义哲学称之为唯物辩证法、辩证唯物论,或者称之为辩证唯物论、历史唯物论。这些称谓虽然有着文字上的差别,但其实它们的内涵都是相通的、一致的。总之,唯物辩证法有自己明确的研究对象,这使得唯物辩证法既与其他科学有着相同之处即有自己独特的对象,又与其他学科有不同之处即它的对象是整个物质世界,而且也表明了唯物辩证法和科学之间的内在的联系。有了自己明确的研究对象,唯物辩证法也就与各种唯心论和各种形而上学唯物论有了根本的区别。

与李达相同,冯契也认为唯物辩证法必须要明确自己的对象。冯契指出,唯物辩证法的研究对象非常明确,那就是关于自然、人类社会和思维的"一般

① 《李达文集》第二十卷,人民出版社 2016 年版,第 51 页。

发展规律”①,它要研究的是宇宙和人类的普遍规律。可见,在冯契看来,唯物辩证法的研究对象就是客观世界和人,显然这和李达对唯物辩证法研究对象的界定是一致的。与李达主要从哲学史的演进特别是马克思与黑格尔哲学的关系上来阐述唯物辩证法的性质、地位和作用不同,冯契特别强调的是唯物辩证法和逻辑学的关系,他大力强调逻辑学的建设和发展对于发展唯物辩证法理论的重要意义和迫切性。冯契指出,马克思主义经典作家没有留下关于逻辑学的专著,100 多年来马克思主义者也没有写出关于逻辑学的力作,这就不仅在理论上给马克思主义哲学的发展造成了薄弱环节,而且在实践上给马克思主义哲学所指导的中国革命和建设实践带来了不利影响。而且还要看到,100 多年来科学的大发展使得哲学相比之下显得具有滞后性了,而作为哲学和科学的结合点的逻辑学在国际上已经取得了比较迅速的发展,这也提出了发展逻辑学特别是辩证逻辑的迫切要求。正是基于此种理解,冯契指出,发展逻辑学特别是加强辩证逻辑研究是唯物辩证法以及整个马克思主义哲学的“生长点”②。

由上可见,在唯物辩证法的研究对象方面,冯契和李达有着相同的理解,都认为唯物辩证法是研究客观世界和主观世界的一般规律的科学。相较于李达强调唯物辩证法作为一种理论形态本身的生长历程,冯契更注重探讨唯物辩证法与逻辑学的内在紧密关系,或者说,冯契更强调要从逻辑学中去认识、探求和扩展辩证法。当然,这种不同并不意味着他们在唯物辩证法的研究对象上存在重大的观点差异,相反,这种不同是建立在他们在唯物辩证法的一般原则问题上有着内在一致性和共同的理论基础这一前提之上的。

二、在唯物辩证法的主要内容上的一致性

我们知道,唯物辩证法主要内容就是关于世界联系和发展的规律和范畴

① 《冯契文集》第二卷,华东师范大学出版社 1996 年版,第 2 页。
② 《冯契文集》第二卷,华东师范大学出版社 1996 年版,第 6 页。

的问题。如前所述,冯契和李达都在关于唯物辩证法的规律和范畴问题上作出了阐述,从他们所阐述的丰富内容中不难发现,他们在唯物辩证法的主要内容上具有一致性。

一方面,冯契和李达在唯物辩证法的规律问题上的理论阐述是内在一致的。在唯物辩证法的规律问题上,李达系统地阐发了对立统一规律、质量互变规律和否定之否定规律,认为在这三大规律中对立统一规律居于核心的地位。如前所述,在对立统一规律问题上,李达首先阐述了对立统一规律是辩证法的核心,然后分别详细阐述了矛盾的普遍性与特殊性、主要的矛盾和矛盾的主要方面、矛盾双方的同一性和斗争性、对抗性矛盾和非对抗性矛盾等内容。冯契也论述了对立统一规律、质量互变规律和否定之否定规律,但是不像李达那样分别对这三大规律进行详细的专门论述,而是直接将三大规律的具体内容作为基本原理来剖析逻辑思维的运动规律。冯契把辩证逻辑的主要内容理解为概念的对立统一,对"一切概念的毫无意外的相互依赖"、"一切概念的毫无例外的转化"、"概念之间对立面的同一"进行了具体的解释,而进行解释所依据的就是李达所阐发的对立统一规律的理论,即矛盾就是对立统一,对立统一就是矛盾双方之间的既对立又同一的关系,体现了矛盾的同一性和斗争性的统一。跟李达所阐发的那些原理相比,冯契只不过把事物换成了概念,专门论述概念的矛盾运动,他们二人在关于矛盾运动的原理即对立统一规律问题上的理解是完全一致的。同样,在质量互变规律、否定之否定规律上的理解也是一致的。冯契在论述概念的对立统一的基础上,又指出了概念的对立统一和判断的肯定、否定的矛盾运动之间的直接相关性,认为"概念的对立统一展开为判断的运动,就表现为肯定的论点向否定的论点的转化和运动"①,这实际上是在阐述否定之否定规律的内容。冯契在论述"理"的范畴的时候,分别从认识的发展说明了质和量的含义,强调对矛盾要进行质和量的分析,强调要将从

① 《冯契文集》第二卷,华东师范大学出版社 1996 年版,第 282 页。

量把握质和从质把握量两方面结合起来,其实谈的就是质量互变规律的内容。总之,李达对三大规律的专门论述和冯契运用三大规律来剖析概念的运动和发展,都表明冯契和李达对三大规律的理解和把握是一致的,都是与马克思在经典作家所阐发的关于三大规律的内容是完全一致的。

另一方面,冯契和李达在唯物辩证法的范畴问题上的理论阐述是内在一致的。众所周知,范畴被列宁称之为人的认识之网上的纽结,对人们认识和把握事物的发展规律起着重要的作用。也因此构成唯物辩证法的重要内容。如前所述,在范畴的本质问题上,李达把范畴看成是人们认识中那些深刻而又普遍的概念,把范畴理解为关于事物的本质联系的反映。冯契也把范畴理解为最基本的概念,把范畴视为认识发展的小阶段和真理发展的必要环节。在对范畴的理解上,冯契和李达都引用了列宁的表达,这也说明他们在范畴到本质问题上是内在一致的。冯契和李达都对哲学上的范畴和科学上的范畴进行了区分,李达把二者的区别看成是整个世界的本质联系和个别领域的本质联系的区别,冯契强调哲学范畴是从科学的范畴中抽象出来的并适用于各门科学,并且他们都承认范畴本身就具有方法论意义,这也表明冯契和李达在范畴问题上的一致性。冯契和李达在范畴问题上的一致性不仅体现在他们对范畴本身的含义的理解上,而且还体现在他们对范畴体系的构建上。李达把唯物辩证法的范畴展开为本质和现象、内容与形式、原因和结果、必然与偶然、可能与现实五个方面,这五个方面也是唯物辩证法范畴体系中最基本的内容。而冯契所构建的"类"、"故"、"理"这一中国式的范畴体系中,"类"包含了同一和差异、个别—特殊和一般、整体和部分、质和量、类和关系,"故"包含了因果联系和相互作用、条件和根据、实体和作用、内容和形式、客观根据和人的目的,"理"包含了现实与可能、必然与偶然、目的与手段、必然和自由。从中也可以发现,冯契的范畴体系与李达的范畴体系在内容上相比,前者比后者要多一些,但是在主要内容上都是重叠的,因为冯契也是运用唯物辩证法的范畴体系来考察中国逻辑范畴体系的,这就决定了二人在范畴体系问题上的内在一致性。

三、在唯物辩证法的叙述方式上的一致性

在阐述唯物辩证法理论的叙述方式上，冯契和李达有着一致性。这种一致性体现在，冯契和李达都是结合中国的实际来阐述唯物辩证法的主要问题，通过中国革命和建设的生动事例以及传统文化的具体发展展开唯物辩证法的基本理论。虽然李达重在结合中国革命和建设实际而冯契重在结合中国传统文化实际，但是在结合中国实际这一点上是一致的。

一方面，在对对立统一规律这一唯物辩证法的核心内容的阐述上，冯契和李达在叙述方式有着内在一致性。

李达在阐述对立统一规律时始终牢牢地联系中国的实际，做到了把马克思主义哲学的基本理论同中国实际的紧密结合。例如，在阐述两种根本对立的发展观时，李达讲到内因外因关系时谈到，马克思主义传到中国，不是由于外因的作用，而主要是内因作用的结果，这个内因就在于中国社会各种特殊的矛盾，主要包括中华民族同帝国主义的矛盾、人民大众同封建主义的矛盾，在分析中国社会的变革发展、分析马克思主义的中国化的时候都要应该看到这些内因的决定性作用。正是在中国社会内部这些特殊矛盾的作用下，就内在地产生了革命的需要，产生了马克思主义中国化的需要。如果只看到外因，看不到中国的现实这个最根本的因素，是无法理解马克思主义在中国的广泛传播和马克思主义中国化的。如果马克思主义仅仅作为一种外来文化被介绍到中国来，在缺乏上述内因的情况下，它“也将因为没有生长的土壤而不起作用”①，最终也绝不可能产生那么大的影响和具有那么强大的生命力。在谈到矛盾的普遍性原理的实际意义时，李达结合当时国内的实际，批评了在很多人身上存在的那种不敢承认矛盾的普遍性、没有勇气面对社会主义中国也存在着矛盾这一现实的情况，并指出正是因为这种错误的思维使得很多人“在实

① 《李达全集》第二十卷，人民出版社 2016 年版，第 208 页。

际存在着的矛盾面前束手束脚,陷于被动"。① 在谈到矛盾的特殊性的时候,李达结合我党历史上曾经犯过的教条主义和经验主义错误的事实指出,不管是生搬硬套的教条主义者还是为特殊找借口的经验主义者。它们共同的问题就在于割裂了普遍性和特殊性,不懂得对立统一规律所要求的具体问题具体分析的原则,最终"只能把革命事业引向碰壁"。② 在谈到事物的"质"的时候,李达指出,中国古代庄子主张"一生死"和"齐万物",还有惠施主张"卵有毛"和"马有卵"、"丁子(蛤蟆)有尾"、"白狗黑",都属于诡辩论的典型,实质是否认事物有自身质的规定性和否认事物间质的差别性,这也是结合中国传统文化实际来进行阐述的。讲"量"的时候,指出我党历史上犯机会主义路线错误的人就是错误地估计了事物的量,对自己的量和敌人的量缺乏正确的把握。在讲"度"的时候,分别联系抗日战争时期、土地革命时期正确把握度的重要性以及在党内斗争中、在农业生产中、在认识领域中对度的把握问题。在量变质变规律、否定之否定规律的阐述中也大量结合中国社会的变化、敌我力量的发展、中国的文化遗产、我党事业的发展、中国革命和中国社会主义的前途等关于中国的各方面实际情况进行展开。

与李达相同的是,冯契在阐述对立统一规律的过程中,也紧密结合中国实际来进行阐发。例如,冯契讲到分析和综合的方法包含开始、进展、目的三个环节的时候,冯契详细分析了毛泽东面对中日战争的迷局而写下的千古名篇《论持久战》这一书中所运用的方法,认为这个方法也包括三个大的环节:一是弄清事物的全部要素,二是指出事物的发展趋势,三是创造条件达到目的。冯契的这个论述,不仅是对毛泽东《论持久战》内在逻辑的概括和提炼,还是对毛泽东辩证逻辑思想的概括和提炼,也是对对立统一规律的具体阐发。又如,在谈到辩证法的论证的时候,冯契指出,在如何看待帝国

① 《李达全集》第二十卷,人民出版社 2016 年版,第 213 页。
② 《李达全集》第二十卷,人民出版社 2016 年版,第 217 页。

主义的问题上，毛泽东在论证的时候处理得非常好：既要把帝国主义看成是真老虎，又要把帝国主义看成是纸老虎，把这两个方面统一起来。以人们和帝国主义打交道的经验来看，帝国主义是武装到牙齿的势力，是真老虎；但是帝国主义是腐朽堕落最终要灭亡的，是不得人心的，从这一点看又是纸老虎；综合起来看，帝国主义真老虎和纸老虎的统一。由此，我们可以得出结论：对待帝国主义，在战略上要藐视，但是在战术上要重视，要把战略上的藐视和战术上的重视有机地统一起来。冯契认为，毛泽东的这一论证过程，体现的就是分析和综合的统一，体现的就是对立统一规律的原则要求。这里，冯契所论述的这段内容所反映的正是中国革命的实际，是中国人民亲身经历所得到的经验教训的总结。通过以这样的中国人都熟知的内容为例证，冯契阐述了“论证也体现了分析和综合相结合”的思想，阐述了对立统一规律。

另一方面，在对唯物辩证法的范畴这个唯物辩证法的重要问题的阐述上，冯契和李达在叙述方式上也是如出一辙的。

李达在论述唯物辩证法的范畴的整个过程中，自始至终都紧密结合中国的各方面实际特别是中国革命和建设的实际。在对本质与现象的关系的论述中，李达指出苏联的赫鲁晓夫的修正主义一步步表现出来，从 1955 年提出种种借口否定斯大林和十月革命、歪曲列宁关于和平共处的思想，到大搞宗派活动，以致片面撕毁中苏关于国防科技的协定，最后到 1961 年达到修正主义的高峰，这些现象逐步暴露了赫鲁晓夫修正主义、分裂主义的本质。在内容和形式的关系问题上，李达指出，毛泽东开创的建立农村革命根据地、以农村包围城市的形式保证了民主革命的胜利，并且中国革命之所以取得胜利，除了武装斗争这一主要形式之外，还得益于其他各种斗争形式的配合。在原因和结果的关系问题上，李达除结合中日战争进程分析质和量的变化之外，还结合毛泽东在领导中国革命过程中总是能够对革命的发展做出准确的预见这一事实分析了因果关系，把毛泽东领导中国革命的成功归因于毛泽东“对各个历史时期的因果联系把握得十分确切”①这一点上。在必然性和偶然性的关系问题上，李达认为，中国人民争取民族独立、反对外来侵略的正义斗争取得最后的胜利这一点是必然的，伟大的中国革命中出现杰出的领袖人物带领中国人民走向胜利也是必然的，但是像毛泽东这样的领袖人物的出现无疑是有力推动了中国革命向前迅猛发展从而大大加速了中国革命胜利的进程。在可能与现实的关系问题上，李达指出，抗日战争期间，以毛泽东同志为代表的中国共产党人客观地把握到了一段时间存在的两种可能性，即巩固和扩大抗日力量取得抗日胜利的可能性和分裂抗日统一战线使抗日战争出现挫折的可能性，在此基础上正确地实行了“发展进步势力、争取中间势力、孤立顽固势力”的方针，从而推动了好的可能性变成现实。总之，通过把唯物辩证法的范畴理论同中国的实际结合起来，李达让人们更加准确地理解和把握了唯物辩证法的范畴理论，同时也让唯物辩证法的范畴理论带上了中国的色彩。以上这些论述都深刻地表明，李达对范畴的深入分析体现出他研究马克思主义哲学的一个鲜明的特征，就是联系中国实际来开展马克思主义哲学研究。在此应该说明的是，李达基本上在对每一对范畴的论述中都对赫鲁晓夫为代表的现代修正主义进行了口号标语式的批判，这是当时的政治环境的实际所决定的，对此我们应该以尊重历史的态度实事求是地理解和对待，毕竟李达无法超越他生活的那个时代，因而在举例上他也只能结合当时特定的政治实际，在思想上也只能达到那个时代所能理解的程度，这是我们在今天不能去苛求的。

与李达相同，冯契在论述唯物辩证法的范畴时也是自始至终都紧密结合中国的实际。当然，与李达不同的是，冯契主要是传统文化实际来进行展开的。在阐述“类”这一范畴的内容时，冯契结合中国古代哲学关于同和异的问题的争论进行了展开。在冯契看来，《墨经》克服了惠施一派“合同异”和公孙龙一派“离坚白”各自的片面性，将“同”和“异”各分为四个方面，把两个名词

① 《李达全集》第二十卷，人民出版社 2016 年版，第 313 页。

指向同一事物的称为“重同”，把各个部分属于同一整体的称为“体同”，把两个事物同处于一个空间的称为“合同”，把事物具有共同属性而属于同一类的称为“类同”，相应地，“异”也就存在“二”、“不体”、“不合”、“不类”。冯契认为，《墨经》所作的这种详细的分析对于澄清同一和差异之间的逻辑关系有着重要意义。冯契还高度评价了荀子提出的“同则同之，异则异之”的观点，认为这个观点奠定了不能偷换概念的基本逻辑原则。在阐述“故”这一范畴的内容时，冯契结合中国古代哲学关于“或使说”与“莫为说”的争论来阐发实体和作用之间的逻辑关系。冯契认为，“或使说”其实是承认形而上学的超验本体，“莫为说”则是强调世界的虚构性的相对主义，这两派的长期争论推动了“体用不二”这一正确观点的形成。“体用不二”观点表现在它认为作用是实体的自我运动，而实体运动的原因就是其自身的基本矛盾。在阐述“理”这一范畴的内容时，冯契结合中国哲学关于“理”和“势”的争论来阐述可能、现实与必然之间的逻辑关系。冯契认为，王夫之提出的“理势不可两截沟分”的观点是正确的，有势必有其理，现实的东西一定有其存在理由并预示了事物的发展趋势。从这些可以看到，冯契对范畴的阐述莫不是依靠同中国传统哲学的紧密联系来予以展开的。所以，虽然冯契也联系中国革命和建设实际来谈范畴，例如，讲内容和形式之间的关系时就结合毛泽东的《论持久战》来进行阐述，但是与李达主要结合中国革命和建设的实际相比，冯契总的特征是结合中国传统文化的实际。当然，不管是李达结合中国革命和建设的实际，还是冯契结合中国传统文化的实际，都表明了这样一点，即他们在学术方式上是具有一致性的，即结合中国实际来进行阐述唯物辩证法的主要范畴。

总之，我们在比较冯契和李达对唯物辩证法的丰富和发展时应该注意，既要看到他们在唯物辩证法问题上各自的贡献，又要看到他们在关于唯物辩证法的观点上的各自的特色，还要看到他们在唯物辩证法理论上的内在一致性。也就是说，不仅要看到李达对唯物辩证法前史的系统考察和对唯物辩证法的三大规律和五大范畴的全面阐发所体现出来的唯物辩证法内容体系的完整性和统一整体性，而且要看到冯契将对立统一规律视为辩证思维的根本规律和构建“类”、“故”、“理”的逻辑思维体系所体现出来的唯物辩证法创新性和民族性，还要看到冯契和李达在唯物辩证法问题上的异同。他们的异同表现在，冯契和李达在唯物辩证法研究上都在注重整体性的前提下突出了对立统一规律的根本地位，但二者在阐释的重点、阐释的方式等方面是有所不同的。具体来说，有三个方面。首先，李达更注重经典作家原理本身的阐发，而冯契更注重结合中国传统哲学的成果进行分析和展开。其次，李达立足哲学史来阐述唯物辩证法，而冯契则主要从辩证法本身的内容来阐明辩证逻辑。最后，李达所阐述的唯物辩证法的很多具体内容，如对立统一规律、范畴、方法等，都是作为马克思主义哲学的辩证法的主要内容加以展开的；而冯契在阐述这些内容时，则是放在辩证逻辑的框架内进行展开的。二者共同之处在于，他们阐发唯物辩证法的历史都是为了说明马克思主义哲学的科学性、正当性和合法性，都是为了阐明马克思主义哲学的基本理论。总的来说，冯契和李达在唯物辩证法理论方面有同有异，他们都在丰富和发展了唯物辩证法方面作出了自己独特的贡献，也因此推动了中国马克思主义哲学的创新发展。

第五章　冯契和李达与毛泽东哲学思想的关系

毛泽东哲学是20世纪马克思主义哲学中国化最重要的理论成果，在中国马克思主义哲学的发展史上占有极其重要的地位。我们知道，专业哲学家对于马克思主义哲学体系的创新要取得重大成就，离不开对政治维度的马克思主义哲学中国化的关注，并且这种关注越是密切，就越有助于在进行理论创新时切近中国现实实际、突出中国时代主题、反映中国时代特征，从而越有益于在创新中国马克思主义哲学体系方面取得阶段性成果。冯契和李达作为创新中国马克思主义哲学体系的专业哲学家，在创新中国马克思主义哲学体系方面有一个共同的地方，那就是都和毛泽东哲学有着紧密的关系。甚至可说，毛泽东哲学成为冯契和李达在哲学上共同的纽带。事实上，三人之间存在着一种非常复杂的关系，具体表现为：李达对毛泽东哲学的形成有着重要影响，毛泽东对李达和冯契的哲学思想都产生了重要影响，而冯契对于李达和毛泽东的哲学思想都进行了系统的评价。

第一节　李达对毛泽东哲学的影响

从思想资源的角度来看，毛泽东哲学在形成过程中受到了多方面思想的影响。其中一个很重要的影响因素，就是李达的哲学。李达比毛泽东年长3岁，早年留学日本潜心研究了马克思主义哲学的文本，在接受马克思主义哲学方面比毛泽东要早，在对马克思主义哲学的全面把握和系统阐述上颇有建树，这使得他对与他同时代的毛泽东接受、理解、运用、创新马克思主义哲学产生了重要影响。

一、李达坚定了毛泽东对马克思主义哲学的信仰

李达比毛泽东年长，在由爱国主义者转变为马克思主义者的时间上，李达也比毛泽东要早一些。作为国内学习和运用马克思主义的先行者的李达，在马克思主义理论方面曾经具有很高的学术权威，在党内组织方面也曾经具有很高的政治地位，而毛泽东在早期马克思主义者中无论是学术地位还是政治地位都要逊于李达。所以，仅就建党之初的时期而言，李达对于毛泽东有着巨大的影响，这是一个不容否定的历史事实。

李达回国之后大力开展马克思主义哲学的传播，一个非常重要的工作就是将马克思主义经典著作以及国外研究马克思主义哲学的一些著作翻译介绍到国内。在较早出版的《唯物史观解说》一书中，李达初步介绍和阐述了马克思主义哲学的基本理论、基本观点。当然，李达对马克思主义哲学的介绍和传播，是和对马克思主义理论体系有机组成部分的另外两大内容即马克思主义政治经济学和科学社会主义学说的介绍和传播同步进行的，也就是说，李达对马克思主义哲学的传播表现在整体地介绍和传播马克思主义理论的过程当中。而在马克思主义理论体系中，马克思主义哲学部分是前提性和基础性的部分，贯穿并体现在马克思主义政治经济学和科学社会主义理论这两大部分之中。因此，同时期李达对《马克思经济学说》、《社会问题》的翻译和介绍，也是在间接地传播马克思主义哲学。这期间李达还参与了中国思想界的社会主义大论战，李达在这场论战中通过批判梁启超、张东荪的基尔特社会主义以及其他非马克思主义学说如无政府主义、第二国际修正主义等所体现出来的深

厚的马克思主义理论功底给思想界留下了深刻的印象，李达所阐发的马克思主义哲学理论因为具有强大的感染力和说服力深深打动了很多的思考中国前途的有志之士，毛泽东就是其中之一。特别是，李达主编了上海共产党早期组织机关刊物《共产党》月刊，在当时产生了较大的理论影响。毛泽东对其中刊载的《列宁的历史》、《劳农制度研究》等介绍俄国革命的文章产生了深深的认同感，因此给予这一刊物以高度的评价，认为这个刊物“颇不愧‘旗帜鲜明’四个字”①，并把它介绍给朋友，将其中的一些文章推荐给朋友阅读。这个时期，毛泽东虽然没见过李达，但是显然已经被李达所介绍的马克思主义哲学理论深深地感染了。

如果说在未曾见面之前毛泽东就已经被李达所介绍和传播的马克思主义哲学理论深深感染，那么见面之后毛泽东在和李达的交往中逐步坚定了对于马克思主义哲学的信仰。1921 年 7 月中国共产党成立，在党的“一大”上李达和毛泽东见了面，并从此开启了长达数十年的哲学交往。

李达在建党之初对毛泽东产生了比较大的影响，除了李达在那时有较高的理论威望之外，还和李达在那时有着较高的组织地位有关。1921 年 6 月，共产国际代表马林和尼克洛夫来到中国指导中国共产党的活动筹建工作，并特别提出要李达负责召集党代表大会并宣告中国共产党的成立。李达全面主持了党的代会的筹备工作，向各地党组织发出了 7 封关于会议通知的密信，为筹备中共一大做了大量的宣传、联络、组织工作。同年 7 月一大召开，李达当选中共中央局委员和中央局宣传主任，同年 8 月还担任中国劳动组合书记委员负责宣传工作，同年 9 月担任中国共产党的第一个出版机构人民出版社的实际负责人。李达当时这些实际的组织方面的地位，使得李达具有比较大的影响力，这种影响力也使得那时的毛泽东在思想上、理论上深受李达的影响。

1922 年上半年，毛泽东邀请李达到湖南自修大学授课。就讲授内容而

① 《毛泽东书信选集》，中央文献出版社 2003 年版，第 11 页。

言,毛泽东主要是请李达讲授马克思主义理论。同年 11 月,毛泽东邀请李达任湖南自修大学校长,并专门主持召开了湖南自修大学欢迎李达的大会,在大会上向学员们隆重介绍了李达,赞扬李达的马克思主义理论水平高。在湖南自修大学工作期间,李达和毛泽东一起创办了刊物《新时代》,他们把“努力研究致用的学术,实行社会改造的准备”①确立为这个刊物的精神追求和最高目标。这期间,毛泽东和李达比邻而居,经常向李达请教马列理论,经常找李达商量事情。无疑,这个时期李达对毛泽东的影响是相当之大的。

1923 年以后,李达一门心事投身于翻译和出版马克思主义理论著作的工作当中,而毛泽东则将主要精力放在进行中国革命的具体工作之中。当然,毛泽东从来没有放弃对于理论研究的热情,所以这一时期的毛泽东也还在时刻关注马克思主义理论的发展。但是,由于国内关于马克思、恩格斯、列宁的译著在当时并不多见,所以李达的译著和专著就成为毛泽东早期接触、学习马克思主义理论的主要文献资源。实事求是地讲,早期毛泽东之所以乐意接受马克思主义哲学和努力学习马克思主义哲学,固然和他亲耳听闻和亲身阅读过一些马克思、恩格斯、列宁的著作有紧密的关系,但主要还是和李达等一批马克思主义先驱的包括译著和专著在内的理论成果关系更加直接、更加紧密。从这一点来说,完全可以讲,李达在很大程度上影响了毛泽东对于马克思主义理论的接受,影响了毛泽东的马克思主义信仰的确立。

1926 年,毛泽东在武昌创办中央农民运动讲习所,曾专门邀请李达来给农民运动讲习所的学员授课,对学员进行马克思主义的理论启蒙。李达给讲习所的学员“讲授《社会科学概论》,主张党坚持对大革命的领导权”②,李达所讲的这些内容和观点应该对毛泽东也产生了很大的影响。从这段时间李达和毛泽东交往的历史事实可以看到,毛泽东在从事革命实践的过程中,几次专

① 《发刊词》,《新时代》(创刊号)1923 年 4 月 15 日。

② 陈汝财:《1927 年李达在武汉的革命活动——李达与毛泽东在武汉的交往》,《理论观察》2018 年第 2 期。

门邀请李达给革命干部讲授马克思主义理论，通过这种方式来提高革命队伍的马克思主义理论素养，一方面说明李达的马克思主义理论水平之高、影响之大在当时是得到理论界的公认的，另一方面也说明毛泽东在内心里真正把李达视为志同道合的革命战友，把李达当做自己思想上、理论上的启蒙老师。事实上，在这之后的一段时期，李达出版了包括《中国产业革命概观》、《社会之基础知识》、《民族问题》等在内的多部专著和包括《辩证法唯物论教程》、《理论与实践的社会科学根本问题》等在内的多部译著，并在北京和上海的大学讲坛上宣讲马克思主义哲学，成为令国民党当局大为头疼、下令缉拿的“红色教授”，这些都受到毛泽东的高度关注。毛泽东曾经在给友人的书信中谈到自己读到过李达著作，并询问李达夫妇情况，“甚表同情，有便乞为致意，能建立友谊通信联系更好”①，表达了对李达的深情厚谊和同志般的殷切关怀。毛泽东曾经讲过，“山沟里出马克思主义，零陵出马克思主义。”②这里，毛泽东把自己和李达并列，正说明毛泽东对李达的尊敬，也从一个侧面说明了在二人之间的亲密交往中李达对毛泽东的深刻影响。通过以上分析，我们完全可以说，正是在李达的深刻影响下，毛泽东从内心深处坚定了对马克思主义哲学的信仰，牢固确立了以这一信仰为理论指导探求振兴中华民族新道路的崇高志向。

以上都深刻地表明，正是李达对马克思主义哲学理论的大力传播和深刻阐释使毛泽东受到了马克思主义哲学的理论感染和启发，在很大程度上促使毛泽东最终形成了对于马克思主义哲学的坚定信仰。

二、李达《社会学大纲》构成毛泽东哲学的理论来源

从毛泽东在他对所阅读的书籍的批注中不难看到，毛泽东对 20 世纪 20、30 年代的唯物辩证法论战中出现的哲学书籍着力甚多，特别是这个时期对由

---

① 《毛泽东书信集》，人民出版社 1983 年版，第 47 页。

② 湘人：《李达诞辰一百周年纪念活动综述》，《纪念李达诞辰一百周年—中国现代哲学与文化思潮（续集）》，湖南出版社 1991 年版，第 355 页。

李达翻译的《辩证法唯物论教程》尤为珍爱和重视。1937年，在给抗日军政大学的学员们授课的过程中，毛泽东撰写的讲义《辩证法唯物论（讲授提纲）》就深受《辩证法唯物论教程》的影响。但是，毛泽东真正受李达影响最大的，是李达构建中国马克思主义哲学体系的代表作——《社会学大纲》。

如前所述，李达的《社会学大纲》在中国马克思主义哲学发展史上有着独特的地位，被称为是第一部由中国人自己写的马克思主义哲学教科书。事实上，在李达之前，中国人所接触的马克思主义哲学教科书主要是苏联哲学界在批判波林学派的过程中形成的一个哲学教程。李达的《社会学大纲》在吸收了这个教程的内容的基础上，克服了这个教程所存在的内容不丰富、结构不完整、逻辑不严密等多方面的缺陷，达到了对于马克思主义哲学的完整的、全面的理解，代表了当时的中国人所达到的对于马克思主义哲学的理解的最高水平。《社会学大纲》写于1935年，在扉页明确标明“献给前线的抗日战士”，受到了前线的抗日志士的欢迎和好评，并于1937年再版。毫无疑问，李达《社会学大纲》所造成的社会影响的巨大的、空前的，书中所阐发的马克思主义哲学的理论对于当时中国人的思想的触动也是巨大的、空前的。正是这种巨大的影响力引起了毛泽东对马克思主义哲学的浓厚兴趣，也影响了毛泽东去构建自己的哲学理论和哲学体系。事实上，由于革命工作繁忙以及购买书籍渠道的有限，毛泽东很少能够读到关于马克思主义哲学的专门著作。到陕北之后，相对稳定的局势使得毛泽东有了相对来说比较充裕的时间去阅读马克思主义哲学著作，因此他通过多方面途径托人从国统区购买关于马克思主义的书籍来阅读。直到1938年初，毛泽东才读了李达的《社会学大纲》这本书，读的是1937年再版的由上海笔耕堂书店出版的那个版本。

毛泽东阅读《社会学大纲》，前后达10遍之多，表明他不仅读得非常认真、非常仔细，而且在很多问题上有自己的意见和看法。从毛泽东对《社会学大纲》的批注来看，毛泽东的批注包含有自己对一些观点的归纳，在态度上既有赞同也有质疑，还在一些地方许多结合自己非常熟悉的中国实际作了引申和发挥。例如，毛泽东对关于马克思主义哲学前史内容的批注，由于这部分内容是之前李达翻译的《辩证法唯物论教程》中所没有的内容，因此毛泽东读得非常仔细，并对其中的原始思维、宗教、古代西方哲学发展史等内容作了自己的概括、归纳。又如，毛泽东对关于认识的过程的内容进行了批注，认为马克思主义哲学的认识论还要“阐明由思维到物质的推移的辩证法，即检验与再认识”①。还如，毛泽东对关于唯物辩证法三大规律的内容作了反复的批划以示强调，对李达所阐述的对立统一规律是唯物辩证法的核心的表述甚为赞同。毛泽东对《社会学大纲》批注的文字，仅次于他对《辩证法唯物论教程》的批注，达3500字之多，说明他在读了《社会学大纲》之后对以前关于马克思主义哲学的理解又有了深化。事实上，毛泽东在后来创作《实践论》、《矛盾论》的过程中吸收了李达在《社会学大纲》中阐述的思想，包括上述在认识论和辩证法的批注也都在自己的哲学著作中反映出来了。可见，李达构建的马克思主义哲学体系为延安时期毛泽东形成自己的哲学观点提供了思想资源和学术源泉，为毛泽东构建自己的哲学体系夯实了马克思主义哲学的思想根基和理论基础。

总之，李达在构建马克思主义哲学体系方面的标志性成就《社会学大纲》一书深刻地影响了毛泽东的哲学思考，为毛泽东哲学的形成奠定了深厚的马克思主义哲学的理论基础。

三、李达对毛泽东哲学的解读扩大了毛泽东哲学的影响

随着毛泽东大量理论成果的不断涌现，特别是随着《实践论》、《矛盾论》两部专著的相继出版，毛泽东哲学逐渐形成了独特的理论形态，并且产生了越来越大的社会影响。毛泽东哲学贯穿着马克思主义哲学的基本立场、观点和方法，同时也是毛泽东对中国共产党历经国共合作、北伐战争、大革命、发动农

① 《毛泽东哲学批注集》，中央文献出版社1988年版，第265—266页。

民运动、反围剿、两万五千里长征等丰富的革命斗争实践的哲学思考，是反对在革命和建设实践中极易出现的教条主义和经验主义等错误观点和行为的有力思想武器，对于推动党的各项事业的发展有着重要的理论指导意义。20 世纪 50 年代初期，毛泽东的“两论”重新公开发表，在这个时期大力推动《实践论》、《矛盾论》的普及工作，对于提高广大干部群众的马克思主义理论水平、推进党的建设事业的发展有着重大的现实紧迫性。李达在这个工作中作出了突出的贡献，他先后撰写了《〈实践论〉——毛泽东思想的一个基础》、《〈实践论〉解说》(1)(2)(3)、《怎样学习〈实践论〉》、《〈矛盾论〉解说》(1)(2)(3)(4)(5)(6)等文章，大力解读和宣传毛泽东哲学。这些文章后来归集为《〈实践论〉解说》和《〈矛盾论〉解说》两本著作出版，《〈实践论〉解说》先后印刷 3 次发行 18 万册，《〈矛盾论〉解说》印刷 3 次发行 3 万册，产生了广泛的影响。

李达对毛泽东“两论”的解说不是简单的原文照搬或肤浅注释，而是立足马克思主义哲学的理论大厦进行有深度的解读。对于毛泽东“两论”中的众多哲学观点，特别是毛泽东在“两论”中所提出的一些重大的哲学理论问题，李达都通过结合西方哲学史的发展和马克思主义哲学的产生来进行阐释。例如，关于感觉和思维的关系这一内容，李达通过列举贝克莱、莱卜尼兹、黑格尔的观点进行解读。李达强调，弄懂毛泽东哲学要抓住精髓来学习，包括实践的观点、实事求是的态度、矛盾分析的方法等。当然，李达的“两论”解说不仅仅是哲学理论的说教，而且是在有着理论深度的同时还具有通俗性的特点。通俗性与语言的大众易懂往往结合在一起，李达注重通过讲述历史典故和生活中的故事来阐发“两论”的理论，也注重结合中国革命的实际并配以直观形象的图解来进行阐述，“《解说》中所举中国社会和中国革命的例子有近百个之多”①。李达的解读也非常“亲民”，他结合自己长期著书和译书的心得，结合当时干部群众文化水平的实际现状，在解读和阐述“两论”的具体理论内容的

① 汪信砚、李禾风：《新中国马克思主义哲学中国化的开启之作》，《武汉大学学报》(人文科学版)2015 年第 3 期。

过程中,抓住主要的核心的观点,运用干部群众比较熟悉的关于中国革命和建设的生动事例进行阐释,尽可能做到了通俗易懂,使毛泽东哲学更容易被人民群众所理解和掌握。总之,李达解读“两论”的方法做到了深刻性和通俗性的有机结合,“特别适合辅导干部群众学习经典著作”①,取得了很好的效果。不仅如此,李达在有的地方还提出了具有自己个性的解说,例如,针对毛泽东在《实践论》中将太平天国运动和义和团运动和排外主义等同起来的观点,李达认为是不恰当的。可见,李达对毛泽东“两论”的解说既忠于毛泽东的原意,又不是对“两论”原著的简单重复,在讲究深刻性、科学性的基础上兼具通俗性、大众性,还敢于提出自己独到的见解。李达的这种结合中国革命、中国社会、中国历史的阐释,不仅使人们对毛泽东哲学有了准确的理解,而且让人们感受到了毛泽东哲学的理论魅力。20 世纪 60 年代,在毛泽东的建议和委托下,李达作出了一个重大的决定,那就是组织全国的马克思主义哲学方面的理论工作者的力量重新编写一部中国的马克思主义哲学教科书。从完成的部分即《唯物辩证法大纲》的内容来看,李达在其中大幅增加了毛泽东哲学的内容,在几乎每一个理论领域的表达上都引用了毛泽东的相关表述,或以毛泽东对于中国革命和建设的贡献为例来进行阐述,无疑这也极大地增强了毛泽东哲学的影响力。

总之,李达以自己独特的身份和深厚的马克思主义哲学理论功底对毛泽东哲学进行了详细的解读,扩大了毛泽东哲学的影响。李达对毛泽东哲学的解读,是以一位在革命年代长期战斗在理论斗争前沿、有着重大理论影响力的德高望重的老将的身份对毛泽东哲学的解读,李达的这种独特的身份本身就是一种巨大的理论影响力,所以李达面向全国的理论工作者和全国人民对毛泽东哲学所进行的解读,对于增强毛泽东哲学的科学性和权威性起到了其他人或其他宣传机构不可替代的重要作用。不仅如此,李达以深厚的哲学功底

① 苏小桦:《20 世纪 50 年代李达对马克思主义哲学大众化的新贡献》,《理论视野》2017 年第 3 期。

对毛泽东哲学进行了系统的、全方位的解读和阐发，通过将专业的马克思主义哲学理论和中国革命和建设的实际情况结合起来进行深入浅出的阐述，澄清了广大读者在思想上的模糊认识，不仅帮助广大干部群众进一步端正了政治上、思想上的态度，而且对于使毛泽东哲学更加通俗易懂、在全国人民心目中更加具有亲和力和感染力都起到了十分重要的作用。由此我们完全可以说，李达对毛泽东哲学的既富于学理性又极具现实性的解读使全国人民大大加深了对毛泽东哲学的理解，从而推动了毛泽东哲学的普及工作，在很大的程度上扩大了毛泽东哲学的影响。

第二节 毛泽东对李达和冯契的影响

毛泽东是中国的历史伟人，他对李达和冯契产生的影响无疑是巨大的。这种影响不仅体现在哲学层面，也体现在政治层面。具体来说，毛泽东对李达和冯契的影响，既体现在毛泽东成为国家领导之人之前的那段历史时期，也体现在毛泽东成为党和国家领导人之后的那段历史时期。如果说毛泽东在成为党和国家领导人之前的影响是通过革命的理论来影响李达和冯契的思想发展的话，那么可以说，毛泽东在成为党和国家领导人之后则主要是通过哲学的理论来影响李达和冯契的哲学创作。当然，由于毛泽东和李达、冯契的关系在具体表现上有所不同，毛泽东对他们的影响体现在程度和内容上也是各不相同的。

一、毛泽东对李达的影响

毛泽东和李达相识较早，两人交往时间长达 40 余年。当然，两个人的交往能够持续这么长时间，也说明两人的影响是相互的。从时间上讲，新中国成立以前较长一段时间内，李达的哲学思想对毛泽东产生了重要影响。而新中国成立后毛泽东担任国家主席，李达担任中国哲学会长一职，这种情况就使得李达在理论工作方面必须贯彻毛泽东的指示，所以两人的学术关系就转变为毛泽东对李达的单向影响。总之，随着毛泽东在党内领导地位的确立，特别是随着毛泽东哲学的形成，在学术上两人的关系就变成毛泽东影响李达哲学较多一些。事实上，在李达的后半生，李达主要从事对毛泽东哲学的解读和按照毛泽东的意见从事哲学活动，可以说毛泽东深刻地影响了李达后期的哲学创作的方向和内容。

1. 新中国成立前毛泽东对李达哲学思想的影响

毛泽东具有理论家和革命家的双重身份，他在领导中国革命方面的卓越实践以及在研究马克思主义哲学方面的理论造诣，深刻影响了整整一代中国人的思想和灵魂，也深深影响了包括李达在内的所有的知识分子。

如前所述，毛泽东 1922 年邀请李达到湖南自修大学当校长，期间两人共同探讨马克思主义理论，并共同创办了《新时达》这一刊物。在这段时间里，李达了解到了毛泽东在革命活动上的思想和方略，并深深佩服毛泽东在组织领导方面的不凡的才能。在相互的交流探讨中，毛泽东对中国革命情况的详细了解和清醒判断，无疑也使李达的哲学理论创作有了现实的材料和依据。在《新时代》刊物上，毛泽东发表了《外力、军阀与革命》一文，李达发表了《何谓帝国主义》、《为收回旅大运动敬告国人》等文，表达了他们对于国家前途和发展道路的看法。可以说，这些文章也凝聚着他们在马克思主义理论上的共识，也表明毛泽东在理论上是影响了李达的。1923 年，李达因为和陈独秀主张不同而书生意气地宣布脱离他自己亲手创建的中国共产党，决定此后一心投入专门的马克思主义理论的研究工作。对此，毛泽东对李达依然十分信任，从不把李达当作党外人士予以区别对待。1927 年，毛泽东在湖北创办了农民运动讲习所，专门请李达去给学员们授课，李达欣然应允前往。毛泽东请李达出面做湖南军阀唐生智的统战工作，李达也尽心尽力不辱使命。从大革命失败到红军长征，毛泽东无论是其起起落落的个人境遇、卓越的军事指挥才能和领导才能，还是其文章和诗词所表达的科学方法和伟大理想以及高远意境，都令当时的中国人为之折服，也令李达十分感佩。1937 年，毛泽东读到李达《社会学大纲》后，称李达为“真正的人”，这无疑为李达坚持走自己的哲学道路注入了精神上的巨大支持和极大鼓励，也使李达进一步坚信自己的哲学选择的重要意义和时代价值。1940 年初，李达在桂林八路军办事处跟干部学员授课，在谈到唯物辩证法的内容时曾经说过，“学习唯物辩证法最好的老师是毛润之”①。这足以表明，在李达的心目中，毛泽东不仅是一位有丰富实践经验的领导者，而且还是一位在马克思主义哲学方面有很深造诣的理论家。

既然李达对毛泽东的哲学思想是欣赏的、佩服的，那么在哲学上当然也就会受到毛泽东的深刻影响。事实上，我们从李达在《社会学大纲》1939 年第四版的“序”中就可以非常清楚地看到李达是如何深受毛泽东的影响的。在这篇“序”中，李达充满激情地写道：“中国社会已经踏入了伟大的飞跃的时代。”②这里李达所指的“伟大的飞跃的时代”，正是毛泽东主张和领导的中国共产党积极参加的全民族抗战的伟大的时代，所以，这也表明李达把自己理论上的创作当做是对毛泽东的政治判断的一种认同和回应。李达深知当前中国正处于轰轰烈烈的革命斗争之中，他指出，无数中国人正在前赴后继，用自己的血肉之躯来实现伟大的社会变革，来实现这个伟大的飞跃。但是，伟大的实践需要有正确的理论的指导。所以李达同时指出，我们的革命战士还需要有正确的理论来指导正在进行的民族解放的伟大斗争，“必须用科学的宇宙观和历史观，把精神武装起来”③。在李达看来，有了马克思主义理论这一科学世界观的指导，我们在革命中面对各种新的社会现象和社会问题的时候，才能找到正确的解决方案。从这里也可以看出，李达既是在用自己的理论创作来努力为革命的战士们提供理论武器，也是在为毛泽东的革命主张做理论上的鼓与呼。其实，早在延安的时候，毛泽东就大力倡导学习马克思主义理论，毛

---

① 曹瑛：《杰出的马克思主义哲学家李达同志》，《人民日报》1981 年 4 月 28 日。
② 《李达全集》第十二卷，人民出版社 2016 年版，第 470 页。
③ 《李达全集》第十二卷，人民出版社 2016 年版，第 470 页。

泽东还主持了大规模的学习马克思主义哲学的群众性活动,提出学习马克思主义哲学的目的在于运用,即运用正确的理论和正确的方法解决中国革命过程中的种种现实问题。从李达的“序”中我们可以看到,李达提出的要具有科学的世界观、“把精神武装起来”的主张,正是毛泽东在延安倡导和主持的学习马克思主义哲学活动的初衷和目标。所以,从这里我们可以看到,毛泽东对李达的影响是非常之深的。

总之,这一时期毛泽东对李达的影响,主要体现在毛泽东在中国革命问题上的矢志不渝的崇高理想、不畏艰难的奋斗精神、运筹帷幄的领导才能使李达大为折服,以及毛泽东在马克思主义哲学上的独立思考也使得李达产生理论上的共鸣,还有毛泽东对李达一以贯之的信任、关怀、尊敬使李达感受到情感上的温暖。这些都使得李达一方面愿意跟随毛泽东进行关于中国革命的理论探索,另一方面也使李达确立了结合中国实际开展马克思主义哲学研究的哲学创造路径。

2. 新中国成立初期毛泽东对李达哲学创作的影响

新中国成立以后,毛泽东当选为国家主席,李达也承担起了理论界的一些重要职位。李达曾任中国科学院哲学社会科学部常务委员,还被哲学界推举为中国哲学学会会长。在这之后,李达的哲学创作便主要以阐发毛泽东哲学、结合毛泽东哲学普及马克思主义哲学理论为主。

新中国成立之初,毛泽东哲学成为哲学界批判和反对依旧笼罩在人们心里的各种唯心主义、教条主义、经验主义的重要思想武器,也成为中国思想界各个领域的指导思想。李达发表文章指出,目前要研究马克思主义,“一定要把毛泽东思想随时联系在一起,才能使理论不致和中国人民革命的具体实践分离脱节”①,从而避免使理论变为抽象的、脱离实际的空泛之谈。就当时思

① 《李达全集》第十六卷,人民出版社 2016 年版,第 44 页。

想界的状况而言,这一时期李达大力提倡搞哲学研究要结合毛泽东的著作,应该说是非常及时的。当然这也表明,新中国成立后毛泽东对李达的哲学思考产生了极其重要的影响。事实上,新中国成立之后李达所有的哲学思考都紧密结合了毛泽东哲学,李达在哲学问题进行阐发时大都引用和借鉴毛泽东哲学的表述。1950年,李达主持编写了《社会发展史》一书,他在该书的第一章的绪论中强调指出,学习社会发展史就要学习毛泽东思想的社会观,认为"只有学习毛泽东思想的社会观,才能理解中国由半殖民地半封建社会到新民主主义到社会主义的规律"①。这表明,李达在运用毛泽东哲学、以毛泽东哲学为指导来阐发社会发展理论。毛泽东"两论"再次发表以后,毛泽东哲学受到人们极大的关注,学习毛泽东哲学成为一股潮流。李达以极大的理论热情投入到这场热潮之中,他撰写的"两论"解说成为人们学习和理解毛泽东哲学的重要导读资料。关于这一点,本章在前面已有详细叙述,在此不再具体赘述。值得一提的是,李达在解说毛泽东"两论"的过程中,在一些哲学命题和概念上都征求了毛泽东的意见。例如,李达在对《实践论》解说的过程中,每写一部分都要送给毛泽东过目,待到毛泽东亲笔修改后才成稿。在批判教条主义和经验主义的问题上,李达在最初的稿子上把唯物主义的唯理论和经验论分别称之为教条主义和经验主义的理论"来源",强调教条主义和经验主义在"源头"上的错误,毛泽东看了之后,可能觉得李达在表达上似欠准确,就改为了"相像"。毛泽东改动后,在表达上就变成了:"唯物论的'唯理论'与今日教条主义相像,唯物论的'经验论'则与今日经验主义相像。"②这样,"来源"说就变成了"相像"说。还有对李达关于中国的排外主义、孙中山的民族主义等问题的阐述,毛泽东都加了一段话作了补充说明③,显然是认为李达在这些问题的表述上还需要尽可能准确和进一步完善。对毛泽东的上述意见,李达完

① 《李达全集》第十六卷,人民出版社2016年版,第52页。
② 《毛泽东书信选集》,中央文献出版社1983年版,第408页。
③ 详见丁晓强、李立志:《李达学术思想评传》,北京图书馆出版社1999年版,第163页。

全接受了，在定稿的时候采纳了毛泽东的意见。

毛泽东认为，在国内树立马克思主义理论在思想界的主导地位，就必须大力清除唯心主义特别是以胡适为代表的资产阶级思想的不良影响。为此，李达于1954年先后写了《胡适的学术思想批判》、《胡适的政治思想批判》等文章，并送给毛泽东批阅。在《胡适的学术思想批判》一文中，李达对胡适的阶级立场、哲学观点和学术方法分别进行了批判，认为知识分子在思想上必须要彻底检讨这样一个问题，即在新中国成立后大家在思想上都一直在进行着改造，但是是否在思想深处已经真正进行了改造，并体现在做学问的活动之中？在学术研究中“是否已经清除了资产阶级的学术思想和治学方法”①？在《胡适的政治思想批判》中，李达对胡适立足其实用主义哲学基础之上的政治思想进行了深入的分析和批判。读了李达对胡适的这两篇文章的批判性论文后，毛泽东致信李达，信中说自己已经把文章读了两遍，总体上没有大的意见，但是希望李达把实用主义的一些概念做尽可能详细的理论阐释和尽可能多的比较说明，澄清人们在关于实用主义的一些理论问题上的模糊认识，要“使一般干部都能够看得懂”②。在毛泽东看来，李达应该进一步从哲学上对胡适的资产阶级的唯心主义思想作更加深入的批判，而且这种批判还要尽量做到通俗化、大众化。显然，毛泽东是希望通过这样的批判来使广大的干部群众对马克思主义哲学形成一些初步的了解和获得一些基本的认识，达到普及和提高大家的马克思主义理论水平的目的。李达接受了毛泽东的意见，对前面两篇文章进行了补充修改，写出长文《胡适反动思想批判》并于1955年出版，同年再版。在这个小册子中，李达按照毛泽东的思路，加强了哲学上的批判力度。第一节“胡适哲学思想批判”，对实用主义的流派、实用主义的“实在论”、实用主义的真理论、实用主义的方法论分别进行了阐述，揭示出了胡适思想的实用主义实质；第二节“胡适社会思想批判”从把胡适的社会思想归结为社会不朽

① 《李达全集》第十七卷，人民出版社2016年版，第271页。

② 《建国以来毛泽东文稿》第3册，中央文献出版社1989年版，第637页。

论、社会改良论、个人主义论、民族自卑论、崇美亲美论等五大方面；第三节“胡适政治思想批判”剖析了胡适“五四”以前的政治面貌、由“五四”到《努力》时期的反动面貌、《新月》时期的反动面貌、《独立评论》时期的反动面貌、“做了过河卒子”以后的反动面貌；第四节“胡适治学方法批判”批判了胡适的实验法、历史法、考证法等治学方法。在这个小册子中，李达对胡适思想所做的批判更加全面，着力厘清了实用主义者所说的实践、效果等概念的所指，特别是专门阐述了辩证唯物论在这些概念上的基本观点，澄清了二者之间的本质区别，并特意让文风更加的“亲民”，这样就既加大了对胡适的批判深度，又很好地回应了毛泽东在信中的理论期望。从这里也可以看出，毛泽东对李达的影响不仅是巨大的，而且是直接的。从李达在新中国成立后的哲学创作路径来看，结合中国革命和建设实际解读毛泽东哲学，按照毛泽东的意见去从事哲学创作并尽量使哲学贴近广大干部，已逐渐成为新中国成立后李达哲学活动的重要内容和重要特点。

3. 20 世纪 60 年代毛泽东对李达重构马克思主义哲学体系的影响

毛泽东对李达的重大影响，还可以从李达后期对马克思主义哲学体系的理解和构造上得到明显体现。

1961 年夏天，毛泽东约李达到庐山会谈。在这次会谈中，毛泽东和李达专门畅谈了马克思主义哲学的教科书的问题。在与李达的交流中，毛泽东表达了对苏联教科书马克思主义哲学体系长期一统天下、缺乏中国实际的不满，表达了要突破这样的“洋哲学”的想法，并对时任全国哲学学会会长的李达给予了很大的期望。毛泽东特地肯定《社会学大纲》的成绩和贡献，鼓励李达结合中国实际的发展对《社会学大纲》进行修改再版，力争写成中国人自己的哲学教科书。李达接到任务后，十分兴奋，决定要尽最大的努力对全书进行重写，成就一部有着中国特色的、超越苏联教科书体系的马克思主义哲学新体系。

从 1961 年到 1965 年,在李达的精心组织和直接参与下,《马克思主义哲学大纲》(上)完成了初稿,总计 37 万字。初稿写成之后,李达把用大号字铅印的书稿送给毛泽东审阅。毛泽东作了认真地阅读,提了一些意见。李达接受这些意见,又组织专家进行讨论,对初稿进行了修改。《社会学大纲》一共五篇,第一篇主要是阐述辩证唯物主义理论,第二到第五篇主要是阐述历史唯物主义理论。而《马克思主义哲学大纲》(上)阐述的是辩证唯物主义理论,即《社会学大纲》的第一章的内容。按照李达的构思,历史唯物主义的内容是准备展现在《马克思主义哲学大纲》(下)的,可惜李达没来得及完成《马克思主义哲学大纲》(下)的工作就去世了。所以,这里我们只比较《社会学大纲》和《马克思主义哲学大纲》(上)中的辩证唯物主义的内容。

在《社会学大纲》第一篇中,李达阐述了四大内容,即"当作人类认识史的综合看的唯物辩证法"、"当作哲学的科学看的唯物辩证法"、"唯物辩证法的诸法则"、"当作认识论和伦理学看的唯物辩证法",而在《马克思主义哲学大纲》(上)中,关于辩证唯物主义的结构是五大部分,即"马克思主义哲学是无产阶级革命的精神武器"、"马克思主义哲学是人类认识史的唯物的辩证的综合"、"世界是物质统一体的无限发展过程"、"唯物辩证法的规律和范畴"、"当作认识论和逻辑学看的唯物辩证法"。比较这两个结构不难发现,《社会学大纲》第一篇中第一节阐述马克思主义哲学前史的安排取消了。一般来说,第一节往往是作者阐述自己思想的逻辑起点,有着独特的地位和重要性。而在《马克思主义哲学大纲》(上)中,第一篇变成了"马克思主义哲学是无产阶级革命的精神武器"。之前《社会学大纲》中放在第一节的"前史"的内容,则被安排《马克思主义哲学大纲》(上)的第二章的第一节。之所以在安排上发生这样的变化,应该与毛泽东的意见是有很大关系的。有研究认为,初稿还是把"前史"内容放在第一篇,而毛泽东在看了初稿后,提出了自己的意见和看法,认为其中关于马克思主义哲学之前的哲学发展历程的内容所占的篇幅过大,提出要压缩这一部分的比例。对于毛泽东的这个意见,李达虽然对哲学史的内容很是不舍,但最终还是“忍痛割爱,对第一篇的内容进行了调整和压缩。”①调整后的结果就是,首先突出了马克思主义哲学作为无产阶级的精神武器的功能和作用,而在第二章花了一定的篇幅专门介绍马克思主义哲学产生发展的历史,力图从逻辑和历史相统一的角度阐明这样一个深刻的道理,即马克思主义哲学是人类思想发展的优秀成果,是人类思想史演进的必然结果。又比如,关于“对立统一规律”这一章,毛泽东批注的意见比较多,主要体现在以下两个大的方面:第一,应该把对立统一规律作为唯物辩证法的核心观点,突出对立统一规律在唯物辩证法体系中的核心地位;第二,至于唯物辩证法的其他内容,如另外两大规律以及一些范畴等,都可以置于对立统一规律的统摄之下,在对立统一规律的理论视野下予以揭示和阐发。总之,以前沿袭很久的那种将几个规律并列的做法是甚为不妥的,并且应该将各种范畴放在矛盾的对立统一的框架之下、以矛盾的对立统一去说明。对于毛泽东所提的这些具体的、学术性很强的意见,李达在修改初稿的过程中都进行了很好地吸收、消化,对相关的内容进行了比较多的处理。最后修改的结果是:“依据《矛盾论》的体系展开了第四篇第一章‘对立统一规律’这一中心内容”②,也就是说,在这一部分完全体现了毛泽东的理论逻辑。不仅像这些具体的、个别的理论问题,甚至在整个马克思主义哲学体系的框架方面,李达也深受毛泽东的影响。从整个《马克思主义哲学大纲》(上)的内容结构上看,我们可以很清楚地看到,李达在很大程度上就是按照毛泽东哲学的体系来安排全书的结构的。比如,关于认识论的部分,李达除了在关于认识形式和思维方式方面沿袭了自己在《社会学大纲》的内容之外,在主要逻辑构架上还是主要按照毛泽东《实践论》的体系进行展开的。又如,关于辩证法的部分,李达在主要逻辑架构上是

① 武市红:《李达与毛泽东关系浅谈》,载《李达与中国共产党的创建和马克思主义在中国的传播——纪念李达同志诞辰120周年学术研讨会论文集》,人民出版社2013年版,第458页。

② 苏小桦:《毛泽东哲学思想对李达哲学思想的影响》,《西南交通大学学报》(社会科学版)2000年第3期。

因循毛泽东《矛盾论》的体系进行安排的。这些都充分说明，毛泽东哲学对李达的影响是比较大的，大到甚至可以改变自己对于马克思主义哲学内容结构的理解。

另外，我们还可以从李达的书信中关于撰写和修改的意见的内容里看到这种影响。李达在 1963 年写给陶德麟的信中谈稿子的问题，针对认识论内容专门讲到，“毛泽东的中国革命理论的辩证逻辑，是从中国的半封建半殖民地社会的分析，特别是中国社会各阶级的分析开始的”①。1965 年，书稿快杀青的时候，李达又致信陶德麟，要求在例言中特别写明：“本稿以马克思列宁主义、毛泽东思想为指导，特别是毛泽东思想”②。这些都说明，李达在构思中国的马克思主义哲学体系的过程中，不管是从结构方面还是从内容方面，都十分注重汲取毛泽东哲学的理论成果，把毛泽东哲学作为构建中国马克思主义哲学新体系的主要依据和核心内容。

二、毛泽东对冯契的影响

毛泽东和冯契之间并无见面的经历，也没有给书信往来。毛泽东对冯契的影响，主要体现在作为中国共产党的领导人和国家的领导者对一个专业哲学家的影响。从冯契一生的哲学经历来看，毛泽东对冯契的影响，不仅表现在毛泽东影响了冯契的哲学道路的选择，而且影响了冯契哲学创作的内容。

1. 毛泽东对冯契哲学道路的影响

冯契 1935 年高中毕业后考入清华大学，在哲学系开始了其大学生涯。大学毕业后攻读研究生，导师是金岳霖。在整个清华大学学习期间，对冯契影响最大的有两位教授，一位是冯友兰，另一位是金岳霖。冯友兰主要从事中国哲学研究，金岳霖主要从事西方哲学研究，所以从冯契的大学时期我们可以看

---

① 《李达全集》第二十卷，人民出版社 2016 年版，第 467 页。

② 《李达全集》第二十卷，人民出版社 2016 年版，第 470 页。

到，冯契最初并不是学习马克思主义哲学专业的。那么，冯契是怎样走上马克思主义哲学的道路的呢？答案固然在于时代的影响，但是就影响冯契改变哲学研究道路的人而言，毛泽东是对冯契影响最深的一位。

青年冯契生活在中国处于战争的岁月，在那样一个年代，无论是中外关系（主要是中日关系），还是国内局势（主要是国共关系），都引发每一个中国人深深的思考。中国向何处去？中国的前途命运是怎样的？中国将走向何方？这是摆在每一个中国人面前的重大问题，也是那时的知识分子在理论上都试图作出回答的理论问题。生活在那个时代的冯契也不可例外地对这个问题产生深深的思考，但是正如大多数中国人一样，冯契在心中对这个问题也是感到十分感到迷茫的，冯契的老师冯友兰和金岳霖也不曾对这一问题有过明确的答案。正是在这样的思想迷惘时期，毛泽东的两本著作像阳光一样照进冯契的心中，从此改变了冯契的哲学道路。

这里所说的毛泽东的两本著作，一本是《论持久战》，另一本是《新民主主义论》。这两部书，是毛泽东针对中国不同形势的发展而写就的，回答了不同时期重大的国际国内问题，它们都有着丰富的哲学意蕴。我们知道，毛泽东的《论持久战》是在中日战争时期写作而成的，当时国内存在盲目乐观的速胜论和悲观主义的亡国论两种极端观点。前者是因为早期平型关、台儿庄战役取得对日军的胜利后出现的一种乐观的看法，后者是因为随后日军强势进入中国内陆并占据大部分重要城市后出现的一种悲观的看法。毛泽东的《论持久战》分析了中日各自的优劣之处，剖析了中日战争的内在矛盾，分析了中日战争的未来可能，指出了抗日战争的复杂进程和最终结局，得出中国将通过持久战取得最后胜利的结论。当时在山西身处抗日前线的冯契和全国的抗日将士一样，读到这本书的时候因为从中看到了抗日战争的必胜前景特别地兴奋，也因为从中看到了国家和民族的希望而充满斗志。不过，冯契的这种兴奋还特别体现在哲学层面上，因为冯契从书中看到了毛泽东书中体现出来的辩证逻辑的强大力量。正如冯契自己所说，“《论持久战》特别使我感受到理论的威力……这本书是继《资本论》之后，运用辩证逻辑的典范。”①可以说，毛泽东《论持久战》深深打动了学生时代的冯契，在冯契年轻的心中打下了马克思主义哲学的烙印。而当冯契从山西辗转昆明，在那里读到毛泽东的《新民主主义论》一书之后，他内心里关于当时局势和国家未来前途的困惑和疑问又一次得到了澄清，感到自己思想和理论上的难题又一次迎刃而解。毛泽东在《新民主主义论》中分析了民主革命和新民主主义革命的区别和联系，对马克思主义与中国国情的关系、农民与无产阶级革命的关系等重大现实问题作了明确回答，提出了民族的科学的大众的文化、能动的革命的反映论等观点，给冯契以极大的震动。冯契从中感到了一种哲学上的高度，也感受到了哲学理论所具有的“改造现实”的强大现实功能。无疑，读完《新民主主义论》，冯契再一次感受到了毛泽东著作的理论魅力，激发了冯契走马克思主义哲学道路的决心。

总之，毛泽东的《论持久战》、《新民主主义论》两本著作让冯契感受了马克思主义哲学在理论上的强大吸引力，因此决心像毛泽东那样学习和运用马克思主义哲学。冯契对自己的这种转折也有过明确的表述，他认为正是毛泽东的著作使他对自己的哲学道路的有了清醒的认识，即“真正要搞哲学，就应该沿着实践唯物主义的路子前进”②。可以说，正是在毛泽东的影响下，冯契作出了自己终生的哲学选择。

2. 毛泽东对冯契哲学创作的影响

毛泽东对冯契的影响，首先体现在毛泽东影响了冯契哲学的理论架构。就毛泽东哲学的内容和风格而言，可以把毛泽东哲学称为典型的认识论哲学，这也是由那个时代造就的哲学特征。毛泽东最早影响冯契的两本著作给冯契的启迪都是认识论层面的：《论持久战》给冯契的思想冲击被冯契认为是体现

---

① 《冯契文集》第一卷，华东师范大学出版社 1996 年版，第 14—15 页。

② 《冯契文集》第一卷，华东师范大学出版社 1996 年版，第 16 页。

在辩证逻辑思维方面,这是一个认识论问题;而《新民主主义论》给冯契的理论冲击点是毛泽东提出的能动的革命的反映论,这也是一个认识论问题。可见,毛泽东哲学的理论特征一开始就影响了冯契的哲学思维,使冯契的哲学也带有鲜明的认识论色彩。事实上,冯契智慧说哲学体系从一开始就带有明显的认识论哲学的特征,这从冯契智慧说哲学体系的第一部分的书名《认识世界和认识自己》上就可以很清楚地看到。从冯契自己对于智慧说三篇的结构的表述和实际内容来看,这三篇的标题分别是"认识世界和认识自己"、"逻辑思维的辩证法"、"人的自由和真善美",依次阐述了认识过程的辩证法、认识的辩证法转化为方法论、认识的辩证法体现在价值领域,其实都是讲的认识论,认识论是这个理论结构中最鲜明的主线。所以,上述冯契对自己的哲学体系的理论架构的安排就已经充分说明,冯契的哲学体系就是一个认识论结构体系。也正是因为如此,在学界,冯契的哲学也被人们称之为广义认识论。所以,我们可以说,毛泽东影响了冯契哲学体系的理论构架和理论特色。

毛泽东对冯契哲学创作的影响,还体现在影响了冯契哲学的具体内容。在冯契的早期哲学创作中,冯契还是比较多地以阐发毛泽东哲学的内容为主。1957 年,冯契写的《怎样认识世界》由中国青年出版社出版。这本书开篇就提出摆在青年面前的首先是认识世界的问题,这说明冯契主要是在阐发认识论的基本原理。就书中的内容来看,冯契这时的哲学思考还是局限在对已有马克思主义哲学理论的阐述,并无后来智慧说哲学体系那么丰富的内容。就该书在引经据典上的特点来看,冯契虽然多处转引了马克思、恩格斯、列宁的许多论述,但是就引用的对象来说,冯契引用最多的还是毛泽东的论述。我们可以看到,在《怎样认识世界》一书中,冯契在很多地方引用了毛泽东的许多著作和文章,主要包括毛泽东的哲学著作《实践论》和《矛盾论》,也包括毛泽东一些文章如《中国社会各阶级的分析》、《反对本本主义》、《论人民民主专政》、《中国革命战争的战略问题》、《关于领导方法的若干问题》等,来阐明认识和实践的辩证关系、思维的矛盾运动和科学真理的发展问题。这就说明，冯契和李达一样，在这个时期的哲学思考转向以阐发毛泽东哲学为主。当然，从这里也可以看出冯契的哲学创作受到了毛泽东哲学思想的深深影响。后来，这本书引起毛泽东的注意。20 世纪 60 年代，毛泽东给秘书林克写信时提到了冯契著的一个小册子《怎样认识世界》，说他想找一些来“送给同我接近的青年同志阅读”，①足见毛泽东对一个从事马克思主义哲学研究的理论工作者的肯定。当然，或许这也跟冯契的这本小册子在内容上受到了毛泽东哲学的一些观点的影响有关系，毛泽东看后对其中很多认识论的内容产生了认同感，感到这是一本不错的马克思主义哲学认识论著作，于是想推荐给年轻同志读。在冯契后期的哲学创作中，也包含比较多的关于毛泽东哲学的内容。在 20 世纪 80 年代中期，冯契专门撰写了《必须坚持能动的革命的反映论》一文公开发表，谈的就是毛泽东在认识论上的哲学贡献，同时冯契提出，“坚持能动的革命的反映论的基本观点，克服一切背离它的倾向，是哲学战线的重要任务”②。在 20 世纪 80 年代末期，冯契的智慧哲学体系形成，其中很多的表述都跟毛泽东相关，与之前只是对毛泽东哲学的阐发不同的是，这一时期的评价中有对毛泽东认识的高度肯定，也有对于毛泽东的一些批评。虽然有肯定也有批评，但是也表明毛泽东对冯契哲学的影响之深。

三、毛泽东对李达和冯契影响的异同

毛泽东对李达和冯契的影响，有相同的地方，也有一些具体的不同。总的来说，都是毛泽东作为党和国家领导人对专业哲学家的思想影响，这一点是相同的。但是，毛泽东和李达之间是双向的影响，而毛泽东和冯契之间只是毛泽东对冯契的单向影响。

---

① 《毛泽东书信选集》，人民出版社 1983 年版，第 573 页。

② 《冯契文集》第九卷，华东师范大学出版社 1998 年版，第 441 页。

1. 毛泽东对李达和冯契影响的相同之处

毛泽东对李达和冯契的影响，虽然是对生活在不同时期、有着不同学术经历的两个哲学家的影响，在具体表现上是具有很大差别的。但是，经过比较我们却发现，毛泽东对李达和冯契的影响，不管在对象上还是在内容上，都具有某种相同性。

从影响对象上看，毛泽东对冯契和李达影响的一个相同之处在于，冯契和李达都是毛泽东所影响的对象中的两个哲学家个体。应该承认，中国共产党的领导人也是创新中国马克思主义哲学体系的重要主体，他们对专业哲学家往往都起着非常重要的影响作用。毛泽东不仅是政治层面的马克思主义哲学家，而且兼具学术层面的马克思主义哲学家的身份，因此，就在马克思主义哲学界产生的影响这一点而言，作为领导中华民族实现独立解放的党和国家领导人、作为伟大的马克思主义哲学理论家的毛泽东要比一般的哲学家产生的影响更直接，影响程度要更深，影响时间要更久。从这个角度来说，冯契和李达同张岱年、艾思奇等其他人一样，都只是毛泽东所影响的哲学家群体中的不同具体对象而已。就此而言，作为马克思主义经典作家的毛泽东所提出的关于马克思主义哲学的很多具体观点，都直接地影响着冯契和李达，成为冯契和李达表达他们对于马克思主义哲学的理解时所遵循的重要文本。事实上，冯契和李达在他们的哲学体系中都大量引用了毛泽东的著作中的表述，这恰恰是他们同样深受毛泽东影响的有力佐证。而且，毛泽东论述马克思主义哲学理论一个很鲜明的特点就是结合中国革命和建设的实际，也结合中国传统文化的实际，这也使得冯契和李达在阐述马克思主义哲学理论时同样地自觉结合中国的革命、建设和传统文化实际，这也是他们同样深受毛泽东影响的共同的证明。再者，冯契和李达的哲学体系中，都充满着对于毛泽东哲学的丰富阐释，这也从某种程度上证明了毛泽东影响着冯契和李达的哲学创作。总之，毛泽东作为党和国家领导人影响了冯契和李达的哲学追求、哲学创作、哲学特色。这一点，是毛泽东对冯契和李达影响最大的相同之处。

从影响内容上看，毛泽东对冯契和李达的哲学影响另外一个共同之处就在于，毛泽东影响李达和冯契的共同理论焦点都是认识论的内容。首先，毛泽东深刻影响了李达的认识论思想。固然，李达的《社会学大纲》完成于1935年，其中关于认识论和唯物辩证法理论已经初具模型。而毛泽东的《实践论》和《矛盾论》写于1937年，所以我们还不能说这一时期毛泽东在哲学体系的内容上影响了李达，因为毛泽东的哲学体系的正式形成时间比李达《社会学大纲》的出版时间要晚。但是也要看到，李达在《社会学大纲》中将认识论放在唯物辩证法里面作为第一篇的全部内容予以阐述，而在第二到五篇则主要是阐述唯物史观的内容，并且即便在第一篇中对认识论的阐述也显得比较单薄。据此我们有理由认为，真正代表李达认识论思想的是后来的《唯物辩证法大纲》一书，因为后者要比前者更加系统、更加丰富。关于这一点，我们只要对这两部书做一比较就可一目了然。在《唯物辩证法》一书中，我们可以很清楚地发现，李达不仅在篇章结构中突出了毛泽东的认识论的内容，而且在具体阐述上也多处明确引用毛泽东的论述，特别是在关于认识与实践的关系、认识的本质、认识的发展阶段、认识的运动规律等内容的表述上更是通篇引用毛泽东的观点，这就表明毛泽东对李达在认识论内容上的影响之深。至于毛泽东对冯契哲学内容上的影响，我们从冯契智慧说哲学体系上可以发现，冯契除了在其广义认识论的整体框架上深受毛泽东哲学特征的影响之外，在认识论的具体内容的展开上，特别是认识的本质、实践（感觉）与认识、认识的运动规律、真理的检验等内容上都引用了毛泽东的哲学观点。从李达和冯契哲学体系的内容上看，重叠或交叉最多的也就是认识论的内容，而且在他们在认识论的阐述中都能够看到他们都深受毛泽东哲学的影响，所以我们把认识论当作他们在内容上受毛泽东影响的共同之处。当然，必须说明的是，由于冯契和李达都把认识论看成与辩证法、逻辑学是同一的关系，所以虽然毛泽东在辩证法、逻辑学上也对冯契和李达产生了深刻影响，但是为了表述的方便，我们在此就只从认识论的角度进行叙述。

2. 毛泽东对冯契和李达影响的不同之处

虽然说毛泽东对李达和冯契都产生了重要的影响，由于诸多的原因，相比较而言，毛泽东与李达的接触更多，因而影响更深更大。

从20世纪中国马克思主义哲学的发展历程中不难看到，李达和毛泽东这两位有着重要影响的中国马克思主义哲学家在他们的一生当中的关系是十分密切的。李达是第一任中国哲学会会长，跟毛泽东有着几十年的交往，甚至可以说还存在师生之情和同志之谊。无论是中国共产党创立时期，还是革命战争年代，还是新中国成立以后，毛泽东都和李达有着不间断的直接的来往。从他们交往的经历来看，毛泽东和李达不仅在志向上有着共同的哲学信仰，而且在学术交往中互相砥砺，互相影响，共同见证和推动了中国马克思主义哲学体系的时代发展。也正是由于这种十分密切的交往，毛泽东和李达的关系就很自然地表现为一种双向互动的关系。关于李达对毛泽东的影响以及毛泽东对李达的影响，在前面已经作了比较详细的说明。一方面，毛泽东深深影响了李达。毛泽东对李达的欣赏、肯定、赏识在很大程度上使李达逐渐坚定对于马克思主义哲学研究的信心和决心，可见，毛泽东影响了李达的哲学追求、哲学创作、哲学活动。另一方面，李达也曾在较大程度上影响了毛泽东。李达在建党之初对于毛泽东的帮助、革命时期对毛泽东的支持、新中国成立后对毛泽东哲学的阐发，足以说明李达对毛泽东的深刻影响。总之，前述那些具体而丰富的事实，便是对于毛泽东和李达关系的这种双向互动性的极好的证明。

相比毛泽东对李达的影响，毛泽东对冯契的影响更多的是间接的、单向的。之所以表现为这种关系，是因为历史的缘故。一方面是因为冯契和毛泽东年龄差距比较大，没有共同工作、生活的经历，另一方面也是由于冯契一直缺乏像李达那样与毛泽东面对面交流马克思主义哲学的机会，因而也不可能和毛泽东有密切的书信往来。加之冯契的智慧说哲学体系问世时毛泽东早已去世，所以毛泽东也不可能有机缘去对冯契的哲学体系进行评价和指导。上述这些这种实际情况就使得毛泽东和冯契的关系只是一种间接的、单向的关系，即毛泽东作为党和国家领导人从马克思主义哲学中国化的政治维度影响冯契对于马克思主义哲学的学术维度的研究。因此，从一定的意义上可以说，冯契对毛泽东的影响是非常小的。换言之，毛泽东对冯契的影响远远超过冯契对毛泽东的影响，而冯契不可能像李达那样去直接地影响毛泽东哲学的形成和发展。但是，冯契对毛泽东哲学进行了系统的评价，而这对于李达来说，由于受到特定的历史条件的影响，他要像冯契那样评述毛泽东哲学也几乎是不可能的。

第三节　冯契对毛泽东哲学的评价

毛泽东哲学在中国马克思主义哲学发展史上有着重要的地位，受到后来的马克思主义哲学家的高度赞扬和广泛研究。冯契作为改革开放后构建马克思主义哲学新体系的哲学家，对毛泽东哲学也是推崇备至，赞美有加。透过冯契的皇皇巨著我们不难看到，冯契在他的整个智慧说哲学体系中都贯穿着对毛泽东哲学的高度评价。冯契对于毛泽东哲学的褒扬，固然和冯契是在毛泽东哲学的影响下走向马克思主义哲学的研究之路有关，但从根本上说是由于毛泽东哲学在哲学史上的重要地位所决定的。正是因为如此，我们可以看到，冯契对于毛泽东哲学的评价不是简单的、无原则的一味肯定，更不是政治口号式的大力吹捧，而是他基于对中国历史发展的深刻洞悉和对中国哲学发展史的深入考察、基于他“始终保持心灵的自由思考”的哲学沉思而得出的实事求是的结论。冯契对毛泽东哲学的评价，表现出一种纵横交织的宏大哲学视野和多维叠加的广阔哲学视域，体现出一位马克思主义哲学大家的深厚哲学底蕴。

一、冯契评价毛泽东哲学的横向视野

冯契评价毛泽东哲学的横向视野，体现他把毛泽东哲学放在各种哲学思潮和新旧哲学观念相互激荡、相互碰撞、相互融合的大背景下进行考察。中国自近代以来经历了巨大的变革，民族的生存危机和社会的巨大变革使广大的中国人民陷入了痛苦和迷惘，中华儿女在精神上一致面临着“中国向何处去”的深深困惑。冯契指出，这样的历史事实在精神文化领域里表现为“古今中西”之争，也就是“怎样有分析地学习西方先进的文化，批判继承自己的民族传统”①，来解决当时中国面临的重大现实问题，解决中华民族的前途和命运问题。而在不同的文化领域，“古今中西”之争有着各不相同的特殊表现，例如，在哲学中就表现为：如何看待社会历史和把握中国历史发展规律？如何把西方文化中的优秀成果运用于解决中国的实际问题？这样一来，包括历史观、价值观在内的诸多哲学问题就凸显为当时中国必须要解决的重大问题，而在这些问题上，存在着中与西、古与今的种种复杂关系。冯契正是透过“古今中西”之争的宏大视野，通过对毛泽东哲学的产生及其重要地位的深刻剖析，高度评价了毛泽东哲学的时代价值。

中国近代哲学的发展，经历了 100 多年的历程。冯契指出，近代以来这 100 多年的哲学发展最大的成就在于 20 世纪上半叶中国的马克思主义者“对民主革命时期的古今中西之争作出了科学的总结”②，集中表现在毛泽东提出的“能动的革命的反映论”。那么。毛泽东的“能动的革命的反映论”何以成为对古今中西之争科学总结的成果呢？冯契从两个方面进行了论证。一方面，毛泽东的“能动的革命的反映论”有巨大的理论功能，它运用唯物史观分析了中国的前途。如何看待中国社会的现实、分析中国发展的前途？根据毛泽东的“能动的革命的反映论”的观点，社会意识是社会存在的反映，各种精

① 《冯契文集》第一卷，华东师范大学出版社 1996 年版，第 4 页。

② 《冯契文集》第七卷，华东师范大学出版社 1997 年版，第 633 页。

神文化形式都不过是经济的反映,因此文化的冲突应该从经济状况那里去寻找根源。由于政治是经济的反映和集中表现,因而要变革社会经济就要进行政治革命。这样一来,中国的前途就不难明了,即首先应该通过政治革命来实现社会变革。因此,毛泽东的"能动的革命的反映论"就逻辑地回答了"中国向何处去"的问题。另一方面,毛泽东的"能动的革命的反映论"有巨大的现实功能,它指出了中国革命的正确道路。中国革命是在马克思主义理论之下进行的,这就存在一个如何运用马克思主义来指导中国革命的问题。在这个问题上,曾经出现过各种"左"的和右的错误倾向,产生过与之相伴的教条主义和经验主义,给中国革命造成了很大损失,甚至带来了巨大的挫折。对此,毛泽东在《实践论》中斥之为唯心论和机械唯物论,指出其错误根源在于把主观和客观相分离、将认识和实践相分离。冯契认为,毛泽东的"能动的革命的反映论"正确地解决了意识和存在的关系问题,提出了必须达到主观和客观、理论和实践的具体的历史的统一,很好地解决了如何运用马克思主义指导中国革命的问题,也就很好地解决了中国革命的道路问题。通过以上分析,冯契试图表明,在中国革命实践中产生的毛泽东哲学由于提出了"能动的革命的反映论",很好地解决了作为西方文化的马克思主义与东方的中国革命之间的关系问题,是成功地解决了"中西"之争的典范,"使中国近代哲学革命达到了新的高度"①。从这个意义上说,"毛泽东哲学著作具有世界意义、世界影响"②。

长期以来,"心物之辨"是中国哲学中一个备受争议的问题。"心物之辨"其实也就是"知行之辨",到清朝王夫之那里已经达到比较高的水平。王夫之在唯物主义的前提下把格物和致知统一在人们的认识之中,标志着中国古代在这方面取得了比较高的成就。到近代,由于时代主题的转换,"心物之辨"这一问题被赋予了新的内涵,例如,魏源就反对理学空谈,强调要注重"实事

① 《冯契文集》第七卷,华东师范大学出版社 1997 年版,第 639 页。
② 《冯契文集》第九卷,华东师范大学出版社 1998 年版,第 530 页。

实功”,主张向西方学习先进船坚炮利的先进技术,使得这一问题与“中国向何处去”的时代主题联系起来。后来,严复、康有为、谭嗣同、章太炎、孙中山都讨论过是知识先还是行先的问题,胡适、梁漱溟、冯友兰都片面强调认识过程的某一环节,金岳霖看到了感觉的作用,等等,但这些都由于缺乏科学的实践概念,并没有使“心物之辨”的问题得到真正解决。那么,真正解决“心物之辨”问题的哲学家是谁呢?冯契认为,这个人就是毛泽东。在冯契看来,毛泽东把马克思主义和中国革命相结合提出的“能动的革命的反映论”,由于把“客观过程的反映、主观能动性的作用和革命的实践”①这三个环节统一起来,“对认识论和历史观中的心物之辨作出了科学的规定,这在中国哲学史上也是‘第一次’”②,是以历史观和认识论的心物之辨为中心的近代哲学的大变革,“标志着实现了一个革命的飞跃”③。显然,冯契把毛泽东哲学“能动的革命的反映论”看成是成功地解决了“古今”之争的典范。

冯契还指出,更为重要的是,毛泽东哲学的“能动的革命的反映论”的观点贯穿于党的思想路线之中,进而体现出巨大的现实功能。冯契认为,毛泽东在《改造我们的学习》中对“实事求是”思想的解释和阐发,实际上是要求我们党在一切工作中都贯穿“能动的革命的反映论”的基本精神,即一方面要坚持唯物主义,从事物的实际情况出发,力求把握事物固有的内在规律,另一方面要充分发挥主观能动性,形成正确的认识来指导实践。在冯契看来,这有着极其重大的现实意义。这是因为,中国共产党人正是坚持了毛泽东哲学“能动的革命的反映论”的观点,坚持了实事求是的思想路线,科学、完整地把握了中国的国情,才正确地找到了中国革命的道路,为解答“中国向何处去”这个时代问题交上了一份合格的答卷。基于以上分析,冯契明确指出,历史已经证明,毛泽东哲学是中国近代以来哲学革命的重大成果,是中国共产党人回答时

① 《冯契文集》第七卷,华东师范大学出版社1997年版,第639—640页。
② 《冯契文集》第七卷,华东师范大学出版社1997年版,第640页。
③ 《冯契文集》第七卷,华东师范大学出版社1997年版,第640页。

代问题的理论钥匙，是中华民族从苦难走向辉煌的精神武器。应该说，冯契对毛泽东哲学的这种高度评价绝不是随意的拔高，而是恰如其分的，是符合中国的时代发展历程的。

二、冯契评价毛泽东哲学的纵向视野

冯契评价毛泽东哲学的纵向视野，体现在他把毛泽东哲学放在马克思主义哲学中国化的历史进程中予以考察，从而赋予毛泽东哲学以应有的哲学史地位。毫无疑问，毛泽东哲学是毛泽东把马克思主义哲学的基本理论同中国的具体实际相结合的产物。而事实上，把马克思主义哲学的基本理论同中国的具体实际相结合来考察中国的历史和现实的马克思主义者是一个很大的群体，除毛泽东之外，很多的马克思主义者也在进行着这个工作，也取得了这样那样的理论成果。包括毛泽东在内的一大批中国的马克思主义者所进行的哲学探索，他们所取得的各种理论成果构成了中国马克思主义哲学的理论大厦。那么，毛泽东哲学在其中处于什么样的历史地位、有着怎样的学术价值呢？对此，冯契走向马克思主义哲学中国化的历史深处，在深入的纵向考察的基础上，给出了自己的答案。

冯契首先考察了李大钊、陈独秀、瞿秋白、鲁迅等早期马克思主义者对马克思主义哲学中国化的探索。冯契指出，李大钊经历了一个由进化论到唯物史观的转变历程，是“中国第一个由革命民主主义者转变为马克思主义者的革命家”①，李大钊提出的“今是生活、今是动力，今是行为，今是创作”的著名论点以及社会主义与人道主义统一的新的社会理想在当时都产生了深刻的影响。冯契认为，李大钊把握了马克思主义的实践观点，看到了人的主体能动性，在心物之辨上包含有能动的革命的反映论的基本点，在个人与社会关系即群己之辨上作了早期马克思主义者中“最正确的解决”②，但是他论述历史观

① 《冯契文集》第七卷，华东师范大学出版社 1997 年版，第 315 页。

② 《冯契文集》第七卷，华东师范大学出版社 1997 年版，第 424 页。

较多而“较少论述认识论”①。在李大钊之后，陈独秀也经历了由进化论到唯物史观的转变，他运用唯物史观阐述了对于进化与革命、自然与人为等心物之辨问题的看法，以及自由与制裁、个人与社会等群己关系问题的看法，但他的转变是不彻底的，“与李大钊相比，陈独秀的马克思主义理论水平要逊色得多”②。再随后，瞿秋白也致力于马克思主义的传播和理论研究，他提出了“社会的有定论”和“历史工具”说，批判了胡适的经验论和陈独秀的经验主义，有着一定的理论贡献。鲁迅则是“由一个爱国主义者和革命民主主义者转变为马克思主义者”③的，他起初宣传“意力主义”，后来宣传战斗的唯物主义，他“运用唯物史观具体分析国民意识，把中国近代哲学对主体性的考察推向前进了”④，在马克思主义美学方面也进行了开拓性的研究。以上冯契的这种考察试图表明，早期马克思主义者在推动马克思哲学中国化的过程中都进行了有益的探索，但跟毛泽东相比，他们在把马克思主义哲学同中国革命实践（包括传统文化）结合方面所做的工作，都还只是作了初步的探索。

冯契还考察了李达、艾思奇等在内的专业哲学家在推进马克思主义哲学中国化方面所取得的成就。一是李达。冯契指出，李达“绝不是关在书斋里的学者”⑤，他写的《现代社会学》、《中国产业革命概观》、《社会学大纲》等著作既探讨了马克思主义的基本理论，又运用唯物史观考察了中国的特殊国情，提出了普遍与特殊相结合的方法、历史的方法、阶级分析的方法等马克思主义基本方法，在唯物辩证法上提出了“实践的唯物论”、认识的圆运动、矛盾分析方法等。二是艾思奇。冯契指出，艾思奇著有《大众哲学》一书，发行量很大，在全国范围内产生了较大反响，在很大程度上推进了马克思主义哲学在中国

① 《冯契文集》第七卷，华东师范大学出版社 1997 年版，第 690 页。
② 《冯契文集》第七卷，华东师范大学出版社 1997 年版，第 369 页。
③ 《冯契文集》第七卷，华东师范大学出版社 1997 年版，第 449 页。
④ 《冯契文集》第七卷，华东师范大学出版社 1997 年版，第 481 页。
⑤ 《冯契文集》第七卷，华东师范大学出版社 1997 年版，第 486 页。

的“普及与应用”①的工作。在冯契看来，在这种推进马克思主义哲学“普及与应用”的过程中，艾思奇虽然在很多方面有自己的创新性见解，有着自己的发挥，取得了很大成就，但是，艾思奇的著作保留了苏联的马克思主义哲学体系，因而也包含有许多僵化的教条，如把阶级斗争绝对化、过分夸大领袖作用等，因而也不可避免也产生一些消极影响。

在上述分析的基础上，冯契指出，早期的这些马克思主义哲学家在推进马克思主义哲学中国化的过程中所取得的哲学成就，为毛泽东哲学的产生奠定了理论前提和理论基础。众所周知，早期的马克思主义哲学家在传播、介绍马克思主义哲学的同时，也针对和结合当时中国的政治、经济、文化等方面的现实来进行思考、批判和建构，但是受具体的历史条件、自身所处的环境和承担的社会角色的限制，以及对马克思主义哲学的了解程度、对中国现实的把握程度等的制约，他们在运用马克思主义哲学特别是唯物史观来回答“中国向何处去”这一时代大问题的过程中，也就不可避免地存在这样那样的局限性，所以只能说取得了初步的成绩。冯契认为，像李大钊、瞿秋白、李达、郭沫若、吕振羽等早期马克思主义者们就是这样，他们都有自己的建树，但是都只是取得了初步的成绩。不过在冯契看来，这些初步的成绩却有着十分重要的意义，这就是“把如何用马克思主义来回答‘中国向何处去’的问题引向深入了”。②也就是说，早期的马克思主义者在如何运用马克思主义哲学解决“中国向何处去”的时代问题上的艰辛探索，为后来的马克思主义者正确运用马克思主义哲学解决“中国向何处去”的时代问题创造了必要的理论条件。在冯契看来，随着时代的发展，以毛泽东为代表的中国共产党人最后才真正解决了“中国向何处去”的时代大问题。这也就意味着，前述马克思主义者们的探索其成绩和贡献在于把问题引向深入，而问题的最后解决者则是以毛泽东为代表

① 《冯契文集》第七卷，华东师范大学出版社 1997 年版，第 501 页。
② 《冯契文集》第七卷，华东师范大学出版社 1997 年版，第 495—496 页。

的中国共产党人。对于早期马克思主义者们的理论贡献与毛泽东哲学之间的关系问题，冯契专门以李达为例进行了阐发。作为马克思主义哲学中国化的早期代表性人物，李达的成就无疑是巨大的，但是冯契认为，李达哲学虽然有一个最大特点也是一个最大的优点，即在实践基础上实现辩证唯物主义和历史唯物主义的有机统一，但是依然有待于进一步的发挥，而这个工作的完成者就是毛泽东。所以，冯契指出，李达哲学的特点或优点"经过毛泽东的发挥，成为中国化的马克思主义哲学的显著特点"。[①] 也就是说，李达虽然撰写、出版了结合中国实际阐述马克思主义哲学的经典专著，但冯契认为，李达"在马克思主义哲学中国化方面，只能说是很初步的"。[②] 显然，在冯契看来，毛泽东哲学才是自李大钊以来马克思主义哲学中国化进程中的最重要的理论成果。事实上也是如此，从马克思主义哲学中国化的历史来看，只有毛泽东哲学才是"中国马克思主义哲学的第一个理论形态"[③]，李达虽然也作出了突出贡献，但在中国马克思主义发展史上无论是地位还是影响方面都是逊于毛泽东的。总之，冯契立足马克思主义哲学中国化的历史发展逻辑，认为毛泽东"能动的革命的反映论"是对李达等早期马克思主义者们的探索成果的继承，是马克思主义哲学中国化历史发展成就的新概括，"是中国近代哲学革命发展的最基本的积极成果"[④]，这是冯契对毛泽东哲学的历史定位。有学者曾指出，冯契基于历史的视野对毛泽东哲学所作的这种评价，在长期以来思想界对毛泽东哲学的所有评价当中是"最高而又中肯的新颖评价"[⑤]。的确，冯契基于学术史对毛泽东哲学作出的历史评价，不仅有着充实的学理依据，而且与中国马克思主义哲学的学术发展历程也是契合的，做到了理论性与历史性、学术性与现

① 《冯契文集》第七卷，华东师范大学出版社 1997 年版，第 497—498 页。

② 《冯契文集》第七卷，华东师范大学出版社 1997 年版，第 501 页。

③ 汪信砚：《马克思主义哲学中国化：传统与创新》，北京师范大学出版社 2017 年版，第 4 页。

④ 《冯契文集》第七卷，华东师范大学出版社 1997 年版，第 643 页。

⑤ 王向清：《冯契对毛泽东哲学的理性解读》，《湖南大学学报》（社会科学版）2000 年第 3 期。

实性的有机统一。

三、冯契评价毛泽东哲学的多维视域

冯契对于毛泽东哲学进行评价所得出的结论，建立在他对毛泽东哲学进行详细的多维度分析的基础之上。具体而言，冯契主要是从认识论、辩证法、价值论、方法论等四大视域出发，来对毛泽东哲学进行阐发和评价的。在这些阐发和评价中，冯契始终秉持实事求是的学术态度，在对毛泽东哲学作大力肯定的同时也指出了毛泽东哲学的缺失。而且，无论是大力肯定还是指出不足，冯契都尽可能做到了系统全面。

1. 认识论视域

在冯契看来，毛泽东极为重视认识论问题，毛泽东对马克思主义认识论作出了重要的哲学贡献。一是提出了“能动的革命的反映论”。如前所述，“能动的革命的反映论”的提出具有重要的哲学意义。从认识论的角度而言，“能动的革命的反映论”不仅以一种新的概括对马克思主义认识论关于哲学的基本问题作了明确的回答，是唯物主义反映论的新高度，而且在唯物主义反映论的前提下强调了实践的观点，突出了人的主观能动性在认识中的重要作用，从而实现了认识论同历史观的内在统一。二是阐发了认识运动的总秩序。毛泽东在《实践论》中概括了认识运动的图景，认为认识运动的秩序表现在“实践——认识”之间的螺旋式上升和永无止境的循环往复。冯契认为，关于认识的运动过程，马克思、恩格斯、列宁早就有很多的论述，毛泽东的贡献在于，他在继承和发展马克思、恩格斯、列宁的认识论思想的过程中，结合中国革命的实际和中国传统哲学中的知行之辩等认识论思想进行了新的阐发和新的发挥，从而“使之取得中国化的形式”①。冯契还剖析了毛泽东在如何《实践论》

① 《冯契文集》第七卷，华东师范大学出版社 1997 年版，第 644 页。

中系统阐述了实践和认识反复的螺旋式的前进运动，如何在《矛盾论》中全面阐发了特殊和一般反复的螺旋式前进运动，认为毛泽东提出的分散和一般的循环反复、特殊和一般的循环反复、实践—认识—再实践—再认识的循环反复的三个“循环往复”的表述，“在马克思主义文献中是新的理论概括”①。三是提出了认识论和群众路线的统一。毛泽东在《工作方法六十条》、《关于领导方法的若干问题》等文献中，都提出党的各级领导者要坚持马克思主义认识论，在工作方法上坚持走群众路线。在冯契看来，毛泽东的认识论理论有着深刻的历史感，他在认识论中引入了人民群众是历史创造者的原理，把人民群众在历史中的决定作用同实践观点、认识论观点有机结合起来，将它们有机统一起来，实现了从哲学方法论到工作方法论的转化，是一个了不起的哲学贡献。

2. 辩证法视域

毛泽东是一个辩证法大师，他对辩证法的理论阐述集中见之于《矛盾论》。在《矛盾论》中，毛泽东系统地论述了对立统一的法则，指出了内因和外因的关系、矛盾的普遍性和特殊性的关系，矛盾的同一性和斗争性的关系，等等。在冯契看来，这些辩证法理论虽然也是马克思、恩格斯、列宁早已提出过的，但毛泽东对之进行了全面地、系统的阐述，使其在展开的过程中具有了中国的形式。不仅在形式上是一种创新，而且在内容上也是一种创新，这主要表现在毛泽东的辩证法思想还是对近代以来的发展观的新概括，尤其是对社会发展观的新概括。近代以来，进化论传入中国后，在较长一段时间成为中国思想界在发展观问题上的主流思想。经过几次大的思想论战之后，唯物史观的观点逐渐深入人心，特别是在中国革命的发展过程中逐渐占据了发展观问题上的主导地位，并随着人们对革命中“左”的、右的两种错误倾向的本质的认识不断加深而变得逐渐丰富和日益明晰起来。毛泽东的辩证法就是这一过程

---

① 《冯契文集》第七卷，华东师范大学出版社 1997 年版，第 653 页。

的理论总结,就是这一过程形成的哲学结晶。这已经是一个了不起的贡献,但在冯契看来,它还不是毛泽东在辩证法方面所作出的最大理论贡献。冯契指出,在辩证法方面,毛泽东最大的贡献在于“其著作极好地体现了宇宙论和方法论、客观辩证法和主观辩证法的统一”①。这里冯契所指的毛泽东的著作,不仅仅限于《矛盾论》这部著作,还包括《实践论》、《论持久战》、《新民主主义论》、《中国革命的战略问题》等其他的著作。冯契以《论持久战》为例,分析了毛泽东在逻辑思维方面的辩证法。冯契认为,在《论持久战》中,毛泽东实际上是分三步展开其逻辑思维的:第一步是对中日双方的状况进行全面的分析,第二步是分析中日战争中各种矛盾是如何展开的,第三步是中国人民如何创造条件把胜利的可能性变为现实。这三步,在冯契看来,非常清晰地展现了辩证逻辑的分析和综合相结合的过程,是唯物辩证法思想的极好的体现。基于此,冯契在多处都表达了这样的观点,即毛泽东的《论持久战》是“继《资本论》之后……运用辩证逻辑的典范”②。冯契还分析了毛泽东在《新民主主义论》中如何从普遍性和特殊性的相互联结上来分析中国的内部矛盾和外部条件,如何从逻辑和历史的统一来考察近代中国社会由矛盾斗争而展开为新陈代谢的过程。通过这些具体分析,冯契高度肯定了毛泽东在辩证逻辑方面所做的重大理论贡献。当然,冯契也指出了毛泽东的辩证逻辑存在的不足,比如缺乏坚实的自然科学基础,对经学方法的批判不力,等等。

3. 价值论视域

价值观问题是哲学理论的一个重要的内容。毛泽东哲学一个非常重要的特点,就是对价值问题进行了丰富的论述。在冯契对毛泽东在价值论领域贡献的分析中可以看到,冯契抓住了三个问题展开论述,一是义利关系问题,二是群己关系问题,三是人格问题。在义利关系问题上,毛泽东提出了革命的功

① 《冯契文集》第七卷,华东师范大学出版社 1997 年版,第 655 页。

② 《冯契文集》第七卷,华东师范大学出版社 1997 年版,第 658—659 页。

利主义。人的实践活动总是带有一定的功利性,那么如何看待无产阶级革命实践的功利性呢?毛泽东的《在延安文艺座谈会上的讲话》一文对这个问题作出了回答。毛泽东提出,世界上没有什么超功利主义,无产阶级是革命的功利主义者,认为只有使人民群众得到真实的利益的东西才是好的东西,并认为在判断所谓的好坏的问题上,应该是动机论和效果论的统一。对于毛泽东的观点,冯契分析指出,一方面,毛泽东提出的革命的功利主义有着广泛的含义,他指的好的东西的"好",是价值论的范畴,包括道德的善、艺术的美、科学的真以及一切有益的制度;另一方面,毛泽东又"把能动的革命的反映论贯穿于价值领域"①,把社会实践及其效果当做检验动机的标准,认为动机和效果的统一表现为一个过程。可见,毛泽东的革命功利主义特别强调正确的立场即无产阶级的立场,认为这是具备共产主义的德性的前提条件。在群己之辩问题上,毛泽东提出了群众观点。冯契认为,毛泽东在《论联合政府》中提出的共产党人要坚持全心全意为人民服务的观点,是明确反对个人主义的。但是,毛泽东也提出没有几万万人民的个性解放的社会主义则是完全的空想,所以毛泽东其实是"把个性发展和个人主义区别开来了,反对个人主义而鼓励个性发展"②。因此,冯契认为,毛泽东的群众观点其实包含有尊重群众的个性的含义。在人格问题上,毛泽东提出了共产主义人格。冯契分析指出,在人格问题上,毛泽东"描绘了共产主义的自由人格的精神面貌"③,十分强调共产主义人格中人的自觉性问题。在冯契看来,毛泽东提出的"放下包袱,开动机器",实际上就是鼓励人们提高自觉性,使心灵解除束缚,使理性不受蒙蔽,这是对中国儒家自觉原则传统的继承。总的来看,冯契认为毛泽东关于共产主义人格的理论"包含有富于创造性的见解"④,是毛泽东推进马克思主义哲学

---

① 《冯契文集》第七卷,华东师范大学出版社 1997 年版,第 668 页。
② 《冯契文集》第七卷,华东师范大学出版社 1997 年版,第 669 页。
③ 《冯契文集》第七卷,华东师范大学出版社 1997 年版,第 666 页。
④ 《冯契文集》第七卷,华东师范大学出版社 1997 年版,第 674 页。

中国化一个重要表现。不过，冯契也指出毛泽东在这个问题上存在不足之处，即不够重视自愿原则。

4. 方法论视域

冯契认为，在中国近代，方法论变革的实质就是要用科学方法取代古代的经学方法。近代思想家如严复、胡适、金岳霖等都在这个问题上进行过探索，马克思主义者也在这个问题上提出了自己的观点，这就是遵循历史和逻辑统一的原则，来把握客观事物的矛盾发展和内在规律。冯契指出，毛泽东在方法论方面的成就，表现在它通过一系列著作“概括出了辩证逻辑方法论的一般环节”①。对于毛泽东关于这些环节的论述，冯契从五个方面进行了概括，分别是：把握事物的根据，分析与综合的结合，归纳和演绎的结合，历史和逻辑的统一，理论和实际的统一。冯契指出，毛泽东的这些方法论成果，既贯穿了唯物辩证法的基本观点，也是对近代以来哲学家们在方法论探索上取得的成果的一种批判性继承。冯契也指出，毛泽东在方法论上也存在当时的马克思主义者共同具有的偏误，即把阶级分析方法简单化、绝对化，以及对传统的经学方法清算不力，等等。

以上，冯契对毛泽东哲学的意义和地位进行了横向和纵向双重维度的考察，从认识论、辩证法、价值论、方法论等多维视域出发对毛泽东哲学的内容进行了系统地展开，通过这种考察和展开，对毛泽东哲学作出了令人耳目一新的评价。冯契以纵横结合的宏大视域出发，不仅向我们展示了一幅关于毛泽东哲学的清晰图景，也展示了自己作为一个马克思主义哲学家的深厚的理论底蕴，更展示了自己一以贯之的研究马克思主义哲学的根本态度，即“保持心灵的自由思考”。毛泽东是中国的一位伟人，也是一个杰出的中国马克思主义哲学大家，如何正确评价毛泽东哲学的得失功过，必须要有一个正确的姿态。

---

① 《冯契文集》第七卷，华东师范大学出版社 1997 年版，第 697 页。

一味地仰视，不是科学的态度；没有自知之明的俯视，也不是科学的态度。正确的姿态应该是什么？在这个问题上，冯契有自己的感受和体会。冯契指出，不管是对待任何一种哲学，都要有自己独立的思考，要自觉排除那种只此一家的门派观念，自觉抛弃那种不加思考的附和习惯，对待中西哲学上的任何一种哲学都应如此，对待马克思主义哲学也要如此。因此，在对待马克思主义哲学的问题上，冯契认为，必须保持心灵的自由思考，在把它和诸多的哲学思想进行比较的基础上确立对它的选择和信仰，“这样才是真正的赞成它”①。以上冯契对毛泽东哲学的横向和纵向双重维度的考察评价，体现的正是这种“保持心灵的自由思考”的态度。也正是因为有着这样的态度，冯契对毛泽东哲学的评价才呈现出一种与之不同的创新性特征，同时又令人十分的信服。在今天看来，冯契对毛泽东的评价，虽然也存在这样那样的可商榷之处，但是冯契在评价中所表现出来的一名真正的马克思主义哲学家的实事求是的、批判的、革命的本真精神，仍然是我们今天从事马克思主义哲学的理论研究应当继承的宝贵财富。

第四节　冯契对李达哲学的评价

李达在中国马克思主义哲学形成和发展中作出了突出的成绩，这一点已为中国学术界所熟知和公认。人们对李达的评价，往往是从政治上建党和学术上构建马克思主义哲学体系两方面进行展开的。而冯契更看重李达作为“专业哲学家”的贡献，因此，冯契是把李达放在“马克思主义哲学在普及与运用中走向中国化”②这一特定的历史视域中进行分析和评价的。

一、冯契对于李达哲学的革命意义的评价

从中国的革命事业的发展历程来看，近代以后特别是中国共产党成立以

---

① 《冯契文集》第一卷，华东师范大学出版社 1996 年版，第 16—17 页。

② 《冯契文集》第七卷，华东师范大学出版社 1997 年版，第 485 页。

后，中国人民反对帝国主义和封建主义的斗争持续迅猛地发展。这就在客观上产生了一种需要，即需要一种科学的理论来指导蓬勃发展的革命实践。那么这也同时意味着，革命形势的发展客观上需要一批理论工作者去加强理论的发展，来服务革命实践和推进革命事业的进程。冯契认为，李达就是这样一位杰出的理论工作者，李达哲学就是中国革命所需要的理论。

冯契指出，中国无产阶级处在一个特殊的历史条件下，不仅面临反对封建主义的任务，还面临着抵抗外来侵略的历史性重任，因此必须采取激烈的革命斗争的方式去完成自己的历史使命。这种特殊的历史实际，决定了中国的有志之士“从一开始便主张行动中的马克思主义，而反对书斋里的马克思主义”①。中国共产党领导中国人民摆脱半殖民地半封建社会的斗争，一开始就是在马克思主义的理论指导下进行的，但是中国共产党对马克思主义的理论运用也面临着很大的挑战，就是革命形势发展非常迅速，对理论提出的要求越来越高。马克思主义理论如何回应发展迅速的革命形势？如何运用马克思主义的立场、观点、方法去分析革命发展的现状和未来？用什么样的马克思主义理论统一全党的思想状况？马克思主义理论如何回应来自各方面的各种思潮和思想的挑战？显然，中国革命需要马克思主义理论家作为无产阶级的政治思想代表去加强理论建设，不断跟进解决因党成立后主要精力放在进行革命斗争忙于应付变化迅猛的革命形势而必然导致的理论准备不足的问题。所以，冯契认为，中国革命客观上需要一批像李达这样的专门从事理论工作的思想家理论家。从这个意义上讲，李达哲学的出现正是顺应了党的理论的内在需要，契合了中国革命发展的内在逻辑。

冯契还指出，李达之所以能够担当起用马克思主义理论为党的革命斗争服务这一历史重任，也是和他自身的学术主张有着内在一致性的。在冯契看来，李达“决不是关在书斋里的学者”②。冯契认为，其实李达早在《马克思学

① 《冯契文集》第七卷，华东师范大学出版社 1997 年版，第 486 页。

② 《冯契文集》第七卷，华东师范大学出版社 1997 年版，第 486 页。

术于中国》这篇文章中就明确了自己的学术态度，即研究马克思主义哲学就要把马克思主义哲学用于改造中国社会，并且李达是能够把自己的学术态度很好地贯彻下去的人。冯契把李达的学术主张归结为两点，一是主张系统掌握马克思主义理论，二是主张具体研究中国的国情。而且，这两个方面是有着内在统一的关系的，犹如一个硬币的两面。这种内在的关系，就是马克思主义哲学中国化的内在逻辑：只有系统掌握马克思主义哲学，才有了观察中国前途和命运的精神武器；而只有了解中国具体实际，马克思主义哲学才能发挥它应有的作用。而只有将这两个方面很好地结合起来，才能真正发挥马克思主义哲学的理论功能，才能真正发挥马克思主义哲学变革中国社会的现实作用。

二、冯契对李达哲学的理论目标的评价

冯契从哲学层面剖析李达的理论工作的目的，认为李达的目标就是要“建立普遍与特殊之统一的理论”①。也就是说，在冯契看来，李达的理论目标就是要建立起一个普遍性和特殊性相结合的哲学理论。这里的普遍性是指马克思主义哲学的普遍性，这里的特殊性是指中国实际的特殊性。

冯契认为，李达的这个目标其实体现在李达的两本重要的著作当中。冯契列举了这两本书，但没有注明引自李达的哪本文集，为了叙述的方便，我们把它们还原到最新的《李达全集》当中。第一本是《社会学大纲》，在这本书的序中，有这样一段话：“本书前五篇，是研讨世界社会的一般及特殊发展法则的。至于中国社会，却自有其特殊的形相和固有的特征，绝不是一般原理之单纯的例证。”②第二本是《经济学大纲》，在这本书中，李达清楚地表明了自己的观点：“要获得那种客观的正确的指导的理论，就必须把捉住一般根本路程上的经济的进化之客观的法则，同时具体地考察中国经济的特殊的发展法则，

① 《冯契文集》第七卷，华东师范大学出版社 1997 年版，第 487 页。
② 《李达全集》第十二卷，人民出版社 2016 年版，第 3 页。

以求建立普遍与特殊之统一的理论。"①冯契依据上面两段话,把李达的理论工作的努力目标描述为"建立普遍与特殊之统一的理论",应该说是非常准确的。

从李达《社会学大纲》的写作思路来看,李达是想通过前五章来阐述马克思主义哲学的一般原理,然后在第六章专门论述中国问题。当时的李达把那个时候的中国社会理解为一个既不同于典型的资本主义社会又不同于典型的封建社会的特殊的社会,这个特殊的社会就是一种"帝国主义殖民化过程中的社会"②。因此,李达那时就提出,作为中国人首先应该认清中国当前现状的这种特殊性,在此基础上认清当前的历史使命就是要使中国摆脱这种状态。而要使中国从这种状态中走出来,就要有着正确的道路,那就是要实现民族的统一,在发展国家的经济的同时改善工农群众的生活。所以,李达构思全书的思路恰恰就是"普遍——特殊"相结合的思路,也就是用马克思主义哲学观察、分析中国的现实情况,得出有利于寻找中国出路的理论来。冯契对李达要"建立普遍与特殊之统一的理论"这一理论目标的概括是非常准确的,既符合当时中国社会的客观理论需要,也契合李达哲学的理论特征。所以,冯契认为,虽然李达并没有最终写出第六章,但是这也足以让我们认识到李达的这种普遍和特殊紧密结合的思维方式。

再从《经济学大纲》的写作思路来看。李达在书中提出,虽然我们固然要考察一切经济共同的普遍的法则,但是一切经济共同的法则不只是一种抽象,它存在于许多具体的、特殊的经济形态之中,因此,在这个问题上就要处理好普遍与特殊的关系。也就是说,只有研究清楚了各个具体的经济形态,才能找到经济发展的一般原则;只有了解了经济发展的一般法则,才能对具体的经济形态了解更深。李达实际上是想表明,我们要在考察经济学一般原理的基础

① 《李达全集》第十三卷,人民出版社 2016 年版,第 18 页。
② 《李达全集》第十二卷,人民出版社 2016 年版,第 3 页。

上，结合中国经济的具体状况来寻找发展中国经济的具体道路。那么中国经济的具体状况是什么呢？李达经过考察认为，当时中国的经济，虽然也处在马克思所指出的五种经济形态演进进程中的一个阶段，但是它不属于马克思所指出的五种经济形态中的任何一种典型的、独立的形态，而是一种特殊的形态。对于中国经济这种特殊的形态，李达描述为："还停滞在由封建经济到资本主义经济的过渡状态中，但是深深地烙上了国际帝国主义殖民地的火印。"①从李达对中国经济的分析的思路来看，李达那种学术上坚持走"普遍和特殊相结合"的路子的特点也非常清晰地呈现出来了。

从上面的分析我们不难看到，冯契把李达的学术目标概括为"建立普遍与特殊之统一的理论"，这是非常准确的。对于这一点，再回到李达的《社会学大纲》，或许我们看得更加明白。《社会学大纲》的扉页上，李达专门写道："献给英勇的抗日战士"，其实这恰恰是李达对自己理论目标的"初心"的一种表达，即希望通过自己的著作把马克思主义哲学传达到抗日战士们的心田，帮助坚持抗日的中国人建立科学的世界观和历史观，从而更好地达到普遍和特殊的结合。那么我们是不是可以说，李达很早就把"普遍和特殊的结合"当做自己的理论目标，并将这样一个目标贯穿在之后的每一本著作之中，贯穿在自己的每一篇文章之中，并由此形成了他推进马克思主义哲学中国化的一个十分鲜明的特点。

三、冯契对李达在唯物史观方面贡献的评价

认清中国国情，是马克思主义者对"中国向何处去"这一时代大问题作马克思主义的理论回答的一个前提。冯契非常清醒地认识到这一点，他把李达放在革命年代的大背景下，认为在那个革命的年代，不对中国的具体国情做到真正的了然于胸，就不可能对中国社会的各种矛盾有准确的把握，当然也就无

① 《李达全集》第十三卷，人民出版社 2016 年版，第 17 页。

法认清中国革命的性质、任务、道路,更不用说形成正确的关于中国革命的战略。因此,作为关注中国革命、投身中国革命的马克思主义哲学家,必须在了解中国国情上下大工夫。在冯契看来,在当时从事马克思主义理论研究的马克思主义者当中,李达就是在把握中国国情方面下过巨大功夫、付出过巨大努力的人,因为李达撰写的《中国产业革命概观》一书很好地说明了这一点。李达的这本书,是参考了列宁《俄国资本主义的发展》一文的写法写成的。和列宁在书中运用了大量的关于俄国经济的数据一样,李达运用了他经过研究和调查得到的一系列关于当时中国的经济数据,来说明当时中国的社会性质,即处于半殖民地半封建的社会。

冯契指出,李达这一时期以《中国产业革命概观》为代表的著作和一些文章,有一个共同的特点,就是在哲学上运用了马克思主义哲学的唯物史观方法。具体而言,冯契把李达运用唯物史观的方法概括为三个方面。

一是普遍与特殊相结合。按照唯物史观的观点,生产力是对社会发展起最终决定作用的因素,生产力决定生产关系,经济基础决定上层建筑,因此认识国情必须立足于对经济状况的分析。冯契认为,李达在《中国产业革命概观》中强调要从经济的角度去探求中国的社会究竟是一个什么样的社会的答案,强调要在分析清楚中国经济的发展方向的基础之上来确立革命的理论和建设的规划,可见李达的这种思路就是马克思主义哲学的唯物史观的思路。唯物史观把近代社会的诸多变化如工厂制度、资本主义、民主革命、无产阶级革命等都归结于产业革命的发生,是把产业革命作为起点来剖析上述变化的原因。的确,李达也是这样进行分析的,但是李达强调了中国的产业革命不同于欧洲产业革命的特殊性,即中国的产业革命是在外力的作用下发展起来的,是在帝国主义列强的压迫下被动地发展起来的,是“由世界而渗入于国内”①,这与欧洲的产业革命是由资本主义内在驱动所产生并由国内向世界发展这个

① 《李达全集》第五卷,人民出版社2016年版,第6页。

特点是完全不同的。李达还分析了中国的产业革命和欧洲的产业革命在起因、表现上的根本性不同，特别是分析了中国的产业革命在半殖民地半封建社会的背景之下的特殊性，即它只是国际帝国主义的发展的“助因”。具体来说，中国的产业革命是在国际帝国主义的卵翼之下发展起来的，国际帝国主义对中国的产业规模的发展有着绝对的控制力和支配权，因而中国的产业革命绝没有在国际帝国主义的手心里“翻筋斗”的可能。这就使得中国的工业资本还够不上做国外大资本家的竞争对手，最多也就是在它们的卵翼之下分得一小部分的残羹剩饭而已。冯契很赞赏李达的这种分析，认为李达把中国的产业革命的特点归纳为受外力的支配、外力的压迫因而具有自己的特殊性，是很好地坚持了马克思主义哲学的普遍与特殊相结合的分析方法的结果。

二是历史的方法。冯契认为，马克思主义哲学的历史主义方法的根本要求就在于，必须运用唯物史观去考察社会发展的内在动力，立足经济的矛盾运动来分析社会的各种现象。而李达是做到了这一点的，这可以从李达所写的《现代社会学》、《中国产业革命概观》、《中国现代经济史观》等著作中看的十分清楚。例如，李达在《现代社会学》中曾经明确提出，社会学就是研究社会进化的理论的，而进化本身就是一个由过去到现在而未来的一个过程，因此，“其研究方法，在追溯过去以说明现在，更由现在以逆溯将来”。[①] 按照李达的观点，如果没有这种历史的方法，就不能发现社会的基础和阶级斗争的根源，就不能产生共产主义的科学理论。冯契认为，李达的这些观点清楚地表明了李达的研究方法就是历史的研究方法。冯契还列举了李达在《中国产业革命概观》和《中国现代经济史观》中对中国近代经济矛盾的分析，以说明李达对历史的方法的运用。李达在分析近代中国经济的内在矛盾时，分别考察了国际帝国主义的侵略过程、封建农业的瓦解过程、民族资本主义的形成过程，认为中国的产业革命迟迟发展不起来的原因除了资金匮乏、企业家见识和能力

① 《李达全集》第四卷，人民出版社 2016 年版，第 3 页。

不足等原因之外,最关键的是由于国际帝国主义的存在,以及封建势力的阻挠。这也使得中国近代的阶级对抗和工人运动都不能和西方资本主义国家的阶级对抗和个人运动相比。由此,李达得出结论:对应于中国半殖民地状态,中国要实行民族革命以求生存;对应于中国的半封建状态,中国要实行民主革命以求发展。在冯契看来,李达这个结论的得出,正是运用了历史分析方法的结果。

三是阶级分析。冯契认为,李达在对各种历史现象和各种社会学说进行分析和批判时,都注意把马克思主义哲学的阶级观点作为理论武器。冯契以李达在《中国现代经济史概观》中对洋务运动的分析为例,来说明李达对阶级分析方法的运用。在冯契看来,李达是把洋务运动置于"封建势力反抗侵入中国的资本主义的时期"这一特定的历史条件下进行分析的。李达认为,洋务运动具有两重性:一方面,相对于守旧的满清贵族以及那些迂腐的旧学究而言,曾国藩、左宗棠、李鸿章等洋务派主张发展军事工业无疑是高明的,他们的变革在客观上输入了西方先进的军事技术,为民族工业的发展奠定了一定的基础,这无疑是有积极意义的。但是,另一方面,洋务运动并没有实现技术的本土化,技术器械等还是仰仗于外国人,而且从事经营的人并不具备应有的能力,这就为民族工业后来的发展埋下了种种隐患。这里,李达的阶级分析涉及外国资本家、民族资本家、买办、封建主等。至于靠什么主义来发展中国的民族工业的问题,李达认为必须了解两点,一是中国革命是为了谁?二是谁会为中国的革命而奋斗?只需把这两点弄清楚,就可以知道必须用什么主义来发展中国产业了。李达分析了包括产业劳动者、手工工人、商业店伙、农民、失业者等在内的各个阶级和阶层的状况,逻辑地得出结论:必须通过反帝反封的革命,树立民众的政权,发展国家资本,解决土地问题。可见,李达的分析方法正是阶级分析法。

四、冯契对李达在唯物辩证法方面贡献的评价

冯契注意到,李达在唯物辩证法方面是取得了很大的成绩的。其实,李达

也自以为在唯物辩证法方面心得颇多,他早在《现代社会学》的序中说过“对于斯学之体系,自信已略具规模”①的话,又在《社会学大纲》的序中讲过“基于数年之研究,自信还有一些新的收获”②的话。冯契肯定了李达的哲学贡献,并对李达的代表作《社会学大纲》作了一个总的评价,称《社会学大纲》内容十分丰富,对马克思主义哲学的原理、概念交代得十分清楚,并结合我党历史上“左”、右倾错误进行哲学上的阐发,把理论和实际有机统一起来,“确是一本好的教科书”③。从这里可以看到,冯契对李达的评价还是很高的,不仅肯定了李达在马克思主义哲学原理的介绍普及方面做出的成绩,而且肯定了李达哲学紧密联系实际的特点和强大的现实功能。

冯契分析指出,李达在创新马克思主义哲学方面的成绩体现在李达引以为自得的“新收获”,主要表现在李达从三个方面对唯物辩证法作了很好的发挥。

一是关于实践的唯物论。冯契认为,李达对马克思主义经典作家关于实践的思想作了准确的阐发,并在某些方面有所发挥。李达在《社会学大纲》中阐述唯物辩证法的生成这一部分内容的时候提出,由于劳动概念的出现,唯物论就实现了从自然界到社会历史领域的扩张,这样一来,辩证的唯物论也就实现了到实践的唯物论的飞跃。实践概念有其丰富的内涵,这些内涵分别决定着精神世界的各个方面,也就是决定着认识的各个领域。基于这样一种理解,李达认为,“实践不单是社会科学的范畴,并且是哲学的认识论的范畴。”④这里,李达实际上也阐述了唯物辩证法在哲学上的革命性意义,即把实践引入到唯物论之中,把实践引入到认识论之中。在冯契看来,李达当然是对唯物辩证法进行了新的发挥。李达在阐述由感觉到思维的推移与实践的关系时讲到了

① 《李达全集》第四卷,人民出版社 2016 年版,第 4 页。
② 《李达全集》第十二卷,人民出版社 2016 年版,第 3 页。
③ 《冯契文集》第七卷,华东师范大学出版社 1997 年版,第 496 页。
④ 《李达全集》第十二卷,人民出版社 2016 年版,第 45 页。

人的实践的能动性，他提出，人是一种特殊的动物，这种特殊性就表现在人能够改造自然、能够进行生产，即人是能够从事实践活动的动物。而“人类之实践的物质的能动性”①，反映在观念上就是人的意识的能动性。正是在这个意义上，人对外界的反映就可以称之为能动的反映。冯契指出，李达对“人类之实践的物质的能动性”的强调是非常有意义的，因为李达实际上就是把人的认识的能动的反映过程从自然认识领域扩展到历史认识领域。在冯契看来，李达的实践唯物论思想也就是能动的反映论，既是辩证唯物主义意义上的，也是历史唯物主义意义上的。从辩证唯物主义意义上说，实践的唯物论或能动的反映论其实是把在实践的基础上产生的表象、概念等理解为一个能动的反映过程；从历史唯物主义意义上说，实践的唯物论或能动的反映论其实是强调了社会存在和社会意识的辩证关系的两个方面的同等重要性，即既要看到社会存在决定社会意识，又要看到社会意识因为正确地反映了社会存在因而也会能动地反作用社会存在。冯契认为，李达“强调辩证唯物主义和历史唯物主义统一于实践的唯物论或能动的反映论的观点”②后来在毛泽东哲学那里得到了进一步的拓展，被贯穿在之后的中国马克思主义哲学的发展之中。这也说明，冯契是把李达的时间的唯物论思想放在中国马克思主义哲学的发展历程中予以了考察，并给予了肯定的评价。

二是关于认识的圆运动。在冯契看来，李达关于认识的过程的理解是非常有个性而且颇富创新性。李达在《社会学大纲》中提出了认识的圆运动的理论，把认识的过程表述为“实践直接的具体→抽象的思维→媒介的具体→实践”③的循环，从内容上把认识的运动看成是实践基础上的运动，从形式上把认识的运动描述为从实践到认识、从认识到实践的永无止境的“圆形运动”。冯契认为，李达的这个表述深得马克思在《政治经济学批判 · 导言》中

---

① 《李达全集》第十二卷，人民出版社 2016 年版，第 45 页。
② 《冯契文集》第七卷，华东师范大学出版社 1997 年版，第 498 页。
③ 《李达全集》第十二卷，人民出版社 2016 年版，第 202 页。

所指出的从具体到抽象和由抽象上升到具体的思想之精髓。在李达那里,直观的具体被称作“直接的具体”,辩证思维把握到的具体被称为“媒介的具体”,认识的发展过程就是从直接的具体到抽象的思维到媒介的具体的“圆运动”,它体现的是实践基础上的思维与存在、主观与客观的统一。冯契还认为,李达的这种观点其实和列宁在《谈谈辩证法问题》中的“圆圈说”颇为接近。不仅如此,李达的这种观点还和毛泽东《实践论》里“主观和客观、理论和实践、知和行的具体的历史的统一”的思想也是基本一致的。以上,冯契把李达的观点和马克思、列宁、毛泽东的哲学思想中关于认识问题的阐述放在一起进行比较,正说明了冯契对李达发展中国马克思主义哲学的贡献的肯定。

三是关于矛盾分析的方法。冯契认为,按照马克思、列宁等经典作家的观点,对立统一的法则是唯物辩证法的核心的、根本的法则,李达在阐述唯物辩证法的时候继承了马克思主义经典作家的观点,并在此基础上形成了自己的创新性观点。在《社会学大纲》中,李达用三个“追求”阐释了唯物辩证法的矛盾分析法则:追求矛盾的发展、追求矛盾的质、追求矛盾的转化,并认为只有照着这三个追求去研究,才能认识事物运动、变化、发展的规律,才能“在思维上再造出对象”①。冯契指出,李达用三个“追求”阐述了三个不同层次的矛盾分析:第一个层次是通过考察矛盾发展分析事物发展的不同阶段,第二个层次是考察不同质的矛盾的不同特点,第三个层次是考察矛盾运动引发的各种可能性与现实性。通过以上三个方面的矛盾分析,就可以把握矛盾发展的全过程和对象发展的全生涯,从而达到对对象发展法则的真正把握。冯契还指出,李达的这种认识不是来自苏联的教科书,而是“他研究《资本论》的逻辑的体会,和毛泽东在《矛盾论》中所阐发的对矛盾要实行‘具体的分析’的方法,也是基本一致的。”②这和前面一样,也是对李达在唯物辩证法的矛盾学说方面所进行的理论创新的高度肯定。

---

① 《李达全集》第十二卷,人民出版社 2016 年版,第 102 页。

② 《冯契文集》第七卷,华东师范大学出版社 1997 年版,第 501 页。

第六章 从冯契和李达看创新马克思主义哲学体系的一般规律

冯契和李达创新中国马克思主义哲学体系的学术实践,在为中国马克思主义哲学的发展提供了带有他们各自时代特征和个性色彩的理论形态的同时,也揭示出了创新中国马克思主义哲学体系的内在规律。作为中国马克思主义哲学家,冯契和李达创新中国马克思主义哲学体系的侧重点、着力点虽然有所不同,但是这些具体表现的不同并不妨碍他们能够共同揭示出创新中国马克思主义哲学体系的一般规律。总结冯契和李达所揭示出来的创新中国马克思主义哲学体系的内在规律,无论是对于客观、正确评价冯契和李达所作出的理论贡献还是对于进一步推动马克思主义哲学体系在新时代的不断创新发展,都是十分必要的,也都是十分重要的。

第一节 把马克思主义哲学与中国实际相结合是创新马克思主义哲学体系的根本前提

恩格斯早就指出,马克思主义不是教条,而是指导实践的方法。中国共产党人对待马克思主义的态度就是如此,在自觉反对教条主义的过程中坚持把马克思主义作为实践指南。创新马克思主义哲学体系,其实质就是把马克思主义哲学作为根本的方法,在此前提下分析中国的具体问题,创造性地形成回答中国问题的哲学理论。所以,要创新马克思主义哲学体系,有一个根本性的前提问题必须解决,就是把马克思主义哲学和中国实际紧密结合。这里的中国实际,包括中国革命实际、建设实际和传统文化实际三个方面。冯契和李达正是很好地实现了这种结合,所以实现了马克思主义哲学体系的创新。如果把马克思主义哲学和中国实际不是很紧密地进行结合,甚至把二者割裂开来,那么实现马克思主义哲学体系的创新就失去了应有的基础,要创新马克思主义哲学体系就只能成为一种纯粹主观的空想。这既是整个中国马克思主义哲学发展历程的经验总结,也是冯契和李达给予我们的深刻启示。

一、与中国革命实际的有机结合

20 世纪中国马克思主义哲学体系的创新,首先表现在把马克思主义哲学与中国革命实际结合的基础之上。这是因为,近代以来中国人民的实践主题,在 20 世纪上半叶集中表现为救亡图存的革命活动。所以,20 世纪中国马克思主义哲学体系的创新就离不开对中国革命问题的反思与总结,离不开把马克思主义哲学与中国革命进行深度的融合。

李达一生大部分时间都生活在中国革命时期,因此,对于中国革命的实际情况有着直接的感受和深刻的了解。尤其是,李达曾经是中国共产党的创立者之一,曾经担任党内高级职务,所以李达对中国革命的性质、前途等有着十分深刻的思考,而且这种思考又是基于马克思主义哲学的基本立场、观点、方法的基础之上的。这也就是说,李达做到了把马克思主义哲学同中国革命实际直接的、深深地、紧紧地联系起来了、结合起来了。李达学习、翻译、研究马克思主义经典著作的目的,就是为了用马克思主义来探索中国革命的道路,这在他早期的很多文章和论著中都可以看得非常清楚。李达几部主要的代表性著作,如《现代社会学》、《社会学大纲》、《唯物辩证法大纲》,无不包含着他对于中国革命的分析和总结。在《现代社会学》中，李达对于帝国主义与中国的关系、国际社会运动的状况及其对中国革命的作用、世界革命的发展趋势及其对中国革命的影响等诸多问题进行了分析，对中国革命的一些重要问题进行了阐发。在《中国产业革命概观》中，李达对中国社会问题的根本、中国革命的核心等这些事关中国革命的道路和方向的问题进行了剖析。在《社会学大纲》这一“献给英勇的抗日战士”的著作中，李达系统阐述了马克思主义哲学，希望人们运用马克思主义哲学去分析中国革命中遭遇的众多问题，并准备以此专门分析中国社会（在当时即中国革命）。在《唯物辩证法大纲》中，李达在阐述马克思主义哲学的基本理论时，自始至终都贯穿着对中国革命的分析和总结。还有众多的论文，同样都是如此。总之，李达一生的哲学创作最鲜明的特征，就是把马克思主义哲学作为分析中国革命的理论武器，始终坚持做到马克思主义哲学同中国革命实际的紧密结合。

冯契也亲身经历了中国革命的过程，虽然经历的时间比李达要短。冯契没有李达那样有过建党并在党内任职的经历，但是冯契也到过抗日前线，对中国革命也是深深关切。不过，和李达直面中国革命问题不太相同的是，冯契对中国革命的关注和对中国革命问题的回答并没有形成自己系统的、原创性的论文和著作，而主要是通过对毛泽东著作的学习和后来对党的文献的学习这样的途径来形成自己的观点和看法的。冯契通过读毛泽东的《论持久战》，树立了自己对于抗日战争的未来前景的看法，通过读毛泽东的《新民主主义论》确立了自己对于中国革命的前途命运的看法。冯契更关心的是，毛泽东在《论持久战》中所体现出来的辩证逻辑的强大力量，以及毛泽东在《新民主主义论》中所提出的“能动的革命的反映论”的哲学观点，这些使他坚定了走实践唯物主义的哲学道路的信心。冯契著作中“革命元素”也有，不过并非像李达那样对中国革命问题进行直接的、集中的论述，而是主要体现在他对于近代哲学革命的演变过程的理论分析总结之中。通过对康有为、谭嗣同、严复、梁启超、章太炎、王国维、孙中山的评价，通过对李大钊、陈独秀、胡适、梁漱溟、鲁迅的评价,通过对李达、艾思奇、熊十力、朱光潜、冯友兰、金岳霖、毛泽东的评价,冯契探讨了关于中国革命的世界观、历史观、方法论、价值观等层面的问题。

由上可见,李达和冯契最大的一个共同点在于,他们都运用马克思主义哲学的立场、观点、方法对中国革命进行了概括、总结和反思。正是因为他们都坚持了马克思主义哲学同中国革命实际的深度结合,所以他们对马克思主义哲学体系的创新都包含非常丰富的"革命元素"。从马克思主义哲学创新的历程来看,但凡对马克思主义哲学体系有过创新之举的哲学实践,无不是在其理论创作过程当中都加入了这种"革命元素"。这一点,尤其在早期马克思主义哲学创新中得到鲜明的体现。如果在这个层面把李达和冯契对马克思主义哲学体系的创新做一对比不难发现,这种"革命元素"在李达那里比在冯契那里更加鲜明和更加突出。

二、与中国建设实际的有机结合

中国建设实际,指的是新中国成立以后进行社会主义建设的实际。1949年中华人民共和国成立以后,稳步实现了从新民主主义向社会主义的过渡,确立了社会主义的基本制度,初步探索了社会主义建设道路,这一充满艰辛和曲折的实践为开创中国特色社会主义提供了物质基础、宝贵经验和理论准备。1978年以真理标准大讨论为契机,中国社会主义建设步入改革开放的新的阶段,社会主义建设实践的快速发展、各个领域和各个方面的不断创新都呼唤马克思主义哲学做出理论的应答。正是在这个宏伟的过程当中,人们把马克思主义哲学与中国建设实际结合起来,从而推动了马克思主义哲学体系不断创新发展。李达和冯契就是其中的代表性人物,他们先后在他们生活的时代运用马克思主义哲学回答他们那个时代的问题,把马克思主义哲学和中国建设的实际紧密结合,从而以他们各自的侧重点和各自的特征创新了马克思主义哲学体系。

李达把马克思主义哲学同中国建设实际紧密结合，突出地表现在李达对新中国成立后中国如何走社会主义道路这一重大现实问题的不懈探索。其实，李达在新中国成立前就对社会主义的诸多理论问题进行了研究和阐发，在20世纪20年代初就专门撰写了《什么叫社会主义?》、《劳动者与社会主义》、《马克思还原》等论文，1926年出版了《现代社会学》，这些从多个方面展开了关于社会主义的理论。新中国成立后，李达写了《学习社会发展史》、《社会发展的一般规律和特殊规律》等论文，提出要巩固人民民主专政和保障人民利益，结合中国国情分析了在中国建设社会主义的特殊性，对当时党中央提出的总路线进行了深刻阐发，对"两参一改三结合"的生产管理模式进行了高度肯定，对脱离人民的"三风"、"五气"等问题提出了批判。李达还对新中国成立后社会主义的法治实践如何推进这一重大问题进行了大力研究，对新中国第一部宪法的全国性学习、宣传、传播有着重大推动作用①。在对新中国成立后社会主义建设的探索中，李达把唯物史观作为理论基石，把唯物辩证法作为根本方法，坚持"一切为了人民"的价值取向②，始终坚持把马克思主义哲学同中国建设实际进行深度结合。此外，在解读和宣传毛泽东《实践论》、《矛盾论》时，李达自始至终都结合新中国成立后的社会主义建设实际来进行马克思主义哲学维度的理论阐述，始终都坚持做到把马克思主义哲学融入到中国建设实际当中去。

冯契把马克思主义哲学同中国建设实际相结合，突出表现在冯契在50年代明确提出了"化理论为方法，化理论为德行"的理论。新中国成立后，中国的社会主义建设处于非常复杂的国内国际环境当中，为了贯彻党的"理论联系实际"的方针，当务之急就是要大力加强马克思主义哲学的学习和运用，达到既改造客观世界又改造主观世界的目的。冯契根据自己对当时形势的理解，就提出了上述"两化"的理论，"意思是理论与实践的联系要在两方面深入

① 详见刘明诗:《李达与马克思主义法学中国化》,《马克思主义哲学研究》2015年第1期。

② 详见刘明诗:《李达社会主义思想的哲学基础》,《江汉论坛》2013年第4期。

下去,一方面哲学要成为方法论,另一方面要以科学的世界观培养新人。”①此外,冯契还对新中国成立后社会主义建设过程当中的一些问题从哲学上进行了反思,尤其是价值观和方法论的层面的反思。冯契认为,“文化大革命”的哲学根源之一就在于未能在思维方式和价值观念两个方面对近代以来的哲学进行系统的反思和批判,以至于在长达十年的时间里,“个人迷信代替民主讨论,引证语录代替了逻辑论证”②。而且,改革开放后,上述两个方面的盲目性依然还是比较严重地存在,言行不一、缺乏操守等现象依然比较常见。对于这些问题,冯契认为需要从政治上、经济上、文化上、社会上协作解决。对于社会主义市场经济,冯契还呼吁,搞马克思主义哲学就应当对其中的问题进行深入研究。

在把马克思主义哲学同中国建设实际紧密结合这一点上,李达和冯契的侧重点有所不同。就时间上而言,冯契比李达要长。李达重在对新中国成立之初的建设实际的反思,冯契则不仅对新中国成立之初的建设实际进行了反思,而且对“文化大革命”时期的中国建设实际进行了反思,还对改革开放后的中国建设实际进行了思考。就结合的程度而言,李达要比冯契紧密得多。李达多方面参与了中国建设的实践因而对新中国成立后的哲学发展、法学发展、教育学发展、妇女解放思想的发展等多个方面都形成了直接的、专门的阐述,而冯契主要在高校从事教学科研工作因而主要是对中国建设实际进行了方法论、价值观、人的发展等方面的理论反思。由于李达在“文革”开始后不久就去世了,所以没能对中国建设特别是“文化大革命”结束后的中国建设进行更进一步的哲学反思,更没能对改革开放以后的中国建设实际进行理论总结,而冯契在一定程度上讲则可以说是接着完成了这样的工作,虽然冯契始终无法像李达那样直接参与到中国建设的实践活动之中。

---

① 《冯契文集》第十卷,华东师范大学出版社 1998 年版,第 287 页。
② 《冯契文集》第一卷,华东师范大学出版社 1996 年版,第 30 页。

三、与中国传统文化的有机结合

中国传统文化是中国实际的重要组成部分，创新马克思主义哲学体系离不开把马克思主义哲学与中国传统文化结合。这是因为，中国传统文化是中华民族几千年精神家园的集中体现，马克思主义哲学在中国的落地生根就必须以中国传统文化的接纳和包容为重要条件，马克思主义哲学的中国化也就意味着马克思主义哲学和中国传统文化的融合、融通、融汇，既包括中国传统文化赋予马克思主义哲学以鲜明的中国特色这一面，也包括马克思主义哲学改造和提升中国传统文化这一面。从近百年中国马克思主义哲学发展的现实发展过程可以非常清楚地看到，不管在什么样的情况下，马克思主义哲学体系的创新都离不开把马克思主义哲学与中国传统文化的有机结合。事实上，马克思主义哲学体系的每一次创新，都意味着马克思主义哲学和中国传统文化又一次新的融合。

李达早期接受私塾启蒙教育，“读过四书五经，学作过诗词八股文，后来学作过议论文”①，有着深厚的传统文化底蕴。这使得李达在创新马克思主义哲学体系的过程当中，不仅十分重视中国优秀传统文化的有益成分，而且自觉把提升传统文化融贯到马克思主义哲学研究的任务当中。在 1926 年出版的《现代社会学》一书中，李达用文言文的写作方式来阐述唯物史观的基本道理，这本身就是中国传统文化与马克思主义哲学结合的一次有益尝试。总的来说，李达运用马克思主义哲学考察中国历史特别是经济、法律发展史时，对中国传统的经济思想、法律思想进行了深刻剖析，肯定了孔子的大同思想、老子的无为思想的现代意义，认为“诸子百家的学说中，蕴藏着丰富的科学的知识”②，同时也指出了孔子学说的基本部分即讲“为人之道”的以“仁”为核心的性理哲学游离于经济活动和客观世界之外的缺陷和不足，这些都表明李达

① 《李达全集》第十七卷，人民出版社 2016 年版，第 396 页。

② 《李达全集》第十五卷，人民出版社 2016 年版，第 147 页。

对中国传统文化的重视。当然，由于李达的理论创新重点放在和中国革命及建设的结合上，他几乎没有一篇专门地、集中地论述中国传统文化方面的文章。

相较于李达而言，冯契的最大特点在于把马克思主义哲学和中国传统文化进行了系统的、全面的、深入的结合。冯契撰写了《中国古代哲学的逻辑发展》上中下三册，在马克思主义哲学的视野之下，对中国传统哲学这一中国传统文化的集中体现进行了系统的检视，详细分析了几千年中国传统哲学的发展阶段、主要论争、代表性人物，并详细阐述了其在逻辑学、认识论、价值观、方法论等方面的主要成就，也指出了上述领域存在的缺点和不足。冯契撰写的《中国近代哲学的革命进程》一书，系统阐述了鸦片战争之以来中国近代哲学的发展历程，叙述并评价了早期马克思主义哲学中国化的过程、代表性人物、成就与遗憾，指出中国近代事实上已经形成了一种新的传统，因此讲中国的传统就应该既包括中国古代传统还应该包括中国近代传统。在其智慧说三篇中，特别是在《人的自由和真善美》一书中，冯契还专门分析了文化的概念，指出应该通过“比较”、“思辨”、“扬弃”三种具体路径来实现中国传统文化的现代化。冯契还对中国传统文化的核心——中国传统价值体系进行了剖析，通过分析中国传统价值体系的流变，指出在当代应该建立一种既有大同理想又有个性自由的社会主义价值体系。总之，冯契兼具马克思主义哲学家和中国哲学史家的双重身份，他既在马克思主义哲学的话语系统中讲中国传统哲学，又在中国哲学史的话语系统中讲马克思主义哲学，在马克思主义哲学和中国哲学的双重话语体系中“建构起中国马克思主义哲学的理论形态”①。正是通过将马克思主义哲学同中国传统文化的有机结合和深度融合，冯契以个性化的智慧说这一哲学新形态实现了马克思主义哲学体系的创新。

---

① 何萍：《冯契哲学的双重身份及其对马克思主义哲学中国化的贡献》，《华东师范大学学报》（哲学社会科学版）2016 年第 3 期。

由上可见,李达和冯契在把马克思主义哲学同中国传统文化相结合这一点上的区别是十分明显的。李达把对中国传统文化的评价杂糅于对中国经济社会历史发展的评价过程之中,而冯契则把主要精力放在对中国传统文化的系统性评价上面。当然,这也说明,虽然说把马克思主义哲学与中国传统文化结合是创新马克思主义哲学体系的一个重要前提,但具体到每一个特定历史阶段的马克思主义哲学家则有所区别,他们进行结合的程度有深有浅,有直接有间接,有隐性有显性。就李达和冯契相比较而言,李达显然要浅得多,间接一些,隐性一些,而冯契则要深得多,直接得多,显性得多。当然,这又是由他们所处的时代环境和实际的具体工作所内在决定的。

第二节 处理好马、中、西哲学关系是创新马克思主义哲学体系的理论前提

实现马克思主义哲学体系的创新,如果没有把中国与世界纳入视线之内的广阔哲学视野,恐怕是很难达到好的效果的。这是因为,创新马克思主义哲学体系,在逻辑上就内在地要求必须具备丰富的中、西、马哲学知识。只有具备丰富的中、西、马哲学知识,并在马克思主义哲学的统领之下,根据构建体系的内在需要对各种哲学资源进行整合,做到既继承又发展,既借鉴又扬弃,才能真正实现马克思主义哲学体系的创新。

一、必须具有丰富的马克思主义哲学知识

从逻辑上讲,创新马克思主义哲学体系,首先就应该精通马克思主义哲学,把握马克思主义哲学的精髓和灵魂,这应该是首要的、第一位的前提。如果没有丰富的马克思主义哲学知识,或者虽然具有一定的马克思主义哲学知识但却不能把握马克思主义哲学的精髓和灵魂,那么最后构建的自以为是马克思主义哲学体系的东西肯定离马克思主义哲学的本真精神相去甚远,当然

就不能真正实现马克思主义哲学体系的创新。

李达有着深厚的马克思主义哲学修养，这一点是所有马克思主义哲学家都公认的。最典型的佐证就是，马克思主义史学家侯外庐曾经专门研究与李达同时代的马克思主义理论家，特别是20世纪20、30年代的马克思主义者，通过详细的比较，他得出的结论是："就达到的水平和系统性而言，无一人出李达之右。"①可见，李达对马克思主义理论的掌握比一般人都更加系统、更加准确、更加全面。李达之所以具有深厚的马克思主义哲学素养，这是和他从青年时代起就一直笃信且从不间断地研究马克思主义理论密切相关的。从留日求学到回到国内，李达对马克思主义理论的掌握到了这样一种程度，即对20世纪20、30年代为止的所有已出版的马克思、恩格斯、列宁的哲学著作，以及各国马克思主义者对马克思主义理论的解读、评论类的著作等，都已经非常熟悉，可以说了然于胸，并且还亲自翻译了苏联西洛可夫的《辩证法唯物论教程》、日本河上肇的《马克思主义经济学基础理论》、德国卢波尔的《理论与实践的科学社会根本问题》、德国塔尔海马的《现代世界观》（即《辩证唯物论入门》）等著作。所以说，后人作出在当时"无一人出李达之右"的评价，是完全令人信服的。李达的马克思主义哲学知识如此的丰富，以至于在当时的关于社会主义的论战、关于无政府主义的论战、关于修正主义的论战这三次大论战中，李达对当时各种反马克思主义和假马克思主义的理论批判都能够做到一针见血，铿锵有力，从而极大地树立了马克思主义理论的威信和影响力。也正是在此基础上，才有《现代社会学》的出现，才有《社会学大纲》的诞生，才有《唯物辩证法大纲》的完成，才有一个带有极强系统性的中国化马克思主义哲学体系的形成。

冯契对马克思主义哲学研究颇深，有着深厚的马克思主义哲学理论学养。自从参加革命后，冯契读了毛泽东《论持久战》和《新民主主义论》，深感马克

① 侯外庐：《韧的追求》，三联书店1985年版，第36页。

思主义哲学在中国的重要性，从此开始努力钻研马克思主义哲学，并立下宏愿，决心毕生用实践唯物主义辩证法作为理论指导来完成由知识到智慧的通达。研究生毕业之后几十年的时间里，冯契一直在高校从事马克思主义哲学的教学科研工作，这使得他有条件系统研读马克思主义哲学著作，并在长期的研究中打下坚实的马克思主义哲学的基础。从1949年讲授“辩证唯物主义和历史唯物主义”课程开始，到出版《怎样认识世界》，到主编《马克思主义原理教程》，到担任上海市哲学学会会长，到智慧说三篇的形成、出版，可以说，冯契的哲学之路就是一条钻研、创新马克思主义哲学之路。从冯契在阐发中国哲学的古代、近代发展以及智慧说三篇理论的展开等方面来看，冯契对于马克思、恩格斯、列宁、毛泽东的著作都是十分熟悉并有着独到理解，对这些马克思主义经典作家著作的引用也是非常之多，将之巧妙地、恰如其分地安排在认识论、逻辑学、价值论、方法论等马克思主义哲学论域的各个方面。可见，正是基于拥有丰富的马克思主义哲学知识，冯契才有可能实现对马克思主义哲学体系的创新发展。

李达和冯契在实现马克思主义哲学体系创新方面有一个共同的理论前提，就是立足马克思主义哲学的基本立场、观点、方法，通过运用所掌握的丰富的马克思主义哲学知识，来统帅所构建的马克思主义哲学体系的各方面内容。李达一直致力于介绍、传播、研究马克思主义哲学，有专门的论著、论文对马克思主义哲学理论进行阐述。冯契虽然没有像李达那样有专门阐述马克思主义哲学基本理论的文章，但是冯契通过教学、编著、学科建设等途径也对马克思主义哲学有着全面、系统、深刻的理解和把握。在系统掌握马克思主义哲学理论这一点上，李达和冯契虽然路径不一，但最后是殊途同归。我们由此也可以得出一条结论，即只有掌握丰富的马克思主义哲学知识，全面、深刻、准确把握马克思主义哲学的真精神，才有可能实现马克思主义哲学体系的创新。若失去此条件，要达到创新马克思主义哲学体系的目的，则将是没有任何可能性的。

二、必须具有丰富的中国哲学知识

实现马克思主义哲学体系创新的实质,就是实现马克思主义哲学的中国化。在有着几千年文化传统的中国推动马克思主义哲学的发展,始终离不开中国传统文化的影响,始终都要打上中国传统文化的烙印。而作为中国传统文化的最核心部分的中国哲学,在这其中起着重要的作用。这也就意味着,创新马克思主义哲学体系的过程,乃是一个不断与中国传统哲学打交道的过程。因此,如果不以掌握丰富的中国哲学知识为前提,那么要创新马克思主义哲学体系也将是一句空话。

从李达创新马克思主义哲学体系的路径来看,李达青年时期留日以后并未专门研究过中国哲学,也未曾留有关于中国哲学的研究论文,只有在论及中国传统社会状况和中国历史时少量地提及春秋战国时期的思想家的思想,例如,孔子、孟子、庄子等的思想。不过,这并不妨碍李达能够实现对马克思主义哲学体系的创新。这是因为,正如之前所述,李达自幼接受传统文化熏陶,本身有着深厚的传统文化功底。李达并不是没有能力深入到中国传统哲学之中去进行研究,而是由于李达所处的时代是近代以来中国革命成为中国实践主体和主潮的时代,在“偌大个中国,竟然放不下一张平静的书桌”的现实面前,一切的学问包括哲学最急迫回答的是“中国革命向何处去”这样一个时代大问题,李达研究马克思主义哲学的首要的和直接的目的就是从哲学上回答这一问题。在这样的实际情况下,李达根本无暇去系统钻研中国传统哲学的方方面面的内容,他把主要的时间和精力放在向人民系统介绍和全面阐发科学的世界观和方法论——马克思主义哲学,把构建的马克思主义哲学体系献给正在抗日战场舍命卫国的前线将士。新中国成立以后,李达忙于解读、宣传毛泽东哲学名著“两论”,也无暇去研究中国传统哲学。在以上过程当中,李达也并不是疏远、忽视了中国传统哲学,而是把丰富的中国传统哲学知识渗透、融入到对马克思主义哲学的阐发之中。

冯契创新马克思主义哲学体系最突出、最鲜明的特征，就在于运用马克思主义哲学全面审视了中国传统哲学的发展历程，实现了马克思主义哲学同中国哲学的堪称“无缝对接”的紧密结合。对于中国哲学几千年的发展历史，冯契烂熟于心，如数家珍。冯契对于包括孔子、墨子、老子、管子、庄子、孙子、荀子等先秦时期的儒、墨、道、法、兵诸子百家的哲学观点以及《易传》、阴阳五行说中的哲学观点进行了系统的陈述、全面的比较和深刻的总结，对于从秦汉到清朝包括董仲舒、杨雄、王充、张衡、王符、王弼、嵇康、裴頠、向秀、郭象、葛洪、范缜、贾思勰、李筌、韩愈、李翱、柳宗元、刘禹锡、周敦颐、程颢、程颐、张载、王安石、沈括、朱熹、叶适、王守仁、王廷相、李贽、王夫之、黄宗羲、顾炎武、颜元、戴震等人的哲学思想进行了条分缕析和综合总结，对于近代以后包括龚自珍、魏源、洪秀全、康有为、谭嗣同、严复、梁启超、章太炎、王国维、孙中山、李大钊、陈独秀、胡适、梁漱溟、瞿秋白、鲁迅、李达、艾思奇、熊十力、朱光潜、金岳霖、冯友兰、毛泽东等人的哲学思想进行了区分、对照、比较和总结。显然，这是一个庞大的难以以一人之力完成的工程，但是冯契以自己一人之力完成了，而且完成得非常好，这表明冯契对中国哲学不仅仅是一般地了解，而且是真正地精通了。正是立足于如此丰富、扎实的中国哲学知识的基础之上，冯契才得以实现马克思主义哲学体系的创新。可以设想一下，假如没有以上丰富的中国哲学知识，冯契智慧说中还剩下什么？答案很简单，那将是没有民族特色和民族风格的理论空壳，那将是没有民族内容和民族载体的抽象的马克思主义哲学。

早期中国的马克思主义哲学家出于革命的需要，往往对马克思主义哲学的理解和把握甚于对中国哲学的理解和把握。所以，毛泽东于 1938 年明确提出“中国化”的要求，继之艾思奇也提出要在大众化之后再开展一个中国化、现实化的运动，这也表明，把马克思主义哲学同中国哲学相结合是非常有必要的。但是要完成这种结合、实现中国化马克思主义哲学理论的创新远非一日之功，它不仅需要创新者有马克思主义哲学的理论功底，而且还需要掌握丰富的中国哲学知识，有着丰厚的中国哲学的学养，而后者往往是人们所缺乏的，这也正是进一步深化马克思主义哲学中国化的困难和瓶颈之所在。冯契完完全全地突破了这一困难和瓶颈，所以冯契所构建的马克思主义哲学体系是带有鲜明中国特色、地地道道中国作风、堂堂正正中国气派的马克思主义哲学新体系。

三、必须具有丰富的西方哲学知识

创新马克思主义哲学还离不开与西方哲学“打交道”。这不仅是因为马克思主义哲学原本是西方哲学发展过程中的一个理论产物，是马克思、恩格斯批判继承德国古典哲学和西方文化优秀成果形成的理论结晶，与西方哲学有着千丝万缕的深刻的联系，而且还因为，在中国创新马克思主义哲学总是面临着“中西”问题，即如何通过批判地吸收西方优秀文化来为我所用的问题，尤其是在全球化时代中西文化交融进程加快的情况下，这一点更加明显。就中国马克思主义哲学的发展来看，每一次的理论创新都不能回避开“中西”问题，或者说，每一次正确处理好了与西方哲学的关系问题，就意味着马克思主义哲学体系创新往前推进了一步。李达和冯契的哲学创新之路，也说明了这一规律。

李达对西方哲学是十分了解的，对“中西”问题有着清醒的认识。早在《民族问题》这部册子中，李达通过解读西方思维中的“东方”概念，就认识到了西方文化对于中国的偏见，对西方人把“东方”往往理解为“怠惰狡猾而染有恶癖”①之意进行了揭露和讽刺。在 1932 年完成的《辩证法唯物论教程》的译本里，李达批判了西方哲学中的观念论即唯心主义哲学派别，以及 18 世纪后机械唯物论的观点，还有德国古典哲学的各种观点，对包括贝克莱、休谟、布哈林、马赫、康德、黑格尔等在内的西方不同时期代表性哲学思想进行了批判性评述。在《社会学大纲》中关于“唯物辩证法的前史”和“唯物辩证法的生成

① 《李达全集》第六卷，人民出版社 2016 年版，第 24 页。

及发展”部分,系统叙述了古代西方自然哲学中的辩证法、古代西方观念论哲学中的辩证法、中世纪西方哲学、近代初期的唯物论、德国古典哲学中的辩证法、马克思和费尔巴哈及黑格尔哲学的关系,等等,差不多就是一部简明西方哲学史。在《唯物辩证法大纲》中,对上述内容作了进一步的系统化和条理化。总之,李达有着丰富的西方哲学知识。当然,李达的重点不在于专门梳理西方哲学的发展历程,而在于突出马克思主义哲学的划时代意义,突出马克思主义哲学对于分析和解决中国革命问题的真理性力量。

冯契对西方哲学是非常了解的,对“中西”问题有诸多直接的论述。冯契曾经跟随金岳霖读研究生,金岳霖留学过美国、英国,对逻辑学有精深的研究,是最早运用西方哲学方法分析中国古代哲学的哲学家,这样的老师对学生的影响当然是非常之大的。在金岳霖的影响下,冯契对西方哲学进行了深入的学习,以与老师探讨休谟等西方哲学家的原著的方式来完成学业,打下了很好的西方哲学基础,并且“不仅传承了金先生的思想,还发展了金先生的思想”①。冯契把认识的发展过程也理解为黑格尔曾经指出过的螺旋式、圆圈式,把认识论的问题对应为康德曾经提出过的感性、知性、理性等层次,在阐述自己思想的过程中对尼采、叔本华等人的思想也有所论及,这些都表明,冯契对西方哲学的学习和了解是非常之多、非常之深的,他的哲学体系的确是“有深厚的西方哲学的渊源”②。冯契多次论述“会通中西”的重要性,认为如果“对西方文化缺乏全面的系统的了解,还不可能真正深入到社会制度和哲学基础的层次上进行中西文化的比较”③。冯契强调,新中国成立之后,时代中心问题由革命问题转向建设问题,就会使得通过会通中西“以求超胜”的理论要求比以往更加迫切,因此必须站在世界性的联系的高度来融汇中西。正是基于丰富的西方哲学知识和自觉的“会通中西”的意识,冯契所构建的马克思

---

① 刘培育:《金岳霖和冯契》,《人民政协报》2017 年 1 月 9 日。
② 刘明诗:《冯契与马克思主义哲学中国化》,人民出版社 2014 年版,第 49 页。
③ 《冯契文集》第八卷,华东师范大学出版社 1997 年版,第 551 页。

主义哲学体系有着广阔的世界视野。

总之，李达和冯契都有着很好的西方哲学的知识储备，这使得他们在创新马克思主义哲学体系的过程中体现出融汇中西的特征。不过，就所关注和了解的西方哲学的范围而言，冯契比李达要广一些。李达了解的主要是西方哲学从古希腊到马克思的哲学发展历程，而冯契除此之外，还对西方现代哲学关注较多，包括对现代科技哲学、逻辑哲学的发展情况也比较了解。当然，这种不同也是由于二人所处的具体时代的差异决定的，也是由二人所面临的理论任务的不同所决定的。即便有此不同，李达和冯契的哲学创新所反映出来的规律却是一致的，那就是创新马克思主义哲学体系离不开丰富的西方哲学知识。

四、正确处理好马、中、西三者关系

如前所述，就哲学内容的来源上看，创新马克思主义哲学体系意味着把马克思主义哲学、中国哲学、西方哲学的资源进行适合中国实践需要、适合时代发展需要的交织和融合。作为创新马克思主义哲学体系的主体，创新者自身就要在掌握丰富的马、中、西哲学知识的基础上，秉持一种对待这三者关系的正确的态度，并自始至终都要自觉地去持有这种态度，一以贯之地坚持下去。如果把马克思主义哲学体系创新看成一个工程的话，那么有没有这种正确的态度，能不能正确摆正这三者之间的关系，就决定着这一宏伟工程的成败。

李达和冯契都很好地处理了马、中、西三者之间的关系，故而都成功地创新了马克思主义哲学体系。李达终生以阐述马克思主义哲学为己任，如果说《现代社会学》是马克思主义哲学在中国早期传播中的代表作，那么《社会学大纲》则是中国人写的第一部马克思主义哲学教科书，而《唯物辩证法大纲》则是紧密结合中国革命和建设实际特别是结合毛泽东思想的成熟的中国马克思主义哲学经典之作。这些成就的取得无不立足于李达对于马、中、西关系的正确处理，它们也内在地表明了李达那种以马克思主义哲学为主、以中国哲学和西方哲学为辅的融合路径,显示出李达在凸显马克思主义哲学这一主线的同时也兼顾中国哲学和西方哲学的科学处理方法。在这一点上,冯契与李达是一致的。冯契终生的哲学理想就是在实践唯物主义的指导下会通马、中、西来回答知识和智慧之间的关系问题,他的《中国古代哲学的逻辑发展》(上中下三册)和《中国近代哲学的革命进程》表面上是在叙述几千年中国哲学的发展历程,实质上是以马克思主义哲学在审视几千年的中国哲学的发展历程,其最终落脚点是构建立足中国、面向世界的马克思主义哲学,这在他关于近代之后的中国哲学发展前途的论述中看得非常之清楚。而他构建的智慧说哲学体系,更是把中国哲学和西方哲学置于同一平台即广义认识论进行比较和评价,而进行比较和评价的标尺无疑就是马克思主义哲学的立场、观点和方法。显然,在冯契那里,如何正确处理马、中、西之间的关系问题,其实就构成了冯契创新马克思主义哲学体系的主要环节,也构成了冯契创新马克思主义哲学体系的主要内容,还构成了冯契创新马克思主义哲学体系的主要方式。事实上,冯契对这个问题处理的非常之好,他的智慧说哲学体系"更多地表现出兼容不同哲学进路的视域"①,力图克服马、中、西被隔离的状态,力图实现它们之间的哲学进路的融合。所以,在处理马、中、西关系这一点上,冯契不仅与李达一致,而且在某种程度上比李达做的工作更多,所体现出来的将"马、中、西"进行"融合"的色彩更加鲜明、更加突出。

处理好马、中、西三者关系的关键,在于树立以哪一方为主体和主导的问题。无疑,在融合马、中、西的过程中,存在一个"接着讲"的问题。所谓融合马、中、西,并不是马、中、西简单的相加,而是在其中要有一个继承、比较、评价环节,这就必然要求有一个"接着讲"的姿态。所谓"接着讲",就是接着马克思主义哲学讲的同时,也要接着中国哲学讲,也要接着西方哲学讲。这三个方面的"接着讲"都不能偏废,但是从推动中国马克思主义哲学体系创新的角度

---

① 杨国荣:《古今中西之争下的冯契智慧说及其哲学进路》,《社会科学文摘》2016年第5期。

来说，还是要解决以谁为主导的问题。改革开放以来，学术界曾经多次探讨马、中、西对话的问题。特别是进入21世纪之后，一些高校曾举行过多场马、中、西的哲学对话的学术交流活动。类似这样的研讨会凸显出来的一个很重要问题，就是在哲学创新中究竟以谁为主体和主导的问题。不同学术背景和不同研究方向的学者们，对这一问题的看法不尽相同。尽管大家都不否认进行马、中、西交汇融通的重要意义，但是具体的答案却泾渭分明甚至南辕北辙。研究马克思主义哲学的学者认为要以马克思主义哲学为主体和主导，研究中国哲学的学者们认为要以中国哲学为主体和主导，研究西方哲学的学者们认为要以西方哲学为主体和主导。就学科发展本身而言，上述主张和诉求都有其合理性。其中的问题在于，以谁为主体和主导，决定着构建起来的新哲学的学科性质和学科归宿。如果以马克思主义哲学为主体和主导，那么融通马、中、西构建出来的哲学新形态就是马克思主义哲学性质的，落脚点是借鉴了中国哲学和西方哲学因素的中国化的马克思主义哲学。如果以中国哲学为主体和主导，那么融通中、马、西构建起来的哲学新形态就是中国哲学性质的，落脚点是借鉴了马克思主义哲学和西方哲学因素的地地道道的中国哲学。如果以西方哲学为主体和主导，那么融通西、中、马构建起来的哲学新形态就是西方哲学性质的，落脚点是借鉴了中国哲学和马克思主义哲学因素的中国化的西方哲学。所以，学者们为了守住自己的学术“阵地”，都从本学科出发将自己的立场坚持下去，不肯让步。正是因为如此，关于马、中、西对话的学术研讨大多没有形成最后的共识，或因意见冲突太大以致草草收场，或大家都和稀泥不得已而不了了之。

其实，一个不容否定的事实是，在社会主义中国的现实土壤上进行哲学研究，不管是具体研究哪一个领域，都存在一个“马克思主义哲学中国化研究范式”①的问题，区别在于大家对于这种范式的自觉意识的强弱高低罢了。这样

① 参见汪信砚：《马克思主义哲学中国化与当代中国哲学建设》，《马克思主义研究》2009年第8期。

一个范式的言下之意便在于，在融合马、中、西的过程当中，必须以接着马克思主义哲学讲为主，以接着中国哲学讲和接着西方哲学讲为辅。对作为从事马克思主义哲学研究的主体而言，中国的马克思主义哲学家和哲学工作者毫无疑问应该自觉秉持马克思主义哲学中国化研究范式，只有以这种范式为指导，才能正确处理好马、中、西之间的关系，才能有效实现马克思主义哲学体系的创新，这也是李达和冯契所给予的深刻启示。

第三节　坚持政治维度与学术维度的有机统一是创新马克思主义哲学体系的重要前提

从整体上说，创新马克思主义哲学体系的主体就是以马克思主义哲学为理论指导的中国共产党人。其中，既包括作为政治家的党的高级领导人，也包括作为学者的专业马克思主义哲学家。前者体现的主要是政治维度的马克思主义哲学体系创新，后者体现的主要是学术维度的马克思主义哲学体系创新。当然，上述两个维度之间又是相互关联、密不可分的。李达和冯契很好地处理了这两个维度的关系，有机地实现了这两个维度的统一，因而他们都在实现马克思主义哲学体系的创新方面成功地做出了榜样，成为创新马克思主义哲学体系的具有代表性的人物。

一、创新马克思主义哲学体系的政治维度

创新马克思主义哲学体系的政治维度的主体是中国共产党的领导人（包括个人和集体），他们运用马克思主义哲学分析和研究不同时期中国的重大问题，提出了一系列变革中国、推进中国不断向前发展的路线、方针、政策，形成了与不同历史阶段不同历史任务相适应的创新理论。这些理论可以分为马克思主义哲学的层面、马克思主义政治经济学的层面以及科学社会主义的层

面,每一个层面都有其创新的具体表现。从哲学的层面看,他们所创新的理论就意味着中国马克思主义哲学体系的创新,每一次的理论创新也就意味着中国马克思主义哲学体系的又一次创新。

近代以后,中国面临“向何处去”的重大历史问题。随着十月革命一声炮响,马克思主义传入中国,早期中国共产党人用马克思主义哲学作为观察国家前途和民族命运的工具,开启了将马克思主义哲学和中国具体实际相结合从而推动马克思主义哲学体系创新的历史进程。以毛泽东为代表的中国共产党人运用马克思主义哲学分析中国革命和建设的具体问题,创造性地形成了“农村包围城市”的中国革命的特殊道路的理论、持久抗日最后必胜的抗日战争理论、新民主主义革命理论、过渡时期社会主义总路线和社会主义建设理论等一系列关于中国前途命运的重大理论,提出了反对本本主义、坚持实事求是、坚持群众观点和群众路线等一系列的创新性哲学命题,使近代以来中国沦为半殖民地半封建社会的状况得到了翻天覆地的根本性的改变,极其鲜明体现了在中国进行马克思主义哲学体系创新的政治维度。改革开放以来,以邓小平、江泽民、胡锦涛为主要代表的中国共产党人运用马克思主义哲学探索新的历史条件下中国的现代化实践中的诸多现实问题,先后提出了邓小平理论、“三个代表”重要思想、科学发展观,极其鲜明地体现出创新马克思主义哲学体系的政治维度。党的十八大以来,以习近平同志为核心的党中央运用马克思主义哲学对新的国际国内形势下中国的发展面临的诸多现实重大问题进行了新的探索,创立了习近平新时代中国特色社会主义思想,提出了新时代社会主要矛盾的变化、“五位一体”总体布局、“四个全面”战略布局、“四个自信”、人类命运共同体等一系列关于中国未来发展的创新性理论,极其鲜明地凸显出创新马克思主义哲学体系的政治维度。

可见,马克思主义哲学体系创新的政治维度,是由中国共产党的领导人和领导集体运用马克思主义哲学解决“中国向何处去”这样的历史大问题的政治实践所决定和所体现出来的,也是其他创新主体不可能表现出来的或者说无法直接表现出来的一种维度。中国共产党的领导人和领导集体在国际国内形势变化的各种风雨甚至惊涛骇浪中必须直面重大实际问题，他们在与中国人民同呼吸、共命运的血肉关系中果断拿出有利于中国人民、有利于中国发展的重大方案，创造性地探索出前任未曾走过的、充满艰难险阻的前进道路，他们对这种“中国道路”的理论总结就形成了“中国经验”，对这种“中国经验”的理论提升就构成了中国的马克思主义哲学体系。中国实践的每一步发展，中国道路的每一步延伸，中国经验的每一次总结，都意味着中国马克思主义哲学体系的一次新的发展。然而，正如任何事物的发展都不是直线向前的道理一样，中国共产党领导中国人民探索中国道路的实践也不是一帆风顺的，受国内外各种因素的影响，有时也会出现停顿甚至曲折，党的历史上曾经出现的“左”和右的错误也曾造成严重的不利影响，这种情况也会反映到马克思主义哲学体系创新的政治维度上，表现为马克思主义哲学体系创新之路的曲折发展。但是，总的来看和长期来看，马克思主义哲学体系创新之路的发展方向是向前的、向上的。这也表明，马克思主义哲学体系创新的政治维度是与中国共产党领导中国人民进行革命和建设的实践活动密不可分、息息相关的，这也是政治维度的“政治”二字的内涵之所在。

二、创新马克思主义哲学体系的学术维度

创新马克思主义哲学体系的学术维度的主体是专业的马克思主义哲学家，他们运用马克思主义哲学从理论上分析中国的现状，揭示中国变革和发展的性质，从学理上阐释中国共产党的政治主张和路线、方针、政策，阐发中国传统文化现代化的路径，提出推动马克思主义哲学发展的方法论，形成既具有时代感又带有自己个性色彩的马克思主义哲学体系，从而从学术的维度创新了马克思主义哲学体系。李达和冯契就是专业的马克思主义哲学家队伍中的两位代表，他们所作出的贡献得到了学界的肯定。正如有研究者指出的那样，“李达、艾思奇、冯契等中国现代哲学家的研究成果……成为马克思主义哲学

中国化学术进程中的思想坐标"①，讲的就是这个历史事实。应该看到，在不同的时期，中国的马克思主义哲学家们所直面的时代问题不同，所要解决的哲学主题不同，所处的学术氛围不同，因而所表现出来的创新马克思主义哲学体系的学术维度的内容和风格也就不同。

早期马克思主义者中，李大钊是我国传播唯物史观的先驱，虽然他对唯物史观的理解源自于日本马克思主义者河上肇的译著，但是李大钊提出的唯物史观与剩余价值、阶级斗争密不可分的观点产生了很大的影响力，李大钊的这种学术贡献堪称"先河"和"丰碑"。此外，陈独秀从经济、阶级的角度解读和宣传唯物史观，瞿秋白以"互辩律的唯物论"解读包括唯物史观和经济学说的马克思主义理论，他们也都是从学理上阐发马克思主义哲学的早期代表性人物。与前几人相比，正如本书前面已详细论述的那样，李达则是对马克思主义哲学体系阐述最全面、最系统的马克思主义哲学家，在当时被称为中国的马克思主义理论巨匠，并且李达对马克思主义哲学的学理阐发一直持续到新中国成立之后，直到生命的最后一刻。毛泽东的哲学也有着浓厚的学术维度的色彩，这主要体现在他的两本哲学专著即《矛盾论》、《实践论》当中。由此也可见，毛泽东是一个特例，毛泽东哲学既带有鲜明的政治维度，也带有浓厚的学术维度。艾思奇提出要将马克思主义哲学与当前实践经验和中国传统结合起来的过程中实现马克思主义哲学的通俗化，要做与青年心连心的哲学家，并对当时出现的几种哲学思潮进行了分析批判。新中国成立以后一段时间里，杨献珍对马克思主义哲学理论从学理方面进行了许多阐述，例如，提出不仅要重视一分为二，也要重视合二为一，还对恩格斯关于是思维和存在同一性的问题进行了评述，等等。改革开放以后，中国的马克思主义哲学家们结合时代发展和中国实际的变化，对马克思主义哲学理论进行了新的推进。从关于实践与真理标准问题大讨论，到关于人性、人道主义和异化问题的大讨论，再到关于

---

① 郭淑新：《马克思主义哲学中国化的学术化进程——以李达、艾思奇、冯契为坐标》，《中共宁波市委党校学报》2018 年第 4 期。

教科书马克思主义哲学体系改革和关于实践唯物主义的大讨论，以及西方马克思主义和国外马克思主义理论的一些讨论，学术界对马克思主义哲学的学理探讨进入了一个千帆竞发、百花齐放的阶段，推动了马克思主义哲学体系的创新发展。其中代表性的哲学家有三位，即高清海、冯契和黄楠森。高清海提出的“马克思主义哲学大纲”的哲学体系突出了人的主体性的作用和实践概念的重要理论地位，冯契的智慧说三篇立足广义认识论构建了一个打破中西哲学藩篱的新的马克思主义哲学体系，黄楠森提出以对立统一规律为核心的“唯物辩证法体系草图”把经典与创新相结合推动了马克思主义哲学体系的发展。进入 21 世纪之后，这种创新发展还在继续进行当中。

中国马克思主义哲学体系的这种创新发展过程也表明，所谓创新马克思主义哲学体系的学术维度，也就是由中国的专业马克思主义哲学家们运用马克思主义哲学理论思考中国问题的过程中通过强调时代所需要的某一方面的理论、凝练时代精神、提出新概念和新构想等学术实践所体现出来的一种鲜明的维度，也是其他创新主体无法体现出来的或者无法鲜明表现出来的一种维度。专业的马克思主义哲学家立足于深厚的马克思主义哲学基础理论和丰富的马克思主义哲学文本，敏锐捕捉时代发展的内在理论需求，及时发现时代和中国社会发展中凸显出来的哲学问题，通过提出某种全新的概念，或给予某一旧概念以新的含义，或对旧的哲学观念进行结构和重构，或对原有哲学体系中的结构和要素进行新的组合或补充，从而与时俱进地使马克思主义哲学体系带有时代特色和中国特色。并且，专业哲学家们的这种学术实践总是不可避免地、或多或少地要与西方哲学、中国传统哲学有着不可分割的、或深或浅的联系，也因此使得创新马克思主义哲学体系的这种特殊维度的“学术味”显得尤为明显。也就是说，这种学术维度就意味着，不仅要考虑马克思主义哲学的学科体系的科学性、内容结构的完整性、概念范畴的严密性等方面的问题，还要考虑中国的马克思主义哲学在世界哲学中的合法性、特殊性、传承性、价值性等方面的问题。

三、坚持政治维度与学术维度的有机统一

以上我们分别分析了创新马克思主义哲学体系的政治维度和学术维度的各自内涵,其实这种区分的意义在于,它可以使我们对马克思主义哲学体系创新问题有更加深刻的理解和把握。这种区分绝不是要使二者截然分野甚至将二者对立起来,如果将二者之间的关系截然对立起来,或者完全割裂开来,那显然是一种形而上学的思维方式,也是与马克思主义哲学体系创新的实际进程严重不符的。实际上,学术话语离不开政治话语,“哲学离不开政治,它要为社会发展服务就不能脱离政治。”①马克思主义哲学体系创新的政治维度和学术维度在本质上是一致的,二者之间是一种内在统一的关系。政治维度决定着学术维度的方向,学术维度为政治维度提供学理支撑和逻辑支持,二者是互相渗透、互相促进的关系,共同统一于马克思主义哲学体系创新发展的进程之中。马克思主义哲学体系创新的政治维度和学术维度之间的这种关系也就意味着,只有正确处理好二者之间的关系,才能更好地推动马克思主义哲学体系的创新发展,才能取得创新马克思主义哲学体系的代表性成果,这也是创新马克思主义哲学体系的一个重要规律。从李达和冯契那里,我们可以清楚地看到这一内在规律。

李达和冯契都非常正确地处理好了政治维度和学术维度的关系,虽然他们表现出来的方式有所不同。李达本身就是中国共产党的创始人之一,并且长期和毛泽东保持着非常亲密的关系,这使得他所创新的马克思主义哲学体系的政治维度是非常鲜明的。李达的《现代社会学》无论是关于中国现实状况的剖析还是对中国社会性质和中国革命性质的界定,都与当时中国共产党的观点是惊人一致的。李达的《社会学大纲》将写作的目的定位为“献给英勇的抗日战士”,正是与中国共产党领导的抗日战争的时代主题完全一致。李

① 王锐生:《马克思主义哲学50年来的几点经验教训》,《首都师范大学学报》(社会科学版)2000年第1期。

达的《唯物辩证法大纲》通篇贯穿着对毛泽东哲学的阐发和解读，这也是与当时全党上下认真学习领会毛泽东哲学这一中国革命和建设的哲学结晶的重大活动相一致的。总之，李达对马克思主义哲学理论的阐发，将马克思主义哲学与中国实际的结合，在内容上都与党在不同时期的具体实践主题保持一致和吻合，无论是从李达不同时期出版的著作还是不同时期发表的文章中都可以看到这一点，李达无论是对马克思主义哲学理论体系的构建还是运用马克思主义哲学分析经济、法理、教育等各个领域的问题的学术创新实践也都说明了这一点。这也表明，李达的学术创新活动始终与党的政治实践活动保持一致，李达创新马克思主义哲学体系的学术维度同时也体现出创新马克思主义哲学体系的政治维度。但与此同时，李达也致力于学术维度的创造性活动，在系统阐发马克思主义哲学理论的同时也坚持用马克思主义哲学批判各种非马克思主义的思想和行动，包括“大跃进”、“顶峰论”等党内出现的一些不符合马克思主义精神的言行。正是因为李达很好地处理好了学术维度与政治维度的关系，所以李达真正实现了马克思主义哲学体系的创新。与李达相比，同样是正确处理好学术维度与政治维度的关系，冯契则表现出不同的特点。冯契年轻时没有李达那样参与党的活动的条件，研究生毕业后长期在高校从事马克思主义哲学和中国哲学的教学科研活动，基本上可以称之为“书斋里的学者”。冯契创新马克思主义哲学体系的路径不同于李达的地方在于，冯契侧重将马克思主义哲学与中国传统文化进行全方位的深度融合，通过运用马克思主义哲学对几千年中国哲学的发展进行系统而全面的梳理、总结、反思，并通过与西方哲学进行深度的对照，来丰富和发展马克思主义哲学理论，这与李达把马克思主义哲学运用到对中国革命和建设的现实之中的路径是有所不同的。当然，这并不意味着冯契只是书斋里不问世事的学者。事实上，冯契始终高度关注中国共产党领导的社会主义建设活动，不仅在指导思想上与党的指导思想保持高度一致，即始终坚持走实践唯物主义的哲学之路，而且也积极响应党的号召，提出了“化理论为方法，化理论为德性”的口号来贯彻党的理论联系实际的思想路线。冯契在其智慧说哲学体系中，对中国共产党的理论得失进行了反思和总结，对社会主义建设实践的巨大成就作了欢呼与呐喊。尤其是改革开放之后，冯契公开提出马克思主义哲学要为建设和发展社会主义市场经济服务，希望广大从事马克思主义哲学研究的理论工作者多多关注中国发展变化了实际，大力呼吁中国的马克思主义哲学要参与世界性的百家争鸣，希望中国哲学在世界哲学形成的过程中发挥重要的作用，等等。以上这些表明，冯契的哲学活动并非是"躲进小楼成一统"，而是与党领导中国人民进行的改革开放实践相一致的。从这个意义上说，冯契创新马克思主义哲学的学术维度固然也是十分的鲜明，但是也生动体现出创新马克思主义哲学体系的政治维度。试想一下，假如冯契一味执迷于自己的学术小天地，或仅仅埋头于中国古代哲学的浩瀚书海之中，或一味沉浸在各种哲学文本包括马克思主义哲学文本之内，而不与中国共产党所进行的实践活动紧密相连，那么可以说，冯契是不可能创造出既有民族特色又具有时代感的马克思主义哲学体系的，其智慧说也不会被学界称之为改革开放后出现的一个马克思主义哲学新体系的。冯契恰恰是因为正确处理好了马克思主义哲学的学术维度和政治维度的关系，实现了学术维度和政治维度的有机统一，才真正实现了马克思主义哲学体系的创新。

除了李达和冯契，还有很多马克思主义哲学家在创新马克思主义哲学体系的过程中都很好地处理了政治维度和学术维度的关系。其实，实现学术维度和政治维度的有机统一是由创新马克思主义哲学体系的实质和目的所内在决定的。中国共产党以马克思主义哲学为理论指导领导中国人民进行革命和建设，也需要马克思主义哲学家参与完成重大的历史使命，这就要求马克思主义哲学家紧跟党的步伐，对党的实践活动作出理论的总结和理论的阐发，随着时代的发展而不断创新马克思主义哲学体系。毛泽东曾经专门谈到我们党需要什么样的理论家的问题，指出我们所需要的理论家是为党的事业进行理论的阐释和理论的创新的人，"他们能够依据马克思列宁主义的立场、观点和方法，正确地解释历史中和革命中所发生的实际问题，能够在中国的经济、政治、军事、文化种种问题上给予科学的解释，基于理论的说明。”①毛泽东的这段话也明确了革命战争年代党对理论家的一种期望，这种期望表现在两个方面，一方面是能够做到精通马克思主义哲学理论，另一方面是能够阐释和回答中国革命的各种问题。实际上，这两个方面在实质上对应的就是我们在这里所说的政治维度和学术维度。总之，专业的马克思主义哲学家只有主动大力研究党所要澄明的重大理论主题，回答党所要解决的重大现实问题，成为党所需要的理论家，努力实现政治维度和学术维度的有机统一，才能真正创新马克思主义哲学体系。

第四节　实现马克思主义哲学话语创新是创新马克思主义哲学体系的重要标志

当我们说马克思主义哲学体系实现了创新发展的时候，一定意味着这样一个事实，即与之前的马克思主义哲学体系相比，新的马克思主义哲学体系在内容上实现了新的突破，而这种内容的新突破无疑是借助新的话语来完成的。从这个意义上可以说，马克思主义哲学体系的创新，重要标志之一就是在话语上实现了创新。李达和冯契都实现了马克思主义哲学话语的创新，也因此实现了马克思主义哲学体系的创新。因此，从李达和冯契那里可以看到，创新马克思主义哲学体系的一个重要规律就是，只有实现马克思主义哲学话语的创新，才能实现马克思主义哲学体系的创新。

一、话语创新与马克思主义哲学体系创新

什么是话语？一般认为，话语就是语言。也有人认为，话语不仅包括语

① 《毛泽东选集》第3卷，人民出版社1991年版，第814页。

言，还包括言语，即语言的表达与沟通。根据法国学者福柯的观点，话语就是指后一种含义，通常与特定的语境、说话人、受话人、文本、沟通等诸多要素紧密相关。在福柯那里，话语一词的逻辑延伸就是话语权问题，涉及谁来说、怎么说、说什么等不同层次的问题。

所谓话语创新，就是在话语的内容和表达方式方面具有创新性。话语是语言，但是话语并不简单等同于言语，话语背后的东西是观念和思想，因此如果说语言是中性的工具和载体，那么话语则是有着意识形态特征的观念和思想。因此，话语创新不是简单的语言创新，其实质乃是观念创新，是思想创新。话语是具体的历史的，一定时期的话语反映着特定时期的社会思想和那个时期人们的观念状况，话语的变迁也就意味着社会思潮的变迁。话语的变迁往往折射出思想体系的创新轨迹，人们透过变化着的话语就能看到其背后思想的变化、理论的创新和学术的发展。哲学史上任何一种哲学体系的创新，都是从话语创新开始的，都是由话语创新所表征的，都是由话语创新所体现的。

就中国马克思主义哲学体系的创新而言，其实，一部中国马克思主义哲学体系的创新发展历史，就是一个连续不断的马克思主义哲学话语的变迁的历史。中国共产党成立之初，以王明为代表的教条主义者在一定时期以马克思主义的文本和共产国际的指示教条式地把控着党内的马克思主义话语，根本谈不上话语创新，也无法实现话语创新，严重窒息了马克思主义哲学话语的生机和活力，严重削弱了马克思主义哲学的理论威力，严重损害中国革命的伟大事业。以毛泽东为代表的中国共产党人从中国实际出发，以被教条主义者所讽刺的“山沟沟里的马克思主义”卓有成效地带领红军走出困境，经过艰苦而曲折的斗争最终战胜教条主义取得了话语权，提出了“以农村包围城市”、“马克思主义中国化”、“实事求是”、“反对本本主义”、“新民主主义”、“能动的革命的反映论”等一系列鲜活的、带有中国风格的创新性的话语，进而在理论上实现了马克思主义哲学体系的创新，在实践上推进了中国革命和建设事业的发展。无疑，这是一个中国马克思主义哲学话语创新的重大事件，对此有学者指出,"在中国马克思主义哲学发展史上,毛泽东的哲学创造无疑是中国马克思主义哲学创新的典范,因为正是他在构建马克思主义哲学的中国话语方面最先取得了突破性的成就,创造了中国马克思主义哲学的第一个理论形态。"①新中国成立后较长一段时间,我国经历了曲折发展时期,"两个凡是"主宰了党内的话语,窒息了马克思主义哲学的生命力,严重阻碍了社会主义事业的健康发展。以邓小平为代表的中国共产党人领导、支持真理标准问题大讨论,提出"贫穷不是社会主义"、"解放思想"、"发展是硬道理"、"摸着石头过河"、"中国特色社会主义"等一系列时代性的话语,破除了教条主义的话语,开启了改革开放的历史新进程。之后,党相继提出"与时俱进"、"社会主义市场经济"、"三个代表"、"以人为本"、"新时代"、"五位一体"、"四个全面"、"以人民为中心"等一系列创新性话语,大大创新了中国马克思主义哲学体系,也大大推动了中国特色社会主义事业不断向前发展。从这样一个历史进程中我们不难看到,通过马克思主义哲学话语的变迁,我们不仅可以感受到特定时空下中国马克思主义哲学体系的具体内容和具体风格,而且可以体会到中国马克思主义哲学体系的重要地位和深刻影响,还可以把握到中国马克思主义哲学体系的创新程度。

当然,正如前面已经提到,创新马克思主义哲学话语的主体还包括一大批专业的哲学家,他们也通过创新马克思主义哲学话语进而创新了马克思主义哲学体系。李达和冯契就是这样的哲学家,他们创新了马克思主义哲学话语,在此基础上创新了马克思主义哲学体系。

二、李达关于马克思主义哲学话语的创新

早期中国的马克思主义者在分析中国的具体实际时有一个共同之处,就是都把唯物史观作为理论武器,都对唯物史观情有着深厚的理论期望,李达也

---

① 汪信砚:《认祖归宗与当代中国马克思主义哲学创新》,《哲学研究》2016 年第 5 期。

是如此。在早期马克思主义者那里，马克思主义哲学就是唯物史观，例如，李大钊最早传播唯物史观，把唯物史观理解为关于人类文化的经验和社会组织进化的理论，陈独秀把唯物史观理解为社会主义的争斗的理论，等等，他们对唯物史观的理解还不系统，对唯物史观的介绍和传播也不系统，与他们同时代的其他一些马克思主义者也大都如此。李达的不同之处在于，李达对唯物史观的阐释是最系统最完整因而也是最准确的，这与李达学习和翻译很多的经典马克思主义哲学著作以及国外关于经典马克思主义哲学著作的解读的论著有着很大的关系。但是，仅就此而言，我们还不能说李达通过这些译著实现了马克思主义哲学话语的创新。

那么，在什么意义上说李达创新了马克思主义哲学话语呢？这个答案就在于，李达把翻译过来的马克思主义哲学话语运用于分析中国实际的过程中，即与中国实际有机结合起来了，让马克思主义哲学讲“中国话”，用马克思主义哲学所讲的“中国话”回答中国问题，从而实现了马克思主义哲学话语的创新。李达的《现代社会学》、《社会学大纲》、《唯物辩证法大纲》，就是实现了马克思主义哲学话语创新的代表性著作。在《现代社会学》这一被誉为“中国人自己写的最早的一部联系中国革命实际系统论述唯物史观的专著”①中，李达从马克思主义哲学出发阐释了“吾国先哲所谓‘男女饮食’”②的生存论意义，以历史唯物论探讨了“社会之本质”，阐发了生产关系反作用生产力、上层建筑反作用经济基础的“历史辩证法”，阐发了中国的半殖民地半封建现状和诸多社会问题同帝国主义全球扩张之间的内在关联，初步实现了马克思主义哲学话语的创新。在《社会学大纲》中，李达完整阐发了对于马克思主义哲学的独特的理解，认为马克思主义哲学之所以是“崭新的科学的哲学”，就是因为它把“社会的——生产的实践”③这一基石作为自己的理论的牢固的基

① 江明：《展读遗篇泪满襟——记李达和吕振羽的交往》，《文献》1981 年第 4 期。

② 《李达全集》第四卷，人民出版社 2016 年版，第 23 页。

③ 《李达全集》第十二卷，人民出版社 2016 年版，第 42 页。

础,马克思主义哲学之所以是哲学上的革命性事件,就在于它抓住和导入了“实践的契机”①,而以往的哲学其错误都在于不理解“实践的唯物论”。这里,像“社会的———生产的实践”、“实践的契机”、“实践的唯物论”这样的表达,就是李达所独创的话语,是马克思主义实践概念的“中国版”。尤其是,李达的《社会学大纲》在对马克思主义哲学进行整体把握的同时,抓住了马克思主义哲学的“实践的唯物论”这一实质内核,在当时的历史条件下是十分难能可贵的。可以说,李达不仅是中国思想史上最早对马克思主义哲学进行完整把握和系统阐发的哲学家,而且也是建立“实践的唯物论”这一关于马克思主义哲学的独特阐释体系的第一人。从这个意义上讲,李达当然也就是实现马克思主义哲学话语体系创新的典型代表。在《唯物辩证法大纲》中,李达自始至终结合中国实际来阐述马克思主义哲学,将中国革命的经验和中国社会主义建设的经验融入马克思主义哲学的内涵阐释之中,将中国的马克思主义哲学形态——毛泽东哲学——融入马克思主义哲学理论的展开之中,从而赋予马克思主义哲学以生动的中国式话语的形式。总之,从李达的三部代表性哲学著作中,我们看到了李达创新马克思主义哲学话语的努力,也看到了李达创新马克思主义哲学话语的成就。李达的这种努力和成就,推动了马克思主义哲学在中国的生根发芽,真正让马克思主义哲学切入了中国人的实践,反映了中国人的生活,从而也使中国的马克思主义哲学理论变得更加鲜活。

李达创新马克思主义哲学话语,其实际功效十分明显,这表现在李达对马克思主义哲学话语的创新有力推动了马克思主义哲学话语权的确立。且不论李达在建党前与改良主义、无政府主义、国际修正主义的论战中对科学社会主义的宣传产生了“启蒙”的作用和重大的影响(科学社会主义的理论基础是马克思主义哲学),也且不论李达所发表的诸多论文对各种非马克思主义和反马克思主义的批判所起到的捍卫马克思主义的重大作用,单就李达的代表性

① 《李达全集》第十二卷,人民出版社 2016 年版,第 45 页。

著作而言,《现代社会学》对于唯物史观的广泛传播和深入中国人的内心所起的作用之大是“凡是经历过那些岁月的老同志一定都不会忘记的”①;而《社会学大纲》对唯物辩证法在中国的广泛传播以至于成为澎湃之势以及它被深深嵌入中国人的思维之中所起到的作用之大是无法用语言衡量的,连反对马克思主义哲学的人也承认“无论赞成或反对,而唯物辩证法闯入哲学界总可以说是一个事实”②,并且它得到中国共产党领导人毛泽东的肯定、批阅并对毛泽东哲学的形成产生了很大的影响;《唯物辩证法大纲》对于全面准确系统宣传马克思主义哲学和引导人们理解和把握毛泽东哲学所起到的作用也是十分巨大的。这些都表明,李达对马克思主义哲学话语的创新,极大地推动了马克思主义哲学话语权的确立和作用的发挥,对于中国社会的发展和意识形态的建设都起到了不可抹杀的重要作用。

三、冯契关于马克思主义哲学话语的创新

冯契关于马克思主义哲学话语的创新,具有历时性、普适性和可感性三个鲜明特征。

1. 从传统到现实:冯契智慧说与中国马克思主义哲学话语体系的历时性

任何一种话语体系就其产生而言,都离不开特定的时空。毫无疑问,构建中国马克思主义哲学话语体系也是如此,它也离不开中国这个特定的土壤,离不开中国独特的传统与独特的现实。中国传统文化的延续、中国人思维方式的传承、中国现实问题的交汇、“中国向何处去”问题的提出等,都在中国马克思主义哲学话语体系的生成过程中发挥了各不相同的作用,进而对中国马克思主义哲学话语体系形成了各种各样的影响。冯契提出的以解决知识和智慧

① 江明:《展读遗篇泪满襟——记李达和吕振羽的交往》,《文献》1981 年第 4 期。

② 张东荪:《唯物辩证法论战》,北平民友书局 1934 年版,第 143 页。

关系为根本旨趣的智慧说,以源远流长的中国传统哲学为底蕴,同时又与中国现实有着深刻而紧密的关联,形成了既富于传统感又富于现实感的中国马克思主义哲学话语体系,鲜明呈现出中国马克思主义哲学话语体系的历时性特征。

冯契智慧说的话语体系建构,是建立在对几千年的中国古代、近代哲学进行了系统、完整的检视以及对中国哲学的古代传统和近代传统进行深入、深刻的反思的基础之上的。通过三卷本《中国古代哲学的逻辑发展》,冯契提出,中国古代哲学其实也是一部观念史的发展,从先秦到清代,交织着诸多范畴的争论,包括“或使”、“莫为”之争、“形神”之辨、“力命”之辨、“有无”之辨、“理气”之辨、“心物”之辨等,而正是通过这些论争,“对‘天道’(世界统一原理和发展原理)的认识越来越提高了,对‘人道’(历史观和人生观)的认识也越来越深入了”①。通过《中国近代哲学的革命进程》一书,冯契提出,近代以后由于时代的转换,特别是在“古今中西之争”的大环境下以及受西方近现代哲学的影响,古代哲学的上述诸多范畴之争逐渐集中到历史观、认识论、逻辑学和方法论、人的自由和理想等几个层面展开,具体表现为:“理气(道器)”之辩转变为进化论和唯物史观的探讨,“心物(知行)”之辩转变为辩证唯物论和历史唯物论的探讨,“名实”之辩转变为形式逻辑和辩证逻辑的探讨,“天人”之辩转变为自由问题和理想学说的探讨,这些探讨都贯穿着对天命论和经学独断论这两个近代哲学主要批判对象的批判,最终形成了“能动的革命的反映论”这一“中国近代哲学革命的最主要的积极成果”②。在对中国古代哲学和近代哲学全面考察的基础上,冯契提出中国哲学其实存在“两种传统”的观点。所谓“两种传统”,一是古代传统,既包括朴素的唯物主义和辩证法、爱国情怀、革命世界观等优秀的传统,也包括天命论、独断论、小农意识等腐朽的传统;二

---

① 《冯契文集》第六卷,华东师范大学出版社 1997 年版,第 380 页。

② 《冯契文集》第七卷,华东师范大学出版社 1997 年版,第 687 页。

是“自1840年以来一百余年间(主要是20世纪)形成的近代传统”①,包括古代哲学范畴的时代化、马克思主义哲学的中国化、能动的革命的反映论,等等。冯契通过把几千年中国传统纳入其“性与天道”智慧说这一宏大理论构想之中,使其哲学话语始终充满了极为丰富的“传统”因素,也由此赋予了中国马克思主义哲学话语体系极为鲜明的“传统”色彩。

对“传统”的观照,往往是和对“现实”的反思紧密结合在一起的。马克思曾经讲过,“理论在一个国家的实现程度,总是决定于理论满足这个国家的需要的程度。”②理论的生命力在于回答现实问题,冯契智慧说就是运用马克思主义哲学回答中国现实问题的理论产物,从这个意义上我们可以说,冯契智慧说的话语体系构建,还建立在对中国的现实的深刻反思这一重要基础之上。中国的现实的含义,一般包括中国的革命和中国的建设两个方面。在对中国革命进行反思的过程中,冯契多次从理论上批判了革命阵营内部各种“左”的和右的错误以及教条主义和经验主义的错误,把新民主主义革命的胜利和社会主义国家的建立归根于把马克思主义哲学和中国革命实际的结合,认为在中国革命过程当中“哲学革命作了政治变革的前导”③。冯契也特别指出,在革命当中也出现了一些偏差,主要表现在方法论方面和价值观方面,在方法论方面表现在把阶级分析的方法简单化绝对化以及对经学方法清算不力,在价值观方面表现在把人性简单化为阶级性和未能解决宿命论与唯意志论的对立。在对中国建设进行反思的过程中,冯契明确指出,虽然中国进入了社会主义现代化建设新时期,但是近代以来的哲学革命的进程不会结束,因为“哲学要反映时代精神。哲学家言善于把握时代的脉搏,回答时代的问题”④,故而哲学研究就要从“革命的逻辑”转换到“建设的逻辑”,哲学话语体系的构建要

① 《冯契文集》第八卷,华东师范大学出版社1997年版,第608页。
② 《马克思恩格斯选集》第一卷,人民出版社2012年版,第11页。
③ 《冯契文集》第八卷,华东师范大学出版社1997年版,第343页。
④ 《冯契文集》第八卷,华东师范大学出版社1997年版,第343页。

随着时代的发展继续进行下去。冯契认为，新中国成立后的“大跃进”和“文化大革命”使社会主义建设严重受挫，党的十一届三中全会后提出了社会主义初级阶段和在改革、开放中建设有中国特色社会主义的理论，与此相适应，马克思主义哲学话语体系的构建就应该“以改革的眼光”、“与自然科学的结合”、通过“世界性的百家争鸣”来开辟新的道路。正是在对中国的现实的深刻反思的基础之上，正是基于对马克思主义哲学话语体系建构的一种“‘完成’之中包含着‘未济’”①的历时性发展理念，冯契构建起智慧说的哲学体系。也正是因为其话语具有这样一种历时性特征，冯契智慧说哲学体系便表现出了历史性、现代性和开放性的多向维度。它不仅有来自历史的一面，而且有立足当下的一面，还有面向未来的一面。

2. 从民族到世界：冯契智慧说与中国马克思主义哲学话语体系的普适性

黑格尔曾经指出：“只有当一个民族用自己的语言掌握了一门科学的时候，我们才能说这门科学属于这个民族。这一点，对于哲学来说最有必要。”②产生于19世纪欧洲的马克思主义哲学揭示了自然、人类社会和思维发展的普遍规律，中国马克思主义哲学是马克思主义哲学中国化的结果，是具有普遍意义的马克思主义哲学同中国特殊实际相结合的理论产物，中国马克思主义哲学话语体系就是让马克思主义哲学“说汉语”的话语结晶。冯契智慧说是具有中国特征、中国风格的马克思主义哲学，其话语体系无疑带有浓厚的民族性特征，不过在冯契看来，在注重话语的民族性的同时，还要注重话语的普适性，注重打造贯通中西的哲学话语，来使中国马克思主义哲学更好地走向世界，真正“在世界范围内可以独树一帜，成一家之言”③。

---

① 《冯契文集》第七卷，华东师范大学出版社1997年版，第716页。

② 黑格尔：《哲学史讲演录》第四卷，贺麟、王太庆译，商务印书馆1983年版，第187页。

③ 《冯契文集》第八卷，华东师范大学出版社1997年版，第349页。

冯契智慧说是富于民族特色的马克思主义哲学体系，其话语体系自始至终都带有浓浓的“中国味”。冯契的智慧说由“三篇”构成，第一篇“认识世界和认识自己”以“心物”关系和“知行”关系作为出发点，以探索由无知到知、由知识到智慧的辩证运动为目标。在这一篇中，冯契把哲学上的认识问题归结为四个大的方面，并依次一一作了马克思主义哲学的回答。第二篇“逻辑思维的辩证法”旨在阐发认识的辩证法如何通过逻辑思维的范畴，转化为方法论的一般原理，着力阐述了中国古代“类”、“故”、“理”的哲学范畴。第三篇“人的自由和真善美”着重论述认识辩证法如何体现在价值领域并表现为创造真善美、形成了自由人格的活动之中，对功利、真、善、美等价值范畴以及人的理想、平民化人格等理论进行了阐发。话语反映着一个特定民族的特有的实践内容和特有的思维方式，从以上所列举的冯契智慧说的主要概念和诸多用语不难看到，冯契构建的中国马克思主义哲学话语体系是地地道道的中华民族的独有的话语，体现着一股中华民族所独有的“民族风”，体现的是中国马克思主义哲学所具有的鲜活民族特色。正如冯契自己所言，“智慧学说，即关于性与天道的认识，是最富于民族传统特色的、是民族哲学传统中最根深蒂固的东西。”①

一种哲学理论，越是民族的，就越是世界的，就越具有世界性的生命力和价值。冯契毕生致力于构建具有民族特色的马克思主义哲学体系，但是在中国进入改革开放之后他也看到，随着全球化进程的加快，东西方文化的交流互动越来越多，东西方价值观的交融进程越来越快，“现在我们正面临着世界性的百家争鸣”②。在东西方交往日益紧密的当代，如何凸显民族哲学的世界性价值和世界性意义？这是冯契在致力于构建中国马克思主义哲学话语体系过程中思考的一个重要问题，这个问题也是和中国马克思主义哲学话语的普适性紧密相关的一个问题。其实，冯契在构建中国马克思主义哲学体系的过程，

① 《冯契文集》第一卷，华东师范大学出版社 1996 年版，第 23 页。
② 《冯契文集》第八卷，华东师范大学出版社 1997 年版，第 349 页。

也是一个站在世界性哲学高度运用世界性哲学资源进行哲学创新的过程，这体现在冯契把中、西哲学放在同一个平台上进行比较和融合。最典型的就是，在关于认识论的四大问题的论述当中，冯契认为，对前两个问题的回答构成了西方哲学的主要内容，并且西方哲学也不只是热衷于考察前两个问题，例如，德国古典哲学和马克思主义哲学也深入地考察了后两个问题；而对后两个问题的回答则构成了中国传统哲学的主要内容，并且中国古代哲学家并非对前两个问题不关心，例如，孔子、墨子、庄子都讨论了感觉、理论思维的关系问题。冯契不仅力图通过认识论的四大问题来彰显民族哲学的重要价值，而且站在马克思主义哲学的立场上对中西哲学都进行了合理的吸收、借鉴，这就使他构建的中国马克思主义哲学体系在话语这一层面上具有鲜明的"中西兼容"的普适性。比较典型的还比如，冯契虽然较多地对中国古代哲学术语"类"、"故"、"理"作了逻辑范畴的解读，但是他同时把这些术语同西方哲学的逻辑范畴紧紧对应起来，认为"类"对应"同一与差异，个别、特殊与一般，整体和部分，质和量"等范畴，"故"对应"因果关系和相互作用，条件和根据，实体和作用，内容和形式，客观根据和人的目的"等范畴，"理"对应"现实、可能和必然，必然和偶然，目的、手段和当然，必然和自由，类和关系"等范畴。以上表明，冯契在构建中国马克思主义哲学话语体系时，既注重话语的民族性维度，又超越话语的民族性维度，注重对西方哲学思想的合理性因素的吸收借鉴，来不断增强民族话语的普适性。从世界性民族交往的角度而言，话语的这种普适性无疑更有利于实现民族间文化的相互认同和相互理解，从而也更有利于民族哲学独特价值的更好彰显。正是在这个意义上，冯契指出，"当中国现代哲学发扬其民族特色而成为世界哲学主要组成部分时，中国传统哲学在世界上的影响也将进一步扩大。"①由此，我们可以看到冯契对话语普适性追求背后的深刻思考。

---

① 《冯契文集》第八卷，华东师范大学出版社 1997 年版，第 614 页。

3. 从“得”到“达”：冯契智慧说与中国马克思主义哲学话语体系的可感性

一种哲学理论如何可能的问题可以分解为两个方面：一是如何“得”？二是如何“达”。前者意味着哲学理论的生成，后者意味着哲学理论的表现和传达。在冯契看来，解决“得”的问题，就是要实现从知识到智慧的飞跃，即“转识成智”。解决“达”的问题，就是要解决“如何能把‘超名言之域’的智慧，用语言文字表达出来，亦即说不得的东西如何能说，如何去说”①的问题。说不得，却必须说，为此，就要在话语的可感性上下工夫。做足了这个功夫，哲学话语才易于被感知、理解、接受、传播，进而得以实现从封闭走向开放。

从“得”和“达”的关系看，“得”是“达”的理论前提，没有“得”谈不上“达”；“达”是“得”的话语展开，没有“达”，“得”无法被人们感知、获悉、传达。一种新的哲学理论的形成，作为一种认识上的“得”，它也来源于之前的各种哲学思想。而各种哲学思想都有其“达”的一面，有着自己独有的概念、范畴以及表达方式和表达风格，这些概念、范畴以及表达方式和表达风格会在一定程度上影响后面的哲学理论的“达”。这样一来，“得”和“达”的关系问题就变得十分复杂，“得”受之前哲学理论的“达”的影响，又会形成具有自身特征的“达”，并继续影响其后的哲学理论的“得”和“达”。破解“得”和“达”的复杂关系，立足话语的可感性来看也许是一个比较好的视角。这是因为，站在话语体系构建的角度，无论“得”和“达”，都不可避免地关涉到话语的可感性问题。哲学话语就其实质而言，是具有可感性的。马克思在批判费尔巴哈时首先指出，包括费尔巴哈在内的一切旧唯物主义都没有把对象、现实、感性看成是“感性的人的活动”②。这里，“感性的人”无疑也是知情意统一的人，作为哲学家的“感性的人”受知情意的支配而产生对于对象、现实、感性的真切感

① 《冯契文集》第一卷，华东师范大学出版社 1996 年版，第 8—9 页。

② 《马克思恩格斯选集》第一卷，人民出版社 2012 年版，第 133 页。

受，由此“得”到了和“达”出了真理和智慧。冯契对此也有揭示，他认为，“社会之不平、时代的矛盾一定要通过个人的感受而具体化”①，哲学家对于时代的矛盾和社会的问题的感受，都是他通过对语言文字的个性化使用即他的文字的“可感性”来展现出来的，哲学理论都是基于对社会的了解并通过可感性话语表现出来的。哲学话语的这种可感性就要求在话语体系构建中必须加强其可感性，来更好地实现哲学理论的“得”和“达”。

同时，哲学话语的可感性不是凭空产生的，它离不开对传统哲学话语可感性的继承、改造和发展。传统哲学话语意味着一个民族话语可感性的沉淀，正如金岳霖所说，“中国人对于‘道德’、‘仁义’、‘礼义’，英国人对于‘Lord’、‘God’大都有各自相应的情感”②。构建新的哲学话语体系时，也会通过使用传统话语（尤其是传统概念）把这种情感传承和延续下去。当然，由于新的哲学话语体系是在新的时代语境之中构建的，故而在使用传统话语时又有一个对传统的改造和发展的过程。对此，冯契有自己的体会。冯契认为，中国传统哲学中的诸多范畴，例如，天、道、理、气、性、命、仁、义等，在思想家们的长期的多维度的解读中，其丰富的内涵已经比较完整清晰地呈现出来了。那么，在新的语境中运用这些范畴的时候，就必须在考虑它们本来的内涵的基础上，对它们进行新的界说，赋予其新的时代内涵。因此，冯契特别提出，将中国传统哲学的范畴“引入新的哲学体系时，都要求有明确的界说”③，也即意味着，在新的哲学话语体系中，要对传统话语进行必要的转化。比如，冯契在阐述由知识到智慧的飞跃时，使用了佛教唯识宗的一个概念，叫“转识成智”，但是进行了很大的转化，赋予这个词以广义认识论的新含义。改造传统话语还意味着对传统话语的扬弃，冯契在使用“德性之智”这一中国传统哲学术语话语时，专门讲道：“我不赞成过去哲学家讲‘德性之智’时所具有的先验论倾向。不过，

① 《冯契文集》第一卷，华东师范大学出版社 1996 年版，第 6 页。

② 《金岳霖全集》第三卷（下），人民出版社 2013 年版，第 873—874 页。

③ 《冯契文集》第八卷，华东师范大学出版社 1997 年版，第 608—609 页。

克服了其先验论倾向，这个词还是可以用的。”①其他还比如，冯契把《易经》中的话语“一致而百虑”转化为了逻辑思维把握具体真理的途径，把金岳霖“所与是客观的呈现”、“得自现实之道还治现实”等话语在实践唯物主义基础上作了新的使用和安排，等等。可以说，冯契整个智慧说都贯穿着对于传统哲学话语的继承、改造、转化和发展（当然也贯穿着对西方哲学话语的吸收和借鉴）。值得注意的是，冯契在承袭传统哲学的话语时，非常专业地传承了哲学话语独有的“讽喻”方式。按照法国哲学家、解释学家利科的看法，由语词构成的文本都是通过“喻”的方式来表达对于世界的看法的。喻也称“隐喻”，“理解一个文本，与理解一个隐喻陈述是严格一致的。”②“喻”可以分为“提喻”、“转喻”和“讽喻”，分别表征着以局部代整体的意象话语、以此物代彼物的事实话语、似是而非的观念话语，分别成为文学、史学、哲学的呈现方式。冯契关于“性与天道”学说的提出和阐发，以“一即一切，一切即一”的悖论方式呈现了他对于这个世界的哲学把握，这也使得他的话语体系与文学话语体系和史学话语体系截然地区分开来，由此赋予了中国马克思主义哲学一种专门学科的特征和一种新的学术风貌。冯契智慧说话语的这种可感性特征，使其在日本、韩国、美国、中国台湾的学术界也得到了比较广泛的理解和认同并产生了较大的学术影响。

四、推动马克思主义哲学话语的未来创新

未来如何继续创新马克思主义哲学话语，不断推动马克思主义哲学体系的创新呢？李达和冯契在创新和构建中国马克思主义哲学话语方面所作出的艰辛努力、取得的巨大成就以及呈现出来的鲜明特征，为我们在新时代推进中国马克思主义哲学话语体系的建构提供了许多的方法论启示。

① 《冯契文集》第一卷，华东师范大学出版社 1996 年版，第 45 页。
② 利科：《解释学与人文科学》，河北人民出版社 1987 年版，第 180 页。

正如前面所述,话语创新的实质是思想创新,话语创新的目标是取得话语权,形成话语的影响力。而实现话语创新和取得话语权的基础和动力来源于实践,创新马克思主义哲学话语的内容和形式的基础只能是马克思主义哲学和中国实际相结合的实践。没有李达把马克思主义哲学深度运用于中国革命和建设的实践,没有冯契把马克思主义哲学持续运用于对几千年中国传统的实践,是不会有马克思主义哲学话语创新的。因此,毫无疑问,正确的路径就是不断加强马克思主义哲学与中国实际的有机结合,只有不断实现马克思主义哲学和中国实际的深度融合,才能使马克思主义哲学话语创新与时俱进地持续进行下去,这正是李达和冯契给予我们的重要启示。在当代中国,实现马克思主义哲学话语创新,就要在将马克思主义哲学与新时代中国特色社会主义建设这个"中国实际"紧密结合的实践中不断讲好"中国故事",把马克思主义哲学运用到对中国实践、中国理论、中国思想、中国主张的阐释当中。只有这样,才能创造出当代中国的马克思主义哲学的新话语,取得当代中国马克思主义哲学的话语权。

话语存在一个从传统到现实的历时性变化的问题,但是这种历时性所代表的并不是一个简单的时间轴向,它不仅仅是蕴含着概念、词语的流变,更重要的是蕴含着理论的流变。而一种理论本身,它是包含着特定的立场、观点、方法的。所以,话语的历时性特征,也内在地意味着特定立场、观点、方法的继承性。"中国哲学社会科学话语体系的内核,本质上就是马克思主义理论体系"①,中国马克思主义哲学话语体系当然也必须体现马克思主义哲学的立场、观点和方法。这样的话语体系,才是马克思主义哲学性质的,才是有益于中国马克思主义哲学发展的。

按照福柯的观点,话语中隐藏着复杂的权力关系,"话语即权力"②。同

---

① 陈先达:《坚持马克思主义在构建中国特色哲学社会科学话语体系中的指导地位》,《光明日报》2015 年 11 月 14 日。

② 福柯:《权力的眼睛——福柯访谈录》,上海人民出版社 1997 年版,第 228 页。

时，一个民族的话语也体现着该民族特定的价值观。如果把以上两方面结合起来看，话语便成为了“话语权”，话语的“话语权”性质体现了不同民族价值观之间的一定的权力关系，因而话语也就具有了意识形态的色彩，有着一定的意识形态的功能。在经济全球化、文化多样化深入发展的今天，中国马克思主义哲学话语体系无疑也承载着民族的价值观，并负载着与其他民族价值观交流互动的重任，我们要高度重视话语权，不断增强马克思主义哲学话语体系的影响力。

当代马克思主义哲学话语体系构建往往从两方面着力，一是借鉴西方哲学的话语尤其是当代西方哲学话语，一是对传统哲学话语进行创造性转化。在当代语境下，有人认为，在构建马克思主义哲学话语体系的过程中，有必要大力移植西方哲学话语。这种看法，在一定程度上讲，是有其合理性的。但是在实际的研究过程当中，一段时间以来也曾出现一种令人担忧的状况，即借鉴西方话语的居多，传承民族传统的偏少。这种状况如果持续下去，便极易导致某种程度的“洋教条”崇拜，理应引起我们足够的警觉。针对这种情况，老一辈的哲学家陈先达先生在分析了马克思主义哲学话语的来源之后，语重心长地指出，“中国当代马克思主义哲学应该同时构建自己的话语”①。这里所强调的“自己的话语”，很重要的一点就是要汲取中国传统文化的积极因素。我们“不能无视传统、拒绝传统，而是必须立足实践，直面传统、反思传统，从传统中提炼可以古为今用的概念术语”②，这应当成为我们构建时代性的中国马克思主义哲学体系的理论自觉。中国马克思主义哲学话语体系如果不吸取传统要素，不接中国的“地气”，很容易陷入无根性的困境，变得难以捉摸、不易接受，使人产生一种隔世、隔界之感，毫无疑问，这样的话语构建是没有什么生命力的，也是极不利于当代中国马克思主义哲学的发展的。当然，排斥西方哲学话语的合理性也是不可取的。究竟如何处理好“中”与“西”的关系，让中国

① 陈先达：《以问题为导向，推动马克思主义哲学创新》，《中国高等教育》2017 年第 2 期。
② 崔唯航：《中国话语体系建设必须实现“中国化”》，《人民论坛》2018 年第 34 期。

马克思主义哲学话语具有“中西兼容”的特质，这仍旧是一个极具难度的学术问题。

第五节　超越教科书马克思主义哲学体系是创新马克思主义哲学体系的重要环节

一种哲学体系的创新，一定是有一个参照系的，这个参照系一定是之前某一种比较“定型”的哲学体系。我们说马克思主义哲学体系的创新，也就意味着和之前的马克思主义哲学体系相比，后来的马克思主义哲学体系在内容和形式上取得了新的形态和面貌。那么，之前的马克思主义哲学体系指的是什么呢？如果要往前推算的话，最早的马克思主义哲学体系应该就是我们称之为“教科书马克思主义哲学体系”的那个马克思主义哲学体系。就此而言，当我们说马克思主义哲学体系创新的时候，首先就意味着这种新的哲学体系实现了对教科书马克思主义哲学体系的超越。我们说李达和冯契实现了马克思主义哲学体系的创新，一个很重要的方面就是他们有一个共同之处，那就是都以自己的方式超越了教科书马克思主义哲学体系。

一、超越教科书马克思主义哲学体系的必要性

从马克思主义哲学发展史可以看到，教科书马克思主义哲学体系是历史的产物。就经典作家本身而言，他们从来都没有去有意构造一个庞大的哲学体系，马克思、恩格斯从来没有把理论建构的重点放在构建一个哲学新体系上，也没有实际地刻意创造出一个有着严密逻辑性、讲究结构的科学和体系的完整的那种学术化的哲学形态。教科书马克思主义哲学体系的出现，跟第二国际有着密切的关系。当时，出于传播马克思主义理论的需要，第二国际对马克思主义哲学的体系作了大力的阐释，方法就是将马克思恩格斯的原著中的

一些表达进行了集中和整理,目的是方便人们易于理解和把握马克思主义理论。在普列汉诺夫和列宁的努力下,这一工作推进得越来越卓有成效,相继出现了以布哈林 1921 年出版的《历史唯物主义理论》为代表的一批教科书形式的马克思主义哲学著作,以及西洛可夫 1931 年主编出版的《辩证法唯物论教程》和 1932 年代由米丁主编、集体共同编写的《辩证唯物主义和历史唯物主义》教科书,而"1938 年斯大林的《论辩证唯物主义和历史唯物主义》编入《联共(布)党史简明教程》中发表,则标志着马克思主义哲学原理体系以党的文本的形式固定下来"①,这就是我们称之为"苏联教科书马克思主义哲学体系"的那个马克思主义哲学体系。斯大林的《论辩证唯物主义和历史唯物主义》参照了恩格斯《反杜林论》(哲学篇)的体系,应该说不是随意编著的,而是有其经典文本基础的。这一早期的教科书马克思主义哲学体系随着马克思主义在中国的传播便成为舶来品移植到中国,随后中国马克思主义哲学体系的建构就是以苏联教科书马克思主义哲学体系作为蓝本的。中国的马克思主义哲学家如李达、艾思奇都尝试过进行马克思主义哲学体系的创新,如李达 1937 年出版的《社会学大纲》、艾思奇 1961 年出版的《辩证唯物主义和历史唯物主义》,虽然结合中国的实际进行了新的阐述,但还是深深打上了苏联教科书马克思主义哲学体系的烙印。新中国成立后,我国几次对关于马克思主义哲学的教材体系进行了重编和修订,但是直到今天在我国各个高校所使用的各种马克思主义哲学的教材也依然没有摆脱苏联教科书马克思主义哲学体系的影响。

究竟如何看待教科书马克思主义哲学体系在中国的作用,是一个比较复杂的问题,不能简单以肯定或否定来一言以蔽之,应该"历史地看待马克思主义哲学体系,尤其是要历史地看待苏联哲学家建构的辩证唯物主义和历史唯物主义体系"②。从近代以后中国对先进文化和优秀理论的迫切需要的角度

---

① 李尚德:《20 世纪马克思主义哲学在苏联》,社会科学文献出版社 2009 年版,第 147 页。

② 许全兴:《关于创建中国马克思主义哲学新体系的若干意见》,《毛泽东邓小平理论研究》2010 年第 4 期。

来看,不可否认,教科书马克思主义哲学体系具有方便人们系统掌握马克思主义哲学、完整把握马克思主义哲学的作用,有助于把马克思主义哲学化为当时的中国人分析中国革命问题的共同的理论武器,有助于营造中国人民共同社会理想的理论氛围,有助于打造构建中国人民共有精神家园的理论资源。但是,随着马克思主义哲学的普及和运用,教科书马克思主义哲学体系的弊端就逐渐暴露出来。关于教科书马克思主义哲学体系的弊端,有学者就指出:“苏联的体系强调批判西方现代资产阶级哲学及其在科学研究中的影响,忽视了西方哲学发展中的积极因素,忽视了如何从现代科学发展去吸取其哲学因素来丰富马克思主义哲学。”①还有学者将这种弊端作了这样的描述:“苏联模式的教科书曾经一统天下,泯灭了哲学个性化的性质。”②在实际生活当中,教科书马克思主义哲学体系在不断增强人们对马克思主义哲学的信仰的同时却容易教条式地要求人们按照教科书马克思主义哲学体系去机械地观照中国现实甚至裁剪中国现实,最终导致将马克思主义哲学教条化,于是教科书马克思主义哲学体系就从对中国人理解、接受马克思主义哲学具有启蒙、宣传和教育作用转向了对人们创新和发展马克思主义哲学的禁锢,结果是教科书马克思主义哲学制约了中国马克思主义哲学的发展,扼杀马克思主义哲学的生机活力,也最终对中国革命和建设事业的发展造成了不利影响。例如,在我国,曾几何时,马克思主义哲学一度被仅仅作为政治的合理性论证和理论注脚的工具,导致了马克思主义哲学理论独立性的丧失和应有的批判性功能的缺失,进而不仅窒息了理论,而且窒息了实践。尤其是改革开放以后,教科书马克思主义哲学体系的这种滞后性、制约性表现得更加明显,以至于学界发出了很高的改革教科书马克思主义哲学体系的呼声,并掀起了一股改革教科书马克思主义哲学体系的热潮。正如有的学者总结的那样:“改革苏联版教科书体系至 80 年

① 黄楠森主编:《马克思主义哲学体系的当代建构》,人民出版社 2011 年版,第 7 页。

② 郑镇:《科学地扬弃传统的马克思主义哲学教科书体系》,《马克思主义与现实》2006 年第 2 期。

代已成为学界的共识，争议主要集中在如何改的问题上。”①

既然教科书马克思主义哲学体系具有导致教条主义的现实倾向，那么不断超越教科书马克思主义哲学体系就成为创新马克思主义哲学体系的必然要求了。事实上，从中国马克思主义哲学体系的现实发展进程中不难看到，每每实现了对教科书马克思主义哲学体系的超越，就意味着实现了马克思主义哲学体系的一次创新，以至于人们产生了一个规律性的认识，即超越教科书马克思主义哲学体系成为了实现马克思主义哲学体系创新的重要一环。李达和冯契没有固守教科书马克思主义哲学体系，而是在把马克思主义哲学同实践发展紧密联系起来去发展马克思主义哲学，从而超越了教科书马克思主义哲学体系，实现了马克思主义哲学体系的创新。

二、李达对教科书马克思主义哲学体系的超越

前面已述，教科书马克思主义哲学体系主要是在苏联形成并传入中国的。而李达接受、学习马克思主义哲学的渠道不是苏联，而是日本。并且，苏联教科书马克思主义哲学体系的最终形成是以斯大林的《论辩证唯物主义和历史唯物主义》于 1938 年发表为主要标志，而李达《社会学大纲》发表于 1937 年，比斯大林《论辩证唯物主义和历史唯物主义》的发表还早 1 年。那么，何以说李达是超越了教科书马克思主义哲学体系呢？这个问题的答案就在于，苏联马克思主义哲学教科书的编写与出版早在 1921 年就开始了，只不过到 1938 年才有了斯大林那样一个权威的版本和统一的教材，所以苏联教科书马克思主义哲学体系对中国的影响，早在斯大林版本出现的近 20 年时间前就已经实际地存在了。因此，我们说李达超越了苏联教科书马克思主义哲学体系，与李达出版《社会学大纲》的时间比斯大林《论辩证唯物主义和历史唯物主义》早一年这一事实并不矛盾。当然，我们说李达超越了教科书马克思主义哲学体

① 陈曙光：《中国马克思主义 40 年：1978—2018》，《教学与研究》2018 年第 10 期。

系，主要还是从内容和精神实质上讲的。

从内容结构上看，李达的《现代社会学》、《社会学大纲》、《唯物辩证法大纲》三部著作同教科书马克思主义哲学体系的关系是有同有异。从苏联教科书马克思主义哲学体系的结构和内容来看，从米丁到斯大林的版本都把马克思主义哲学分为辩证唯物主义和历史唯物主义两大部分，前者包括马克思主义哲学的形成、世界的本质、认识论、唯物辩证法（规律和范畴）等辩证唯物主义问题，后者包括社会形态理论、生产力生产关系、经济基础上层建筑、社会发展等历史唯物主义问题，两者之间的逻辑关系表现为：历史唯物主义是辩证唯物主义在社会历史领域的运用。中间经过几次讨论和修改，但是这个基本的框架没有变。那么我们看看李达的三本著作，就能很清楚地看到李达和苏联教科书马克思主义哲学体系之间的关系。首先，《现代社会学》出版于 1926 年，从结构上看完全是自成体系，对从社会学的性质到社会的本质、社会的构造、社会的起源、社会的发达、家族、氏族、国家、社会意识、社会的变革、社会的进化、社会阶级、社会问题、社会思想、社会运动、帝国主义、世界革命、社会的将来等诸多与社会相关的领域进行了专门的阐述，这种结构显然与苏联教科书马克思主义哲学的体系完全没有任何相似之处。再来看《社会学大纲》，李达的这部代表性哲学著作被毛泽东称之为第一部中国人自己编写的马克思主义哲学教科书，它的五篇分别为唯物辩证法、历史唯物论、社会的经济结构、社会的政治结构、社会的意识形态。应该说，但就李达的这个体系结构而言的话，总体上来看，还是留有那种辩证唯物主义和历史唯物主义“二分”框架结构的影子，而这种“二分”法恰恰是苏联教科书马克思主义哲学体系在体系结构上的最大特点。就具体内容而言，一些内容特别是关于唯物辩证法部分的内容还在较大程度上受米丁主编的那部苏联教科书的影响。最后看《唯物辩证法大纲》，它的五篇分别为马克思主义哲学是无产阶级革命的精神武器、马克思主义哲学是人类认识史的唯物的辩证的综合、世界是物质统一体的无限发展过程、当作认识论和逻辑学看的唯物辩证法，这些都是辩证唯物主义的内容。当然,它仅是原计划写的《马克思主义哲学》的上册,原定专门写历史唯物主义内容的下册未能在有生之年完成。从这些内容结构的设计可以看到,李达的《唯物辩证法大纲》也还是受苏联教科书马克思主义哲学体系的影响较大。总之,通观李达的三部哲学代表性著作,我们可以得出一个结论,那就是李达构建的马克思主义哲学体系从总体上看还是与苏联教科书马克思主义哲学体系有着比较紧密的联系的。

但是也应该看到,李达与当时的马克思哲学家一样,在那样的现实环境之中必然难以抛开苏联教科书马克思主义哲学体系而另起炉灶;而且李达是在和他的学生雷仲坚共同翻译出版了西洛可夫《辩证法唯物论教程》的基础上才著成《社会学大纲》这本书的,因此这也决定了李达难以摆脱苏联教科书马克思主义哲学体系的影响。这种情况由当时的历史决定的,也是思想传承、发展、创新过程中的一个普遍规律的表现。不过,李达仍然以自己的方式实现了对苏联教科书马克思主义哲学体系的超越。一方面,李达的《现代社会学》具有与教科书马克思主义哲学体系完全不同的独特的个性化结构,因而本身就具有创新性的意义。另一方面,李达的《社会学大纲》对马克思主义哲学的"实践唯物论"有着独特的理解,即把实践范畴看成整个马克思主义哲学的理论基石,不仅在辩证唯物论中而且在历史唯物论中都具有基础性的地位和作用。如此一来,历史唯物主义就并非苏联教科书马克思主义哲学体系所认为的那样是辩证唯物主义在历史领域的体现,而是与辩证唯物主义一样都立足于实践,这种重视实践的本体论地位的阐释是与苏联教科书马克思主义哲学体系把实践的地位限定在辩证唯物主义特别是认识论之中的阐释是大相径庭的,由此就超越了苏联教科书马克思主义哲学体系的"二分法"的理解,实现了"实践唯物主义在中国话语中的初始开显"①。此外,李达的《唯物辩证法大纲》不仅增加了"唯物辩证法的前史"部分,对篇章结构进行了创新,而且通

① 汪信砚、李侦:《"实践的唯物论"——实践唯物主义在中国话语中的初始开显》,《学习与探索》2015 年第 5 期。

篇运用中国革命和建设的实际的素材特别是毛泽东哲学来阐发马克思主义哲学的丰富理论,在内容上也更加具有时代感和中国风格。这些足以表明,李达没有停留于苏联教科书马克思主义哲学体系的水平上理解马克思主义哲学,而是立足把马克思主义哲学和中国实际相结合来理解和阐发马克思主义哲学,实现了对于苏联教科书马克思主义哲学体系的超越。在当时教科书马克思主义哲学体系一统天下的局面下,能做出这样的成绩实属难能可贵,尤为不易。有人曾提出,李达与当时的马克思主义者一样跟在苏联教科书马克思主义哲学体系后面亦步亦趋,这种看法是没有道理的,是站不住脚的。

三、冯契对教科书马克思主义哲学体系的超越

冯契智慧说的形成时间是在20世纪80、90年代,那时冯契的思想不仅经历了十余年改革开放实践的洗礼,而且经历了学界掀起的改革教科书马克思主义哲学体系热潮的洗礼。从时间上看,与李达同教科书马克思主义哲学体系在时间上基本同步的情况不一样,冯契与教科书马克思主义哲学体系有很长的一个时间间隔,不仅可以较好地摆脱教科书马克思主义哲学体系的影响,而且可以很好地对教科书马克思主义哲学体系进行改造。事实上,冯契构建了一个与教科书马克思主义哲学体系完全不同的新的哲学体系,彻底实现了对教科书马克思主义哲学体系的超越。如果说李达对教科书马克思主义哲学体系的超越还带有教科书马克思主义哲学体系的某种痕迹的话,那么冯契对教科书马克思主义哲学体系的超越则完全没有教科书马克思主义哲学体系的任何痕迹,冯契的超越是一种完全的超越。

从内容结构上看,冯契智慧说分为三篇。其中,“认识世界和认识自己”篇讲了心物和知行关系、感性直观、理论思维、科学知识和逻辑、一致而百虑、具体真理和辩证思维、自然界及其秩序、心灵与人性、智慧和自由等九大问题,阐述了马克思主义哲学的基于实践的认识过程的辩证法;“逻辑思维的辩证法”篇讲了什么是辩证逻辑、逻辑思维与实践经验、意见与真理、哲学科学逻

辑之间的联系、由自发到自觉、形式逻辑与辩证逻辑、对立统一规律是辩证思维的根本规律、逻辑范畴、方法论基本原理等九大问题，阐述认识的辩证法如何通过范畴转化为方法论原理；“人的自由和真善美”篇讲了自由作为哲学范畴、人的本质、评价和价值、价值体系、神话和智慧、真与人生理想、善于道德理想、美与审美理想、理想人格的培养、人类走向自由之路等十大问题，阐述了认识辩证法如何转化为人的德性。非常明显的是，智慧说三篇的逻辑架构除了“逻辑思维的辩证法”篇中关于对立统一规律这一部分之外，与教科书马克思主义哲学体系几乎再没有任何相似的地方，即使讲对立统一规律也只是放在讲辩证逻辑思维的框架内，与教科书马克思主义哲学体系论述对立统一规律的角度也完全不同，整个哲学体系在大的布局上完全摆脱了辩证唯物主义和历史唯物主义的简单“二分”模式。这表明，冯契这一代的马克思主义哲学家经过改革教科书马克思主义哲学体系的大潮之后又进行了冷静地反思，认为构建中国的马克思主义哲学体系必须解放思想，在扎根民族传统的同时注重面向世界。这里面，既有对学术界改革教科书马克思主义哲学体系的成果的继承，又有冯契自身对于马克思主义哲学体系的独到认识。总之，从内容结构上足以看到，冯契智慧说这一哲学体系超越了教科书马克思主义哲学体系。

不仅如此，冯契智慧说还在精神实质上体现了对于教科书马克思主义哲学体系的超越。马克思主义哲学的精神实质在于实践，但是对于实践的内涵和地位的界定不同，往往导致对马克思主义哲学精神实质的理解的不同，也导致所构建的马克思主义哲学体系的性质有所不同。虽然教科书马克思主义哲学体系也重视实践概念，但是它强调的是自然的本体论地位，把实践的地位和作用仅限定在和认识相对应的方面，仅仅赋予实践以认识论的意义。冯契智慧说明确提出自己的致思路径是立足实践唯物主义辩证法来阐明由知识到智慧的辩证运动，显然是赋予实践在自己哲学体系中的本体论地位，不仅把实践的这种本体论地位贯穿到人的认识的形成和发展之中，而且还把实践的本体论地位延伸到人的理想人格的培养和人的自由的获得之中。冯契对实践概念的这种理解，相较于教科书马克思主义哲学体系，“更接近了马克思主义哲学的真精神”①。由此可见，冯契智慧说从精神实质这个层面而言也是对教科书马克思主义哲学体系的超越，这种超越贯通于具体的结构和内容之中，贯穿于智慧说哲学体系的始终。如果把冯契的这种超越放在改革开放以来马克思主义哲学体系创新发展的进程中来看，冯契的这种超越有着更重要的意义。改革开放四十年来中国的马克思主义哲学体系的创新发展成果，集中体现在三大方面，首要的方面就是对于教科书马克思主义哲学体系的突破，其次就是对西方马克思主义研究上的推进，再次就是马克思主义经典文本研究方面的发展。从这个意义上讲，冯契智慧说对于教科书马克思主义哲学体系的超越是改革开放以来马克思主义哲学发展的重要成果，在马克思主义哲学发展史上不仅有着承前启后的意义更有引领创新和启迪创新的价值。

第六节　保持独立人格是创新马克思主义哲学体系的重要条件

实现马克思主义哲学体系的创新，还需要有一定的主体条件。这种主体条件，除了要求主体具有坚定的马克思主义信仰、丰富的“马中西”哲学知识、深厚的爱国主义情怀等之外，还有一个很重要的方面，就是主体的人格的独立与自主。这是因为，虽然哲学在根本内容上反映的是时代的发展和时代的精神，但是哲学在观念表达上也是哲学家情感的真实流露，包含着哲学家独特的个性，因此，一种哲学体系实际上就是哲学家人格的一种体现。如果创新主体缺乏独立的人格，那么在重大哲学问题的回答上可能就只是人云亦云，给出的也是千篇一律的答案，这种意义上的“创新”无疑是要大打折扣的。可见，是否保持独立的人格，决定着所创新的马克思主义哲学体系是否具有个性化的

① 何萍、李维武：《重构马克思主义哲学体系的可贵探索——冯契先生〈智慧说三篇〉导论初探》，《学术月刊》1996年第3期。

色彩，甚至也决定着对马克思主义哲学体系的创新所达到的广度和深度。李达和冯契都在运用马克思主义哲学于中国现实的过程之中保持了自己独立的人格，所以他们得以真正实现了马克思主义哲学体系的创新。

一、马克思主义哲学创新主体的人格独立

马克思主义哲学创新主体的独立人格，指的是马克思主义哲学创新主体在创新马克思主义哲学体系的过程当中具有独立的判断、独立的坚守、独立的创造，既坚持马克思主义哲学的本真精神，又不盲从于对马克思主义哲学的现有结论，具有不依附于权威、不屈服于强势、不随流于大众的孜孜以求地探索马克思主义真理的稳定的精神特质。人类思想史上的任何一次理论创新，都与创新者的独立人格息息相关。没有这种独立人格，就是没有思想的创新，就没有科学的发现，就没有人类的进步。

这种人格独立的精神不仅是马克思主义哲学本真精神的内在体现，也是在中国发展马克思主义哲学的内在要求。一方面，从马克思主义哲学本真精神来看，马克思主义哲学所贯穿和体现出来的就是一种批判的、革命的精神。"辩证法不崇拜任何东西，按其本质来说，它是批判的和革命的。"①就像恩格斯评价马克思的那样："在前人认为已有答案的地方，他却认为只是问题所在"②，马克思就是这样一个有着独立人格的哲学家，他虽然曾经承认自己是黑格尔这位大思想家的学生，但是他从不盲从所谓的思想大师，而是坚持不断地进行独立思考。正是有了这种独立人格，马克思发现了唯物史观，发现了剩余价值，实现了哲学史上的伟大革命。所以，马克思主义哲学本身就内在地包含着这种独立人格的要求，它要求马克思主义哲学的继承者和发展者承续这种精神，发扬这种精神。另一方面，在中国发展马克思主义哲学和创新马克思主义哲学体系，内在地要求哲学家保持独立人格。在中国创新马克思主义哲

① 《马克思恩格斯选集》第2卷，人民出版社2012年版，第94页。

② 《马克思恩格斯选集》第2卷，人民出版社2012年版，第303页。

学体系，就是要把马克思主义哲学运用到分析中国实际、改造中国现实的活动之中，将运用马克思主义哲学指导中国实践的经验进行总结概括，将之提升、转化为中国马克思主义哲学体系的新内容和新要素。在这个过程当中，哲学家会面临各种困难和挑战，最典型和最突出的就是“左”的教条主义的干扰和影响。教条主义的实质就是罔顾中国活生生的现实而把马克思主义哲学当作千古不变的教条，这种倾向显然是误党误国误民的，是十分有害的。但是，教条主义往往打着马克思主义的旗号大行其道，有一种迫使人们去盲从的强大力量，使人丧失独立思考的能力。这就需要马克思主义哲学体系的创新者保持独立的人格，去揭露和破除教条主义的迷雾，恢复马克思主义哲学的本真精神，开辟发展中国马克思主义哲学的正确道路。在中国马克思主义哲学发展进程当中，从李大钊到李达，从毛泽东到邓小平，从张岱年到冯契，一直到当代，马克思主义哲学的曲折发展和马克思主义哲学创新主体的坎坷人生，都表明马克思主义哲学的创新历程就是一部保持独立人格的历程。

这种人格独立的精神，还可以进一步从马克思主义哲学创新主体的两个维度来认识。如前所述，创新马克思主义哲学的维度分为政治维度和学术维度。政治维度的主体是中国共产党的领导者，学术维度的主体是专业的马克思主义哲学家。不管是哪一个维度的创新主体，都存在着保持独立人格的问题。对于作为政治维度主体的中国共产党的领导人而言，由于领导者身处于领导集体之中，它具有个体属性和集体属性的统一，因此“既不能用个体属性代替集体属性，也不能用集体属性代替个体属性”①。在实际工作当中，作为个体的创新主体要保持独立人格，只有如此才有和其他创新主体共同探讨马克思主义哲学的可能和条件，而作为集体的创新主体也要保持独立人格，只有这样才能在各种外部势力的作用下保持清醒的头脑和正确的判断。中国共产党早期的奋斗历程中，毛泽东在红军中领导地位的确立过程以及中国共产党

① 田克勤：《深化马克思主义中国化主体研究的认识和思考》，《马克思主义理论学科研究》2015 年第 1 期。

和共产国际打交道的过程都生动地说明了这一点。在中国共产党的整个历史上,中国共产党领导中国人民坚定不移地走自己的路的曲折历程,也生动地说明了这一点。对于作为学术维度主体的专业马克思主义哲学家而言,作为“书斋里的学者”更多地是以个体的方式进行马克思主义哲学的理论创新。其问题在于,既要保持共产党员的党性,拥护党的领导和维护党中央权威,拥护和执行党的路线方针政策,又要保持作为一名知识分子的独立思考的品格。如何保持好马克思主义专业哲学家这双重身份之间的“度”,在立足马克思主义哲学阐发党的思想的同时还要保持一种学术批判的自觉?这的确是一个值得深思的问题。现实情况是:“受教条主义的束缚,长期以来我国哲学家主要是从事注经、解经,对马克思主义经典作家的哲学思想进行梳理、归纳和阐释,而对他们的思想不敢越雷池一步。”①如果长期这样下去,显然是不利于马克思主义哲学理论的创新发展的。因此,专业的马克思主义哲学家还是应该高扬独立人格的精神,在永葆对党、对国家、对民族的忠诚的同时强化对党、对国家、对人民的真诚的责任感,弘扬马克思主义哲学的批判的革命的本真精神,把创新马克思主义哲学体系作为自己的历史使命。

二、李达:“真正的人”

李达是马克思主义的坚定信仰者,同时也是一名有着铮铮铁骨的坚守自己独立人格的哲学家。毛泽东称李达为“真正的人”②,就是基于对于李达保持自己独立人格的佩服,也意味着对马克思主义哲学家应该有李达那样的独立人格这一观点的高度肯定。可以说,没有这种独立的人格,李达不可能写出《现代社会学》、《社会学大纲》、《唯物辩证法大纲》,也就无法实现对于马克思主义哲学体系的创新。

李达是“真正的人”,体现在他在白色恐怖环境下保持马克思主义的坚定

① 许全兴:《马克思主义中国化的政治层面和学术层面区分》,《理论前沿》2003年第18期。
② 宋镜明:《李达传记》,湖北人民出版社1986年版,第106页。

信仰和对创新马克思主义哲学体系的执着和不屈。马克思主义被传播到中国的较长时期内,宣传和介绍马克思主义理论都是冒着极大风险的。李大钊被北洋政府杀害,瞿秋白被国民党军队杀害,就是非常典型的例子。在这种白色恐怖的氛围之下,李达却公开宣称:“一个搞马克思主义研究的人,不能像摆摊的小贩,天晴了就把摊子摆出去,天气不好就收摊子。”①显然,“天晴了”和“天气不好了”分别意味着宣传马克思主义理论所处的环境的好坏,意味着传播马克思主义理论的所面对的压力的大小。李达的信念就是:无论环境好坏,无论压力大小,都要研究马克思主义,宣传马克思主义,这正是李达独立人格的鲜明体现。大革命失败以后,国民党当局认为李达是“著名共首,曾充大学教授,著有《现代社会学》,宣传赤化甚力”②而下令对他进行通缉,为避免审查和尽量避免不必要的麻烦,李达就在“社会学”、“法理学”的课程名称之下来讲授马克思主义哲学的实际内容。李达无惧于国民党政府的迫害,于1937年出版《社会学大纲》一书并扉页上题写“献给英勇的抗日战士”一行大字,当时在延安的毛泽东看到此书后还就此恢复了已停20年的日记写作,专门记录阅读李达这本书的进度和心得体会③,也由此认识到了李达的独立人格,也才有了后面和李达长达几十年的哲学交往。

李达是“真正的人”,还体现在他在新中国成立后中国共产党执政环境下依然保持马克思主义者的批判的革命的精神,敢于对非马克思主义的言行说“不”。1956年,毛泽东提出在思想文化建设方面要坚持“百花齐放,百家争鸣”的方针,李达在武汉大学贯彻毛泽东这一正确方针时提出,搞马克思主义理论研究,在政治上要绝对服从毛主席领导,但是在学术上也可以同毛主席展开争鸣,这反映了李达一以贯之地用马克思主义的批判的革命的精神对待马克思主义理论研究的精神。李达在新中国成立后的哲学活动主要是阐释毛泽

① 转引自汪信砚:《让马克思主义说中国话》,《湖北日报》2013年8月12日。
② 《李达文集》第1卷,人民出版社1980年版,第236页。
③ 《毛泽东哲学批注集》,中央文献出版社1988年版,第209—276、279—282页。

东哲学，并不是因为毛泽东身居高位而去有意迎合，而是在出自内心赞同毛泽东哲学思想。对此，澳大利亚学者尼克·奈特有过客观公正的评价："李达真心诚意去承担阐释任务，并不是因为毛泽东的哲学著作已成为新的正统，而是因为这些著作与他自己对马克思主义的理解是一致的。"①在中国社会主义建设的发展中，李达始终不忘把马克思主义哲学同中国实际问题相结合，面对现实中出现的不符合马克思主义哲学精神的一些现象和言行提出了批判。例如，在20世纪50、60年代的"大跃进"、"浮夸风"运动中，"人有多大胆，地有多大产"这一违背马克思主义精神的口号一度到处盛行，李达对此提出了公开的质疑和批判，还当面对毛泽东陈述自己在这个问题上的观点，认为不能夸大人的主观能动性，讲出"主席脑子发烧一点，下面就会不得了，就会烧到40度、41度、42度！这样中国就会遭难，主席信不信！"这样的话。其间林彪提出"顶峰论"，李达讲出"违反辩证法的东西，不管是哪个讲的，都不能同意！"②这样的话。后来，李达因反对"顶峰论"罪名被打倒，他坚决进行了抗争，但还是于1966年8月被斗死。1980年，中央为李达平反，这也是也是对李达"真正的人"的品格和精神的大力肯定和大力弘扬。

纵观李达的一生可以看出，李达的一生就是献身马克思主义理论的一生，是投身马克思主义哲学创新事业的一生，是保持自己独立人格的一生。李达"以他为坚持真理而不惜以身殉道的骨气，为我们树立了一座精神丰碑"③，这座精神丰碑包含非常丰富的内涵，其中一个非常重要的内涵就是保持了一个马克思主义哲学家的独立人格。李达一生的学术实践揭示了这样一个规律，即实现马克思主义哲学体系的创新离不开创新主体的人格独立。也就是说，创新主体保持独立的人格是实现马克思主义哲学体系创新的重要前提。

---

① （澳）尼克·奈特：《李达与毛泽东思想》，《毛泽东研究》2018年第4期。

② 陶德麟：《李达与〈唯物辩证法大纲〉》，《书林》1979年第2期。

③ 王德京：《毛泽东称李达是"真正的人"——纪念李达诞辰120周年》，载《李达与中国共产党的创建和马克思主义在中国的传播——纪念李达诞辰120周年学术研讨会论文集》，人民出版社2013年版，第508页。

三、冯契:“保持心灵的自由思考”

冯契自青年时期就立下“沿着实践唯物主义的路子前进”①的人生宏愿,也是一名马克思主义的坚定信仰者。但是,冯契作为一名长期研究哲学的专业的马克思主义哲学家,却长期保持自己独立的人格,明确提出:“哲学家如果不保持独立人格,保持心灵的自由思考,那就不可能是真正的哲学家。”②冯契正是能够在信仰马克思主义的同时保持心灵的自由思考,所以才得以构建出充满个性色彩的智慧说体系,从而实现了马克思主义哲学体系的创新。

冯契强调“保持心灵的自由思考”,包括两个方面。一方面,就是强调哲学家要有独立思考的态度。所谓独立思考的态度,冯契认为,就是在哲学研究中不倚傍门户,对包括马克思主义哲学在内的哲学思想都要经过就比较后作出肯定的选择。因为,在实际的哲学研究中,往往存在两种情况:一种情况是面对前人就被那些博大精深的体系压倒了,不敢突破不敢创新;另外一种情况是在研究中有了一点心得就想将之体系化而产生狂妄自大的心理。冯契认为,要克服这两种情况,就要保持心灵的自由思考,在敢于创新的同时还要有兼容并蓄的胸怀,在自由讨论、百家争鸣中实现学术的创新。另一方面,就是强调哲学家要保持真诚的态度。所谓真诚的态度,就是对马克思主义哲学的真诚的笃信与对历史的真诚的批判。对待马克思主义哲学,应该心口如一,言行一致,“真诚地、锲而不舍地在言论、行动、社会交往中贯彻理论,以致习以成性,理论化为自己内在的德性,就成了自己的人格。”③对待社会历史,也要实事求是地真诚以待。晚年冯契针对有的人通过所谓的“考证”否认“华人与狗不得入内”的牌子的真实性的事情,认为这恰恰是鲁迅所批判过的中国人对于惨痛历史的“健忘症”,提出“从革命年代过来的人,应该留下一点东西

① 《冯契文集》第一卷,华东师范大学出版社 1996 年版,第 16 页。
② 《冯契文集》第一卷,华东师范大学出版社 1996 年版,第 18 页。
③ 《冯契文集》第一卷,华东师范大学出版社 1996 年版,第 22 页。

(真诚的而不是虚伪的东西)给后人,对于医治健忘症是有好处的"①,表达了对于对待历史不真诚的现象的痛心疾首。冯契还提出,对于那种毫无操守的"做戏的虚无党"的那种异化力量要保持高度的警惕,通过提高自己的学识修养去解除蒙蔽,通过在社会交往中真诚地推己及人来形成良好的人际关系。

冯契这种强调"保持心灵的自由思考"的独立人格体现在他创新马克思主义哲学体系的过程中,表现为"吾爱吾师,但更爱真理"的情怀以及不屈服于权威的精神。冯契师从金岳霖,但在关于认识论的问题上敢于提出与恩师不同的观点,认为理智并非"干燥的光",认识论也不能离开"整个的人",这恰恰是对于金岳霖观点的否定。在冯契看来,金岳霖试图努力地把知识论和元学区分为不同的东西,这其实"是把知识和智慧截然割裂开来了,从而难以找到由知识到智慧的桥梁,也无法解决科学和人生脱节的问题"②。冯契认为,教科书马克思主义哲学体系中没有谈及"疑问"、"意见"、"争论"、"观点"这些认识论环节,他觉得很有必要对这些问题进行研究和展开。毛泽东哲学无疑是权威,但是冯契认为,毛泽东过分强调了阶级斗争的作用,忽视自愿原则以及对经学方法批判不力,等等,这种实事求是的态度和对自己内心观点的坚持也反映了冯契保持心灵的自由思考、保持独立人格的学者品格。没有这样的独立人格,要构建出智慧说这一马克思主义哲学新体系是难以想象的。

冯契曾经说,"在改革、开放和建设社会主义市场经济的过程中……马克思主义正面临许多新问题要求回答。但以史为鉴仍然是重要的,理论要通过自由争鸣来发展,要凭理论本身的力量来说服人,要凭理论家的人格力量来感染人。"③所谓理论家的人格,就是指马克思主义理论家的独立人格。总之,独立人格不仅对于创新马克思主义哲学体系具有重要性,而且对于马克思主义哲学理论本身的感染力、说服力、影响力也是十分重要的。而独立人格的核心

① 《冯契文集》第十卷,华东师范大学出版社 1998 年版,第 374 页。
② 《冯契文集》第一卷,华东师范大学出版社 1996 年版,第 11 页。
③ 《冯契文集》第九卷,华东师范大学出版社 1997 年版,第 518 页。

就是真诚地追求真理，理论家就应该有这样的"真"："'真诚'是学者的学术态度，'真实'是学者的学术根基，'真切'是学者的学术建树，'真理'是学者的学术追求"①，这样的"真"就是心灵的自由思考。尤其是在当代马克思主义哲学发展进程中，在经济全球化、世界多极化、社会信息化、文化多样化的深刻影响下，马克思主义哲学体系的创新者如果失去了独立的人格，失去了真诚的态度，失去了心灵的自由思考，要创新马克思主义哲学体系恐将永远成为空中楼阁。反过来说，只有具有独立的人格、怀有真诚的态度，保持心灵的自由思考，创新马克思主义哲学体系才能真正成为现实。

---

① 孙正聿：《学术的使命与学者的担当——改革开放40年的中国学术》，《社会科学战线》2018年第11期。

参考文献

1.《马克思恩格斯选集》第1—4卷,人民出版社2012年版。

2.《列宁选集》第1—4卷,人民出版社2012年版。

3.《毛泽东选集》第一至四卷,人民出版社1991年版。

4.《邓小平文选》第三卷,人民出版社1993年版。

5. 汪信砚主编:《李达全集》第1—20卷,人民出版社2016年版。

6. 冯契:《冯契文集》第1—3卷,华东师范大学出版社1996年版。

7. 冯契:《冯契文集》第4—8卷,华东师范大学出版社1997年版。

8. 冯契:《冯契文集》第9—10卷,华东师范大学出版社1998年版。

9.《李大钊全集》第1—5卷,人民出版社2013年版。

10. 黄楠森、庄福龄、林利:《马克思主义哲学史》(八卷本),北京出版社1996年版。

11. 黄楠森主编:《马克思主义哲学体系的当代建构》(上、下),人民出版社2011年版。

12. 黄楠森:《哲学的科学之路——马克思主义哲学的科学体系研究》,北京师范大学出版社2005年版。

13. 陶德麟:《马克思主义哲学中国化:历史与反思》,北京师范大学出版社2007年版。

14. 杨国荣编:《追寻智慧——冯契哲学思想研究》,上海古籍出版社2007年版。

15. 李景源主编:《新中国哲学研究50年》(上、中、下),人民出版社2005年版。

16. 李景源主编:《怀念与思考——艾思奇与马克思主义哲学中国化》,中共中央党校出版社2008年版。

17. 汪信砚:《马克思主义哲学中国化:传统与创新》,北京师范大学出版社2017

年版。

18. 汪信砚主编:《李达论著和思想研究》,人民出版社 2017 年版。

19. 本书编写组:《李达与中国共产党的创建和马克思主义在中国的传播》,人民出版社 2013 年版。

20. 袁贵仁、杨耕、吴向东:《马克思主义哲学教学体系:历史与现状》(上、下),北京师范大学出版社 2011 年版。

21. 汤一介:《瞩望新轴心时代——在新世纪的哲学思考》,中央编译出版社 2014 年版。

22. 顾海良主编:《马克思主义中国化史》第 1—4 卷,中国人民大学出版社 2015 年版。

23. 孙正聿:《当代中国马克思主义哲学专题研究》,吉林人民出版社 2010 年版。

24. 王南湜:《马克思主义哲学中国化的历程及其规律研究》,北京师范大学出版社 2012 年版。

25. 倪志安等:《马克思主义哲学中国化的方法论问题研究》(上、下),人民出版社 2015 年版。

26. 吴元梁主编:《马克思主义哲学形态的演变》,中国社会科学出版社 2010 年版。

27. 张岱年:《张岱年自选集》,首都师范大学出版社 2008 年版。

28. 高清海:《找回失去的"哲学自我":哲学创新的生命本性》,北京师范大学出版社 2004 年版。

29. 何萍:《20 世纪马克思主义哲学:东方与西方》,人民出版社 2012 年版。

30. 李维武:《中国哲学的古今之变》,人民出版社 2016 年版。

31. 王雨辰:《阿尔都塞的马克思主义理论研究》,中国人民大学出版社 2018 年版。

32. 李佃来:《马克思的政治哲学:理论与现实》,人民出版社 2015 年版。

33. 赵士发:《世界历史与和谐发展——马克思世界历史理论的当代研究》,人民出版社 2014 年版。

34. 李志:《马克思的个人概念》,人民出版社 2014 年版。

35. 杨洪林:《杨献珍与马克思主义哲学中国化研究》,人民出版社 2018 年版。

36. 王向清:《转识成智——冯契广义认识论研究》,湘潭大学出版社 2016 年版。

37. 刘明诗:《冯契与马克思主义哲学中国化》,人民出版社 2014 年版。

38. 单继刚:《中国知识分子的马克思哲学》,中国社会科学出版社 2013 年版。

39. [德]黑格尔著,贺麟等译:《黑格尔经典著作集》,上海人民出版社 2017 年版。

40. [澳]尼克·奈特著,汪信砚、周可译:《李达与马克思主义哲学在中国》,人民出版社 2018 年版。

41. [挪]奎纳尔·希尔贝克、尼尔斯·吉列尔著,童世骏、郁振华、刘进译:《西方哲学史——从古希腊到当下》(修订版),上海译文出版社 2016 年版。

后　　记

作为国家社科基金一般项目（编号 15BZX003）的研究成果，本书的写作前后历时 4 年多。项目结题后，又根据专家所提意见进行了一年的修改。因为一些特殊的原因，在出版的过程中又搁置了一段时间。现在终于要出版了，虽然复杂的心情难以言表，但还是挺开心的。

恩师汪信砚教授很早就提出，马克思主义哲学中国化研究要走向深入，就必须开展对马克思主义哲学中国化历程不同阶段的代表人物以同一阶段不同代表人物的比较研究。沿着这一思路，近 10 多年来，我注意比较系统地去研究马克思主义哲学中国化发展历程中的代表性人物，试图将他们还原到他们所处的时代和他们所生活的历史背景之中，将他们各具特色的理论贡献进行对比分析。我分析的重点在于，中国的马克思主义哲学家是如何在近现代以来的中国社会发展历史进程中把马克思主义哲学与中国的实际结合起来形成了原创性的理论，从而赋予马克思主义哲学以中国特色、中国气派和中国风格。本书的完成，就是基于上述考虑的一个阶段性的成果，或者说就是本人计划长期研究工作的一个部分、一个片段。经过此次专门性的对比研究，我对于马克思主义哲学中国化的丰富内涵有了更深的理解，对于中国马克思主义哲学的深刻内涵及其发展的内在必然性有了更进一步的认识。然而，正如本书开头所分析的那样，对中国马克思主义哲学的发展作出了重要理论贡献的哲学家是一个群体，本书所讨论的只是李达和冯契两位马克思主义哲学家，对其他很多的重要人物的研究尚未展开。就此而言，本书的完成仅仅是一个小小的开始，未来还有很多的工作要继续完成。

写作本书的过程，是一个与大师同行、受大师教育的过程。大师之大，在于他们有大的使命、大的情怀。推进马克思主义哲学的中国化、构建中国马克思主义哲学体系不是在书斋里能够完成的，而是需要中国的马克思主义哲学家亲身投入中国实践的宏大历史潮流之中去。中国的马克思主义哲学家从来没有那种思辨哲学的闲情逸致，他们从一开始关注的就是"中国向何处去"的时代大问题，他们体现的是中国知识分子几千年来所延续不断的"为天地立心，为生民立命，为往圣继绝学，为万世开太平"的救民济世的情怀。包括李达、冯契在内的诸多中国的马克思主义哲学家，他们的人生经历都昭示出一个深刻的道理，即只有投入时代之中并回答时代之问，才能构建出时代所需的哲学体系。今天，我们身处一个"需要理论而且一定能够产生理论的时代"，更需要传承和赓续大师的精神，以"不负时代"的使命和情怀推进马克思主义哲学中国化的发展、推动中国马克思主义哲学体系的不断创新。在今后的学术生涯中，我将以此自勉，不断踔厉前行。

本书的完成，得益于武汉大学、华东师范大学、海军工程大学、中南财经政法大学、中国社会科学院等多个高校和科研院所的老师、同行的启迪。对于其中很多人的指导与帮助，要特别表示衷心的感谢！

人民出版社洪琼老师对本书的出版给予了大力支持，在此致以诚挚的谢意！

2021 年 12 月 21 日于武汉南湖之畔

责任编辑：洪　琼
封面设计：石笑梦
版式设计：胡欣欣

图书在版编目(CIP)数据

冯契与李达创新马克思主义哲学体系的比较研究/刘明诗 著. —北京：人民出版社,2023.7
ISBN 978-7-01-025514-9

Ⅰ.①冯…　Ⅱ.①刘…　Ⅲ.①马克思主义哲学-研究-中国　Ⅳ.①B0-0

中国国家版本馆 CIP 数据核字(2023)第066811号

冯契与李达创新马克思主义哲学体系的比较研究
FENGQI YU LIDA CHUANGXIN MAKESI ZHUYI ZHEXUE TIXI DE BIJIAO YANJIU

刘明诗　著

人民出版社 出版发行
(100706　北京市东城区隆福寺街99号)

北京中科印刷有限公司印刷　新华书店经销

2023年7月第1版　2023年7月北京第1次印刷
开本:710毫米×1000毫米 1/16　印张:21.25
字数:320千字

ISBN 978-7-01-025514-9　定价:79.00元

邮购地址 100706　北京市东城区隆福寺街99号
人民东方图书销售中心　电话 (010)65250042　65289539